新理念
新模式
新使命：

国内第一本
以雄安新区规划建设和创新发展
为主题的学术性研究文集

# 雄安新区
# 发展研究报告
## （第一卷）

主编 范 周

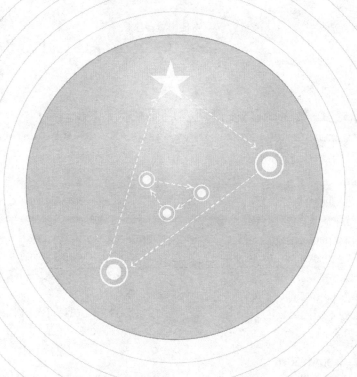

知识产权出版社
全国百佳图书出版单位

**图书在版编目(CIP)数据**

新理念·新模式·新使命: 雄安新区发展研究报告.第一卷 / 范周主编.—北京 : 知识产权出版社, 2017.6

ISBN 978-7-5130-4966-5

Ⅰ.①新… Ⅱ.①范… Ⅲ.①区域经济发展－研究报告－河北 Ⅳ.①F127.22

中国版本图书馆CIP数据核字(2017)第120151号

**内容提要**

本书主要围绕雄安新区的战略构想、城市规划、产业布局、政策创新、新城治理、文化发展、区域协同等问题进行思考和探讨,同时对标深圳经济特区、上海浦东新区即国际标杆城市群的建设经验,就雄安新区的未来发展提出了富有见地的研判和展望。

责任编辑:李石华          责任出版:孙婷婷

新理念·新模式·新使命:雄安新区发展研究报告(第一卷)
XINLINIAN·XINMOSHI·XINSHIMING: XIONG'AN XINQU FAZHAN YANJIU BAOGAO (DIYIJUAN)
范周   主编

| | | | |
|---|---|---|---|
| 出版发行: | 知识产权出版社有限责任公司 | 网    址: | http://www.ipph.cn |
| 电    话: | 010-82004826 | | http://www.laichushu.com |
| 社    址: | 北京市海淀区西外太平庄55号 | 邮    编: | 100081 |
| 责编电话: | 010-82000860转8072 | 责编邮箱: | 303220466@qq.com |
| 发行电话: | 010-82000860转8101/8029 | 发行传真: | 010-82000893/82003279 |
| 印    刷: | 北京中献拓方科技发展有限公司 | 经    销: | 各大网上书店、新华书店及相关专业书店 |
| 开    本: | 787mm×1092mm  1/16 | 印    张: | 17 |
| 版    次: | 2017年6月第1版 | 印    次: | 2017年6月第1次印刷 |
| 字    数: | 320千字 | 定    价: | 54.00元 |

ISBN 978-7-5130-4966-5

# 序 言

2017年4月1日，中共中央和国务院决定设立河北雄安新区的新闻强势刷屏，引发全球关注。这是中国在将近40年的改革开放进程中，继建立深圳特区和浦东新区之后，做出的又一个历史性的重大战略决策。

与前两次不同的是，这一次是在京津冀一体化区域发展大格局的背景下建立的新区，是建立一个承接世界政治中心、文化中心、国际交往中心和科技创新中心这一新首都战略目标功能疏解的特殊新区，可以说具有重要的历史和现实的意义。

关注社会，特别是关注国家重大的战略发展，是大学的责任和使命。前些日子，媒体报道了雄安新区提出、论证和战略决策的过程，体现了以习近平同志为核心的党中央在新时期和新形势下治国理政的新思维。我们需要认真的学习和领会总书记的重要思想和实践，为国家的这一重大的战略决策作出我们应有的贡献。

中国传媒大学经管学部是集经济与文化产业发展研究和人才培养于一体的重要学术机构，以范周学部长为首的研究团队，在紧扣时代脉搏和国家重大战略决策的方面，展现了很好的政治与学术的敏感性和先觉性。近些年，经管学部文化发展研究院先后承担了国家《公共文化服务保障法》、国家文化发展"十三五"规划编制的部分工作，承担了"一带一路"文化发展纲要、京津冀文化产业协同发展规划等国家战略的顶层设计，并与京津冀10余个地区开展战略合作，编制了全国100多个地区的相关规划，积累了丰富的智库经验。

在党中央提出建立雄安新区之后，范周教授向学校党委提出了建立"中国传媒大学雄安新区发展研究院"的构想，学校党委对这一建议高度重视，认为这是学者对国家发展抱有的使命和担当精神，也是学校义不容辞的社会责任，应当积极响应国家这一重大战略决策，搭建一个开放的、多元的、广纳各方人才的研究平台，为雄安新区高起点、高品质、健康、顺利的发展贡献我们的智力和心力。学校党委决定，由范周教授担任研究院的院长，把这个担子挑起来。

雄安新区筹备和建设的关键在于"创新"，而智库就是国家、区域乃至一个城市发展孕育创新思想的重要平台。《雄安新区发展研究报告（第一卷）》在思考雄安新区的城市治理体系创新和治理能力现代化的研究中，以雄安新区"五位一体"创新发展的制度设计为导向，有效整合了广泛的智库资源，进行了探索性解答和实验性解读，很好的体现了研究院建立的目标和愿景。

我相信，研究院通过对国内外特殊区域发展经验与范式的研究，通过对京津冀协同发展与首都功能疏解模式的密切追踪与研究，一定会成为服务国家和区域经济、社会发展的一个有特色、有深度内涵的研究机构和特殊人才培养的重要舞台。

（本文根据陈文申书记在中国传媒大学雄安新区发展研究院揭牌仪式暨首届雄安新区发展研讨会上的讲话整理而成）

中国传媒大学党委书记

陈文申

2017年5月

# 目　录

# 第一章　雄安新区的背景概况

## 第一节　国家级新区的建设背景

### 一、国家级新区的建设沿革

国家级新区，是由国务院批准设立，承担国家重大发展和改革开放战略任务的综合功能区。新区的成立乃至开发建设上升为国家战略，总体发展目标、发展定位等由国务院统一进行规划和审批，相关特殊优惠政策和权限由国务院直接批复，在辖区内实行更加开放和优惠的特殊政策，鼓励新区进行各项制度改革与创新的探索工作。国家级新区是中国于20世纪90年代初期设立的一种新开发开放与改革的大城市区。1992年中国改革开放后，国家级新区成为新一轮开发开放和改革的新区。1992年10月上海浦东新区成立，2006年3月天津滨海新区成立，2010年6月重庆两江新区成立，2011年6月浙江舟山群岛新区成立，2012年8月兰州新区成立，2012年9月广州南沙新区成立，2014年1月陕西西咸新区成立、贵州贵安新区成立，2014年6月青岛西海岸新区成立、大连金普新区成立，2014年10月四川天府新区成立，2015年4月湖南湘江新区成立，2015年6月南京江北新区成立，2015年9月福州新区成立、云南滇中新区获批成立，2015年12月哈尔滨新区成立，2016年2月长春新区成立，2016年6月14日江西赣江新区成立，2017年4月1日河北雄安新区成立。截至2017年4月，中国国家级新区总数共19个。

### 二、国家级新区的建设要求

#### （一）国家级新区建设指导思想

高举中国特色社会主义伟大旗帜，以邓小平理论、"三个代表"重要思想、科学发展观为指导，全面贯彻党的十八大和十八届三中、四中全会精神，贯彻落实习近平总书记系列重要讲话精神，围绕区域发展总体战略和"一带一路"、京津冀协同发展、长江经济带等重大国家战略的总体布局，严格落实新区总体方案和发展规划的有关要求，突出体现落实国家重大改革发展任务和创新体制机制的试验示范作用，加快集聚特色优势产业，推动产城融合和新型城镇化建设，提高资源利用效率，改善生态环境质量，大力促进新区健康发展，为保持国民经济持续健康发展作出新贡献。

### （二）国家级新区建设原则

第一，规划引领、科学开发。严格按照土地利用总体规划、城乡规划和新区总体方案要求，制定新区发展总体规划和相关专项规划，明确新区发展的战略目标、空间布局和重点任务，提出科学合理的开发方向、推进时序和管控措施，辐射带动周边区域加快发展、协同发展。第二，产城融合、宜居宜业。统筹考虑产业发展、人口集聚与城市建设布局，促进产业与城市融合发展、人口与产业协同集聚。适度控制开发强度，加强公共服务设施建设，不断改善区域环境质量，保持生态功能稳定，推动新区成为企业创新发展、百姓安居乐业的良好区域。第三，节约集约、集聚发展。节约集约利用土地、水、海域等资源，切实提高资源利用效能。充分考虑区域资源环境承载能力，科学确定主导产业，促进优势产业集聚发展，增强规模效益。加快转变新区发展方式，重点发展知识技术密集、资源消耗少、成长潜力大、综合效益好的新兴产业。第四，改革创新、先行先试。建立高效运转的行政管理机制，构建现代社会治理体系，营造良好营商环境。建立鼓励改革创新的机制，在符合中央全面深化改革部署要求的前提下，鼓励先行先试，创造可复制、可推广的经验，赋予新区更大自主发展权、自主改革权、自主创新权。

### （三）国家级新区建设发展目标

保持经济增长速度在比较长的时期内快于所在省（区、市）的总体水平，着力提升经济发展质量和规模，将新区打造成为全方位扩大对外开放的重要窗口、创新体制机制的重要平台、辐射带动区域发展的重要增长极、产城融合发展的重要示范区，进一步提升新区在全国改革开放和现代化建设大局中的战略地位。

### 三、国家级新区的政策亮点

区域经济政策主要分三大类：国家级新区、改革开放试验区和区域规划。国家级新区包括上海浦东新区、天津滨海新区、重庆两江新区、浙江舟山群岛新区、兰州新区、广州南沙新区、陕西西咸新区、贵州贵安新区、青岛西海岸新区、大连金普新区、四川天府新区、湖南湘江新区、南京江北新区、福州新区、云南滇中新区、哈尔滨新区、长春新区、江西赣江新区和河北雄安新区，面积以平方公里计。这些新区是国家重点支持开发的区域。同新区相比，国务院批准设立的改革开放试验区及相关试验区（合作区）范围比较大，包括成都和重庆城乡统筹试验区、武汉和长株潭资源节约型和环境友好型社会综合配套改革试验区、山西省资源型经济转型综合配套改革试验区、宁夏内陆开放型经济试验区、温州市金融综合改革试验区以及深圳前海深港现代服务业合作区。截至2017年4月，全国共有19个国家级新区，其中浦东新区、滨海新区系行政区，设立区委区政府，其余新区都是行政管理区，只设立管理委员会。国家级新区，因有国务院批复体现国家级战略和新区发展需要，所在省按要求须下放省级管理权限，其实质均拥有副省级管理自主权，而与新区所处区域行政级别无关。如南沙新区，国家定位立足广州、打造粤港澳全面合作示范区，既不可脱离广州，又因港澳社会制度不同，甚至需要省级以上的权力来管理和协调，所以南沙新区是唯一由国家发改委牵头的国家级新区。

2015年4月15日，国家发展和改革委员会、国土资源部、环境保护部、住房和城乡建设部等四部委联合下发《关于促进国家级新区健康发展的指导意见》，提出国家级新区是由国务院批准设立，承担国家重大发展和改革开放战略任务的综合功能区。

#### （一）优化发展环境

完善基础设施和公共服务设施。加大支持力度，促进新区内各类基础设施互联互通，加快推进新区对外联系的跨区域重大基础设施建设。新区要优化财政支出结构，增加基础设施投资资金，积极引导社会资本参与建设。改善新区物流基础设施，完善交通运输网络，降低物流成本。推进地下综合管廊试点工作。合理布局教育、医疗、文化、旅游、体育等公共服务设施，适当提高建设标准。

创新招商方式。注重新区品牌营造，树立对外招商的良好形象。通过搭建各类招商引资平台，积极开展富有实效的招商活动。统筹整合招商资源，实行招商引资信息共享。通过园区招商、以商招商，创新招商选资、引资模式，积极吸引社会投资，实现合作共赢。支持新区按照国家区域和产业发展战略开展合作，引导产业有序转移。

强化金融支持。支持新区充分利用市场机制引进各类金融机构及其分支机构，加快完善金融服务体系。鼓励银行业金融机构加大信贷投放力度，创新金融产品。支持新区符合条件的企业通过发行企业债券、中期票据、保险信托计划等多种融资方式筹集建设资金。鼓励开发性金融机构通过提供投融资综合服务等方式支持新区发展。完善投融资体系，鼓励央企、省属国企和民营企业等各类投资主体参与新区建设发展。

推进投资与服务贸易便利化。鼓励新区借鉴中国（上海）自由贸易示范区的成功经验，按照国际通行标准推动体制机制改革创新和对外开放，实现投资和优质要素进出便利化，推动新区建立贸易自由、投资便利、金融服务完善、产业高度集聚、法制运行规范、监管透明高效、辐射带动效应明显的综合改革创新区。

规范竞争秩序。为维护公平的市场竞争环境，促进形成全国统一的市场体系，发挥市场在资源配置中的决定性作用，各新区在制定税收、财政支出、产业等方面政策时，要严格执行国家政策，避免造成非良性竞争。

### （二）推动产业优化升级

促进产业集群发展。加强对产业布局的统筹规划和科学管控，支持国家级和省级重大产业项目优先向新区集中。鼓励新区依托现有的国家级和省级经济技术开发区、高新技术产业园区、海关特殊监管区域等，建设产业集聚区，打造一批特色鲜明的专业园区，不断壮大产业集群，发挥产业集聚优势，提高新区产业综合竞争力和企业经济效益。

强化科技创新驱动。集聚创新资源，壮大创新创业人才队伍。支持人才引进培育政策向新区倾斜，探索实行国际通用的人才引进、培养、使用、评价、激励机制，集聚一批领军人才。搭建人才创新发展平台，加快创新创业服务体系建设，鼓励优秀人才在新区创业。支持新区申报国家重点（工程）实验室、工程（技术）研究中心等各类科技创新平台，鼓励新区设立产业化示范基地和科技成果转化服务示范基地。

构建现代产业体系。结合功能定位和区域优势，支持新区编制产业发展规划和行动方案，以新产业、新业态为导向，大力发展新一代信息技术、生物、高端装备制造、高端服务、现代物流等战略性新兴产业和高新技术产业，完善产业链条和协作配套体系，优化产业结构，培育新的经济增长点。

### （三）辐射带动区域发展

推动产城融合发展。坚持产城一体，实现产业发展与城市建设互相促进、融合发展。支持新区加快城市基础设施和公共服务设施建设，推动城市部分功能转移搬迁到新区。支持新区加快保障性安居工程建设，构建稳定的职工生活社区，吸引、留住产业技术工人，不断提高高素质人口集聚能力。

加强区域互利合作。进一步优化新区内各类功能区布局，增强新区的整体实力及对周边区域的辐射带动能力，促进区域一体化发展。积极创新合作模式，建立新区和周边区域招商引资合作及利益分享机制，支持新区与省内外有条件的地区建立"飞地经济""战略联盟"等合作机制。

推进新型城镇化。按照生产空间集约高效、生活空间宜居适度、生态空间山清水秀的原则，合理做好新区空间布局和用地安排。按照新区发展总体规划，充分考虑区域资源环境条件，构建科学合理的城镇化布局。优先划定永久基本农田红线，确保生态安全。划定城市开发边界，防止城市建设无序扩张。重视新区城市设计工作，指导新区开发建设传承历史文化，突出特色风貌。

统筹城乡发展。坚持城乡统筹，支持新区建立城乡统一的户籍管理制度，加快推动农业转移人口市民化。鼓励新区探索农村土地管理制度改革，有序推动农村土地流转，建立城乡统一建设用地市场。建立健全城乡一体的社会保障体系，逐步提高城乡基本公共服务均等化水平。

### （四）高效节约利用资源

提高土地利用效率。实行最严格的耕地保护制度和节约用地制度，严控增量、盘活存量、优化结构、提高效率，严格土地用途管制，强化新区建设用地开发强度、土地投资强度、人均用地指标的整体控制。各项建设必须符合土地利用总体规划和城乡规划，从严控制建设用地规模。新区建设尽量少占或不占优质耕地，不得擅自改变或调整占用基本农田，确需调整基本农田布局的，报国务院批准。创新土地管理方式，加大土地管理改革力度。制定土地利用、耕地保护和节约集约考核办法，定期公布考核结果。各省（区、市）要合理安排新区土地利用计划指标，立足所在市域内解决耕地占补平衡，确实无法完成的，应在省域范围内统筹解决。加强对新区土地利用状况调整和遥感监测工作。

加强生态保护。营造人与自然和谐共处的生态环境，划定生态保护红线。实施最严格的水资源管理制度，新区要明确制定水资源管理"三条红线"，严格控制发展耗水型产业。加强新区内河流、湖泊、湿地、地下水的保护和生态修复，构建完整的水生态系统。大力推进建设自然积存、自然渗透、自然净化的"海绵城市"，节约水资源，保护和改善城市生态环境。将生态环境质量逐年改善作为新区发展的约束性要求，加强新区生态管治，严格生态空间用途管制，统筹处理好经济发展和生态建设的关系。

严格环境治理。科学编制新区环保规划，严控环境准入条件，保障环境质量不下降。规范环境公共基础设施建设、运营，加强新区环境监测、监控能力建设，完善环境风险防控体系。推行第三方环境服务，推进排污权有偿使用和交易试点。推动新区绿色循环低碳发展，大力发展节能环保产业和绿色循环经济，推进新区清洁化、循环化、生态化改造，加快构建覆盖全社会的资源循环利用体系，鼓励创建低碳园区、低碳社区、低碳企业和低碳小城镇，积极开展国家级生态文明试点示范。

## （五）推进体制机制创新

加大简政放权力度。深化行政审批制度改革，根据新区建设发展需要，鼓励各省（区、市）最大限度地赋予新区行政管理机构相关管理权限，重点扩大新区在投资项目建设、外商投资项目立项、矿产资源开发利用、城市建设等方面的审批、核准、备案和管理权。

提高行政服务效能。鼓励新区按照大部制、综合性、简政效能的原则，创新整合行政管理职能，加快建立统一高效的综合管理体制机制。建立在线审批监管平台，提高办事效率，对符合国务院批准的新区总体方案和发展规划所涉及的项目，建立健全审批"绿色通道"，实行全程跟踪服务，对重大投资项目优先办理。制定有针对性的统计和考核指标体系，建立量化绩效考核标准，开展分类考核和定期考核。

深化重大改革创新。以全面深化改革为动力，积极探索有利于新区健康发展的体制机制，新区要结合自身优势，每年围绕1—2个重大问题开展试验探索，力争取得进展和突破，为其他地区的发展提供示范、借鉴，创造可复制、可推广的制度和机制。优先安排新区开展国家和省（区、市）重大改革试点，支持新区在改革创新中先行先试。建立健全权力清单制度，推动新区成为深化改革、简政放权的先行区。按照中央关于全面深化财税体制改革的统一部署，加快推进新区财税体制改革。

优化行政资源配置。不断探索与新区发展阶段相适应的行政管理体制，根据新区发展的实际需要，适时推进行政区划调整，不断增强新区行政统筹能力，整合行政管理资源，创新行政管理体制，提高行政效率，进一步拓展新区的辐射带动功能。

### （六）强化组织保障

加强宏观指导。发展改革委、国土资源部、环境保护部、住房城乡建设部按照新区设立审核相关要求，严格规范新区设立审核程序。在整合现有机制基础上建立促进新区健康发展的统一协调推进机制，加强对新区建设发展的指导，及时总结可推广、可复制的先进经验，切实解决新区建设发展中面临的问题和困难。各部门适时研究出台支持新区发展的政策措施。发展改革委定期向国务院报告新区的规划建设和发展情况，对新区建设发展情况进行跟踪指导和督促检查。各省（区、市）建立新区省级议事协调机制，定期或不定期召开会议，专题听取新区建设情况汇报，协同解决新区发展中的重大问题。

落实主体责任。新区应主动作为，积极承担国家赋予的重大改革发展任务，切实增强使命感、责任感、紧迫感，大胆探索，不断创新体制机制和发展模式，定期向发展改革委报送新区发展建设情况和推进改革示范经验。建立年度目标责任考核机制，突出创新驱动，形成上下联动、协同推进的工作格局，不断开创新区发展新局面。

国家级新区具有改革先行先试区、新产业集聚区等特征。通过完善基础设施，这些新区交通更便捷、设施更完善、经济更繁荣、环境更美好，比老城区更有吸引力，可吸引老城区的经济要素向新区转移，从而减轻老城区的压力。从促进改革的角度说，这些新区实际上就是新的特区。为促进所在区域加快发展，带动周边地区，国家在政策、资金等方面往往给予较大力度的支持。规划建设新区就是培育新的经济增长极。对于设立相关试验区（示范区、合作区），主要是为了深化体制改革进行试验，为更大范围的改革进行探索和积累经验。

## 四、国家级新区的机遇挑战

### （一）国家级新区的机遇

国家级新区是承担着国家重大发展和改革开放战略任务的综合功能平台。经过多年努力，国家级新区综合实力不断壮大，在带动区域经济发展、引领体制机制创新方面发挥了重要作用。据统计，2015年，各国家级新区继续保持良好发展态势，地区生产总值、全社会固定资产投资、地方一般预算收入分别为3.4万亿元、2.3万亿元、0.36万亿元，分别占全国总量的5%、4%、4.5%左右，在本地区乃至全国经济发展中发挥着示范引领作用。

大多数新区经济增速领先所在省（市）平均水平。兰州新区地区生产总值同比增长20%，高于甘肃省增速11.9个百分点；贵安新区同比增长20.2%，高于贵州省增速9.5个百分点；广州南沙新区同比增长13.3%，连续两年居广州市第1位；上海浦东新区、天津滨海新区、重庆两江新区、南京江北新区、湖南湘江新区增速均超过所在省（市）2个百分点以上。同时，新区的财政收入、固定资产投资、进出口、吸引外资等主要经济指标均保持快速增长。

一批重大项目落地，新区综合竞争力显著提升。各新区大力发展先进制造业和现代服务业，着力培育新产业、新业态，一批重大项目顺利落地。浦东新区新增持牌金融机构52家，股权投资、融资租赁、财富管理等新兴金融机构3072家，联想、万达、海尔、小米等企业在浦东新区设立互联网金融平台；滨海新区引进了一批航空航天、环保、生物医药等领域的重大项目，2015年规模以上工业总产值达15500亿元；浙江舟山群岛新区海洋经济实现较快增长，舟山绿色石化基地一期开工建设；贵安新区大数据产业发展迅猛，直管区信息产业规模总量达到130亿元，增长53%；大连金普新区成功签约投资55亿美元的英特尔非易失性存储器项目。

创新创业成果丰硕，新区发展活力持续增强。各新区积极实施创新驱动发展，大力推进大众创业、万众创新，创新环境进一步优化，"双创"成效显现。滨海新区中心商务区、福州新区、湘江新区、两江新区、贵安新区、西咸新区成为国家首批"双创"示范基地；浦东新区获得专利授权12000件左右，完成高新技术成果转化项目139项；滨海新区以科技"小巨人"为抓手，培育了一批科技创新型中小企业；南沙新区新设企业增长近3倍，新增注册资本总额增长4倍以上；大连金普新区全年新注册企业4800户，通过"创业服务超市"等举措扶持创业带头人424人。

生态文明建设加快推进，新区生态环境进一步改善。各新区坚持以人为本，加强生态环境保护，推动绿色低碳发展，注重宜居宜业，促进产城融合和城乡统筹发展。四川天府新区科学规划城区功能布局，围绕产业集聚区建设兴隆湖、锦江生态带等一批生态环境项目。陕西西咸新区明确全区2/3面积为农田、生态用地等禁建区，大力修复、改善生态环境。舟山群岛新区累计创建美丽海岛精品社区和特色村127个，积极创建国家级生态示范区。青岛西海岸新区按照新区主导、街镇主力、企业主体的模式推进12个特色小镇建设。

"放管服"有序推进，新区改革迈出新步伐。各新区以创新促转型、以改革促发展，大力推进简政放权、放管结合、优化服务，着力构建市场化营商环境。滨海新区成立的行政审批局，划转了18个部门的216项审批职责，运行情况良好。兰州新区推动组建大综合执法局，集中执行1791项行政处罚权。贵安新区行政审批事项从700多项精简到149项。南沙新区市场准入前置审批事项由101项压减为12项。福州新区行政许可事项减少73%。大连金普新区制定实施行政权力清单动态管理办法。

面对经济整体下行、压力较大的情况，各新区主动作为、迎难而上，经济实现了平稳较快增长，继续保持了良好发展势头。2016年一季度，滨海新区、两江新区、湘江新区、江北新区经济增速都超过了10%；大部分新区的固定资产投资增速保持在10%以上，其中，南沙新区增速超过了50%，长春新区、兰州新区增速在30%左右；不少新区的财政收入快速增长，江北新区、滇中新区地方财政收入增速都在20%以上。预计今年上半年，滨海新区、舟山群岛新区、两江新区、南沙新区、湘江新区、江北新区等的经济增速都将超过10%，兰州新区经济增速将超过20%，贵安新区经济增速将超过30%。

### （二）国家级新区面临的挑战

设立国家级新区作为国家战略，是在新的发展背景下对特定区域的发展作出重新定位，在进一步整合资源的基础上，发挥该区域的潜在比较优势和竞争优势，从而解决长期以来困扰中国经济的产业结构同构和产能过剩的困局，进而优化产业布局，提升产业能级，提高经济发展的质量和效益。在当下，对于相当一部分国家级新区来说，在其建设过程中将遇到的一个较大难题是产城如何融合。产业化和城镇化以及二者的互动，是一个国家和地区现代化发展的重要基础。从发展实践来看，如果产业化超前于城镇化，会因城镇配套设施缺乏，出现住房短缺、交通拥挤、资源短缺、环境污染等问题。反之，则会由于城镇化缺乏必要的产业支撑，出现产业空心化、就业不足、收入差距扩大和经济萧条等问题。如果说在早期工业化阶段，出现的主要矛盾是城镇化滞后于产业化，而在产能全面过剩、产业升级缓慢的背景下，将会出现产业化滞后于城镇化的问题。因此，产业化和城镇化相辅相成、互动发展，是推动新型城镇化，乃至应对产业转型发展、城市综合功能提升的必然要求。

第一，产业与城市缺乏合理统一的规划。经济（产业）、社会发展与城市总体规划间缺乏有机联系与协调；新区规模论证与交通、就业、用地和布局等相脱节；产业功能的差异性不显著；产业园区、商务区和居住区功能分离。第二，土地管理制度问题。居住、工业和商业三类用地价格悬殊，导致土地资源不能有效配置；土地用途管理细碎，不符合用地综合发展趋势；土地供应结构性宽松，且高耗费、不集约利用土地现象严重；城乡结合部占用大量土地，被低端利用；农村建设用地占用过大。第三，低密度发展模式阻碍了服务业及低碳化发展。各类新城都存在低密度模式，导致土地使用不集约，缺乏当地就业，对服务业需求不足，不利于形成服务业多元化发展；服务价格高，便利性不足；前往中心城区的消费模式则导致出行成本上升，交通拥堵，不利于低碳化发展。第四，新城的公共服务资源满足不了当地需求。现行财政体制使得公共服务不能随着人口迁移而分散化，导致新城区域公共服务资源供给不足，造成生活不便，运行成本高昂，同时也无法支撑新兴产业和高端产业的发展。第五，新城建设与周边区域发展脱节。"外部资源+特殊政策+异地市场"的开发区模式，容易与周边区域发展脱节，且产业园区、开发区缺乏功能配套，难以成为推动区域整体发展的引擎。

### （三）导致问题的主要原因

第一，规划体系内在产城分割。规划体系，包括城乡规划、产业规划、土地规划、国民经济和社会发展规划、生态规划、园区规划等，在工作目标、功能要求、空间范畴、技术标准、运作机制等方面存在交叉和矛盾，工作机制衔接不畅，存在不同步、不同向现象。第二，行政干预介入微观运行。政府对产业、人口、资金、土地等的不当干预，扭曲了资源配置，导致要素聚集及产业发展偏离最优路径，效率低下，债务与金融风险累积；公共服务集中在大城市，使得人口、产业过于向大城市集中，新城往往缺乏公共服务配套。第三，新城扩张缺乏制度、产业支撑与科学依据。土地、户籍、社会保障制度改革滞后、要素市场扭曲，以及产业结构不合理导致新城扩张缺乏制度与产业支撑。

### （四）国家级新区发展相关建议

在当前形势下，国家级新区要在引领经济发展新常态、贯彻落实新发展理念方面继续发挥引领示范作用，为促进经济持续健康发展和全国改革开放大局作出更大贡献。

一是推动各新区因地制宜加快发展。国家已经批准设立的19个国家级新区，发展基础、发展阶段、发展水平、发展重点和承担任务各不尽相同。各地要切实落实主体责任，因地制宜、因区施策，按照国家赋予的功能定位，进一步明确各新区发展的方向和重点，积极主动作为、创新体制机制、深化改革探索。目前发展困难较大的新区，应该多一些拼劲和闯劲；具有开发开放相对优势的新区，应该多一些探索和创新；经济基数较低、相对远离中心城区依托的新区，应该多一些实干和积累；新近设立、刚刚起步的新区，应该多一些谋划和定力；同时积极、稳妥地推进符合条件地区新区设立工作，进一步发挥新区在引领发展、推进创新方面的积极作用。

二是大力推进项目落地建设。各新区应在实施应对当前经济下行压力措施的同时，抓住国家大力促进民间投资的机遇，提高服务水平、加大招商引资力度，大力推动新区项目建设。按照储备一批、动工一批、投产一批的要求，做好项目的周期性滚动管理，利用好专项建设基金等工具，研究设立国家级新区发展引导基金，不断提升服务企业项目建设的能力和水平，推动各类项目尽快落地。不断创新招商引资模式，协同战略投资者、金融机构共同招商，融资融商一体，精准招商，提高引进项目水平。

三是着力促进产业转型升级。各新区要把推动供给侧结构性改革与促进新区产业转型升级相结合，着力推动经济结构优化和产业转型升级，因地制宜地扎实推进去产能、去杠杆、去库存、降成本、补短板"五大任务"，"加减乘除"一起做。传统产业比重高的新区，应大力淘汰落后产能，努力降低企业经营成本，积极调整优化产业结构，加快转变经济发展方式，推动产业集成、集约、集群发展。产业体系相对高端的新区应依托人力资本、土地、资本等优势，优化资源配置，着力补齐创新短板，大力发展新兴产业，增加有效供给，形成更具竞争力的现代产业体系。

四是积极推进新型城镇化建设。国家级新区不同于一般的开发区，除产业集聚外，还要在新型城镇化建设中开展探索实践，着力完善城市功能，提升新区整体环境和公共服务水平，做到产城融合、宜居宜业。要提升城市品质，实行全域一体化规划，合理规划新区用地结构，统筹推进基础设施和公共服务设施建设。加大城乡统筹力度，高标准建设新区公共服务设施，让城市居民和访客共享新区发展成果。划定新区生态保护红线，实施生态功能分区控制，构筑绿色生态安全屏障。促进产业发展与城市功能同步提升，形成以产兴城、以城促产，产城有机相融的发展格局。

五是进一步推进体制机制创新。新区是改革的试验田，要按照年度深化体制机制创新工作要点，结合落实深化改革各项重点任务，积极推进新区体制机制创新工作，支持新区围绕重点方向开展体制机制先行探索，力争形成可复制、可推广经验。协调有关方面把更多的改革任务放到新区进行试点，如"双创"示范基地、构建开放型经济新体制、投资贸易便利化、创新行政区划管理等，并不断推动这些试点试验取得成效。各新区要加大简政放权力度，加强事中事后监管，持续提升服务水平，实现放管服结合，营造良好营商环境。

六是努力营造支持新区发展的良好氛围。新区发展建设主要依靠新区广大干部群众埋头苦干、奋力拼搏，同时也需要凝聚社会共识、营造良好环境，把着力实干创业与加强舆论宣传有机结合。要建立常态化的宣传报道机制，讲好新区故事、传播新区经验、弘扬新区精神、塑造新区品牌，多角度反映新区发展的历程和成绩，特别是在引领经济发展新常态、践行新发展理念方面发挥的重要作用，进一步树立新区主动作为、积极作为的新形象，在全社会营造支持新区发展、学习新区经验的良好氛围，为推动全国经济社会发展注入新动能、增添新活力。

# 第二节　城市群发展的必然选择

## 一、北京非首都功能亟待疏解

北京市明确了全国政治中心、文化中心、国际交往中心、科技创新中心的战略定位，凡是不符合首都城市战略定位的功能都可以认为是非首都功能，非首都功能主要包括五大类：一般性制造业、区域性物流基地和区域性批发市场、部分教育医疗等公共服务功能以及部分行政性、事业性服务机构。当前，北京人口过度膨胀，雾霾天气频现，交通日益拥堵，房价持续高涨，资源环境承载力严重不足，造成这些问题的根本原因是北京集聚了过多的非首都功能。按照习近平总书记重要指示精神，要有序疏解北京非首都功能。设立雄安新区，对于有力、有序、有效疏解北京非首都功能，推动京津冀协同发展，打造贯彻落实新发展理念的创新发展示范区，具有重大现实意义和深远历史意义。

雄安新区的设立有利于探索解决"大城市病"新模式。规划建设雄安新区，打造具有相当规模、发展环境更优的集中承载地，一方面，将吸引部分功能在集中承载地集聚发展，有效缓解北京"大城市病"问题，促使北京实现"瘦身健体"；另一方面，推动北京非首都功能集中疏解，可以避免零打碎敲、盲目布局，提升疏解效率。

## 二、培育区域经济新的增长极

自京津冀协同发展正式上升为国家战略以来，虽取得了明显进展，但由于承载地比较多、布局相对分散，疏解非首都功能的集聚效应不够突出，也客观加大了疏解非首都功能、推进京津冀协同发展的难度。一方面，在大力调控下，近几年北京常住人口增速虽明显放缓，但中长期调控压力仍然很大，解决办法唯有加快非首都功能疏解、深化京津冀协同发展。另一方面，在经济新常态下，因去产能、治霾限产等影响，近几年河北与京津的经济发展差距进一步拉大，愈加成为限制非首都功能疏解的障碍和京津冀协同发展的薄弱环节。2013—2016年，京津冀GDP占全国比重从10.53%降至10.03%；其中，河北GDP从45.4%降至42.7%。从人均看，2013—2016年，河北人均GDP与京津的比例从40.6%降至37.2%。在京津冀协同发展战略下，河北这个"洼地"迫切需要寻找新的增长极、加快全面创新发展。

雄安新区的设立有利于调整优化京津冀城市布局和空间结构。规划建设雄安新区，主要承接北京非首都功能及与之相配套的部分优质公共服务功能，将进一步强化要素资源的空间集聚，打造区域发展新的增长极，优化整合现有城镇体系，拓展区域发展新空间。

有利于培育全国创新驱动发展新引擎。规划建设雄安新区，是适应经济发展新常态，探索经济发展新模式的重要举措。通过推动创新驱动发展，可以集聚京津冀乃至全国以及国际创新要素和资源，能够打造具有世界影响力、国内领先的科技新城，培育经济发展新亮点。通过推进简政放权、管放结合、优化服务，深化行政体制改革，构建促进创新的体制机制，为全国其他地区做出表率和示范。

有利于促进区域协调协同共同发展。河北省与北京市、天津市发展差距悬殊，公共服务水平落差大，是京津冀协同发展亟待破解的难题，也是全国区域发展不平衡、不协调的典型缩影。规划建设雄安新区，通过集中承接北京非首都功能，提升产业层次、创新能力和公共服务水平，加快提升河北经济发展的规模水平和质量效益，缩小与京津两市的经济发展差距，实现区域良性互动，在促进三省市协同发展、协调发展、共同发展上探索新路径。

### 三、构建京津冀世界级城市群

打造以首都为核心的世界级城市群，是京津冀协同发展的总体定位和总体目标。与世界上其他公认的世界级城市群相比，京津冀城市群存在4个明显短板。一是相比全球主要的世界级城市群，经济总规模不足。二是城市结构布局不合理，北京、天津与其他城市之间差距过大，缺乏足够数量的、各方面实力都比较强的二线城市。三是城市空间结构不合理，特别是在冀中南地区，缺乏有足够实力和较强带动力、辐射力的城市。四是河北城镇化水平和质量都需要进一步提升。雄安新区规划建设要坚持世界眼光、国际标准、中国特色、高点定位，打造贯彻落实新发展理念的创新发展示范区，建成国际一流、绿色、现代、智慧城市。这对于协同解决上述4个突出短板问题和促进世界级城市群建设，都会发挥强有力的推动作用。

## 第三节　雄安新区的起点与跨越

### 一、战略定位与选址优势

雄安新区的战略定位是"千年大计、国家大事"。设立雄安新区，是以习近平同志为核心的党中央深入推进京津冀协同发展作出的一项重大决策部署，是继深圳经济特区和上海浦东新区之后又一具有全国意义的新区。其重大的现实意义和深远的历史意义主要体现在以下4个方面。第一，集中疏解北京非首都功能。第二，探索人口经济密集地区优化开发新模式。第三，调整优化京津冀城市布局和空间结构。第四，培育创新驱动发展新引擎。

从选址的角度来看，地处北京、天津、保定腹地的雄安新区具有明显的选址优势。首先，区位优势明显，位于京津冀核心地带，处于北京、天津、保定铁三角中，通往3个城市均不超过1小时。其次，交通便捷通畅，京港澳高速、荣乌高速、京昆高速、保沧-保阜高速在安新县周边互通连接，形成高速外环。再次，生态环境优良，紧邻"华北之肾"白洋淀，白洋淀是华北地区最大的淡水湖泊，现有大小湖泊143个，水域面积366平方公里。还有，资源环境承载能力较强，雄县、安新县和容城县均处于冀中平原，绝大多数地区海拔在50米以下。此外，现有开发程度较低，该地基础设施仍未配套。最后，发展空间充裕，雄安新区规划范围涉及河北省雄县、容城、安新3县及周边部分区域，雄安新区规划建设以特定区域为起步区先行开发，起步区面积约100平方公里，中期发展区面积约200平方公里，远期控制区面积约2000平方公里，相比于北京1.641万平方公里的面积，约占其12%，对比深圳经济特区1996平方公里、浦东新区1210平方公里，雄安新区的建设规模较为充裕，这些优势的集聚让雄安具备高起点、高标准开发建设的基本条件。

## 二、建设目标与重点任务

雄安新区的建设目标为"一地"和"五区"。"一地"指的是北京非首都功能疏解集中承载地。北京目前的核心功能是政治中心、科技中心、文化中心、国际交往中心。除此之外的功能，包括一般工业制造业、教育行业、医疗行业、商贸行业、交通行业、总部经济行业等各个功能都要加快疏解。"五区"指的是建设成为绿色生态宜居新城区、创新驱动发展引领区、协调发展示范区、开放发展先行区，努力打造贯彻落实新发展理念的创新发展示范区。

雄安新区的建设目标包括7方面内容：一是建设绿色智慧新城，建成国际一流、绿色、现代、智慧的城市。二是打造优美生态环境，构建蓝绿交织、清新明亮、水城共融的生态城市。三是发展高端高新产业，积极吸纳和集聚创新要素资源，培育新动能。四是提供优质公共服务，建设优质公共设施，创建城市管理新样板。五是构建快捷高效交通网，打造绿色交通体系。六是推进体制机制改革，发挥市场在资源配置中的决定性作用和更好地发挥政府作用，激发市场活力。七是扩大全方位对外开放，打造扩大开放新高地和对外合作新平台。

## 三、区域概况与发展机遇

雄安新区规划范围涉及河北省雄县、容城、安新3县及周边部分区域，地处北京、天津、保定腹地，区位优势明显、交通便捷通畅、生态环境优良、资源环境承载能力较强，现有开发程度较低，发展空间充裕，具备高起点、高标准开发建设的基本条件。雄安新区规划建设以特定区域为起步区先行开发，起步区面积约100平方公里，中期发展区面积约200平方公里，远期控制区面积约2000平方公里。

### （一）创新生态下的活力迸发

自李克强总理在2014年9月提出"要在960万平方公里土地上掀起'大众创业''草根创业'的新浪潮，形成'万众创新''人人创新'的新势态"，各种新产业、新模式、新业态不断涌现，有效激发了社会活力，释放了巨大创造力，成为经济发展的一大亮点。大众创业、万众创新的实质是充分活跃和调动劳动者的能力及其积极性、主动性、创造性，必须把充分发挥每个劳动者的创新活力作为核心文化理念，倡导人人都可以成才、人才存在于人民群众之中的观念，建立有利于吸引各类人才、有利于调动各类人才积极性的用人机制。要通过政策平等来调动人们的创造性，用公民平等、机会平等、资源开放、公平竞争的公共政策，建立起有利于全民共创财富、共享财富的体制机制，通过鼓励和支持人民群众自主创业创新，放手让一切生产要素的活力竞相迸发，让一切创造社会财富的源泉充分涌流，让大众创业、万众创新在全社会蔚然成风。雄安建设需要众多的人才，同时雄安建设更与大众创业、万众创新相联系，在"大众创业、万众创新"的引领下会推动人才向雄安的集聚，为雄安的建设提供智力支持和动力。河北省将围绕雄安新区建设、京津冀协同发展、冬奥会筹办、世界一流大学和一流学科建设、大气环境治理等重点工作，健全高层次人才职称聘用政策，适当提高专业技术岗位结构比例，激励高层次人才创新创业。

### （二）京津冀城市群建设的深入实践

伴随信息化和经济全球化的发展，城市群已成为世界城市化的主流趋势，中国城镇化将打造三大都市群多个城市群。城市群是指一个大城市群拥有较高的城市化水平，至少有两个人口百万以上的大都市作为发展极，或至少拥有一个人口在200万以上的大都市区，沿着一条或多条交通走廊，连同周边有着密切社会、经济联系的城市和区域，相互连接形成的巨型城市化区域。不是行政区的概念。

中国将在以广州为中心的珠三角、以上海为中心的长三角和以京津为中心的环渤海形成三大城市群。未来10年将建成中国的8大城市群，中国国家级城市群由原来的3个扩展至8个。设立河北雄安新区，是中央深入推进京津冀协同发展做出的重大决策部署，雄安新区、北京、天津，基本构成一个等边三角形。雄安新区在北京的西南，与天津相互呼应，是支撑京津冀城市群发展的重要战略支点。自此，北京向东，有传统重镇、港口城市唐山；向东南，有传统意义上北方的经济中心之一天津；向西南，有雄安新区。

**（三）承接非首都功能疏解的历史契机**

党中央、国务院决定设立雄安新区，最重要的定位、最主要的目的就是打造北京非首都功能疏解集中承载地。河北省与北京市、天津市发展差距悬殊，公共服务水平落差大，是京津冀协同发展亟待破解的难题，也是全国区域发展不平衡、不协调的典型缩影。规划建设雄安新区，通过集中承接北京非首都功能，提升产业层次、创新能力和公共服务水平，加快提升河北经济发展的规模水平和质量效益，缩小与京津两市的经济社会发展差距，实现区域良性互动，在促进三省市协同发展、协调发展、共同发展上探索新路径。

**（四）新一轮科技革命和产业革命的动力重塑**

中央对雄安新区发展的功能定位是建成绿色生态宜居新城区，创新驱动发展引领区，协调发展示范区，开放发展先行区。把科技创新作为最强劲、最持久的动力之源，将成为雄安新区的鲜明特征。当前，在新一轮科技革命和产业革命兴起、人类社会从工业文明迈向知识文明的重大转折期，规划建设雄安新区可视为推进区域经济社会发展转型升级、创新新经济新技术条件下的经济社会发展体制、探索适应人类文明演进和未来绿色智能社会形态的"中国方案"。

# 第二章　雄安新区的战略构想

## 第一节　雄安新区的城市使命与文化尺度

2012年党的十八大以后，习近平总书记就提出考虑在河北比较适合的地方规划建设一个适当规模的新城，集中承接北京非首都功能，重点打造北京非首都功能疏解集中承载地。2017年2月23日，习近平专程到河北省安新县进行实地考察，主持召开河北雄安新区规划建设工作座谈会。2017年4月1日，中共中央、国务院决定在保定市雄县、容城、安新3县设立为雄安新区，"千年大计"至此尘埃落定。

今时的雄安新区并非横空出世、突兀而生，而是在漫长的历史长河中、纷繁多变的地方行政演变中留下了文化的印记。从这个角度上说，文化是新区立区之魂。新区文化是雄安精神面貌以及城市景观的总体形态，并与新区市民的社会心态、行为方式和价值观念密切相关。新区文化将在新的历史进程中积淀、演变发展，形成新的城市文脉。

雄安新区建设的目标是用最先进的理念和国际一流的水准进行城市设计，打造城市建设的标杆和典范，成为一个全面贯彻落实新发展理念的现代新型城区。这必然要求新区以推进供给侧结构性改革为主线，在规划、治理、生态、产业、文化、民生等多个领域实现创新突破。而新理念、新使命的实现，在一定程度上需要文化发展的全面支撑。雄安新区的建设，将开辟中国文化产业的一片蓝海。

### 一、解码雄安："千年大计、国家大事"的新使命

"雄安"新区在命名上就体现了地域特色，又符合中华传统文化，契合国家实

现"两个一百年"的奋斗目标、实现中华民族伟大复兴的中国梦的内在要求。作为"千年大计、国家大事",雄安新区的建设需要有基于互联网精神和完善的"政产学研融媒"多方共同创造和分享价值的智慧生态协同平台,不仅要建设绿色生态宜居新城区,还要充分整合国内外相关领域的顶尖专家资源以及广泛的社会智慧,持续提升雄安新区政策和决策的服务能力。

1. 文化产业的多元共生可以为生态标杆建设提供创新尺度

文化具有较强的多元共生特性,不同地区、民族由于地理环境、历史发展脉络、群体心理等因素的差异形成了各具特色的文化景观及精神场域。依托文化禀赋建设新城新区,可以更好地避免同质化的成长倾向,打破千城一面的发展误区,因地制宜突出特色,这为雄安新区结合区域文化、历史传承、时代要求,建设绿色、森林、智慧、水城于一体的新区,打造城市特色风貌形成生态标杆提供了创新尺度。

雄安新区建设要充分体现生态文明建设的要求,成为生态标杆,坚持生态优先、绿色发展,不能建成高楼林立的城市,要疏密有度、绿色低碳、返璞归真,自然生态要更好。要坚持绿水青山就是金山银山,合理确定新区建设规模,完善生态功能,突出"科技、生态、宜居、智能"的发展方向,创造优良人居环境,构建蓝绿交织、清新明亮、水城共融、多组团集约紧凑发展的生态城市,实现生态空间山清水秀、生活空间宜居适度、生产空间集约高效,促进人与自然和谐共处,建设天蓝地绿、山清水秀的美丽家园。

2. 文化产业的试验试点可以为改革先行区提供创新制度

近年来,文化产业一直致力于进行全要素的创新探索,从国家文化产业创新实验区到国家文化金融合作示范区,从国家文化产业示范园区基地建设到国家文化消费试点城市创建,为制度创新和供给侧改革提供了有效的文化实践。文化领域的改革创新在一定程度上可以为经济领域改革发展提供有效的动力借鉴和基于软实力和巧实力的突破路径。

雄安新区要成为改革先行区就要实施文化创新驱动发展战略,把文化创新驱动作为雄安新区发展的基点,加快制度创新、科技创新、文化创新,完善创新创业环境,积极吸纳和集聚京津及全国创新要素资源,通过集聚科研院所和发展高端高新文化产业,打造一批高水平的创新创业载体,吸引高新技术企业集聚,建设集技术研发和转移交易、成果孵化转化、产城融合的创新引领区和综合改革试验区，打造京津冀体制机制高地和协同创新重要平台。

### 3. 文化产业的融合协同可以为协调发展示范区提供创新经验

融合发展和协同创新是文化产业最突出的特点之一。尤其是随着我国文化产业业态融合的趋势和科技创新主导的特征逐渐明显，文化创意和设计服务各行业不断进行供给侧结构性改革，在优化结构中不断发展，越来越凸显出经济新常态下对转变经济发展方式、推动产业转型升级重要的配合作用，甚至在推动产业融合、推进城镇化发展、加速区域协同创新、参与全球文化经济角力及实现包容性发展等方面，不断实验新路径、创造新模式、重塑新动力，起到对实体经济发展中某些领域的引领作用。

文化产业的融合协同可以盘活更多有深度的存量空间，创造更多有品质的增量空间，从而更好地承接北京非首都功能疏解，为有效缓解北京"大城市病"和天津、石家庄市区"瘦身"问题创造文化空间、地理空间，促进河北城乡区域和经济社会协调发展，提升区域公共服务整体水平，打造要素有序自由流动、主体功能约束有效、基本公共服务均等、资源环境可承载的区域协调发展示范区，为京津冀建设世界级城市群提供支撑。

## 二、解构雄安："文化创新，大有可为"的新模式

### （一）顶层设计创新：天人合一，美美与共

#### 1. 新区建设要将文化作为整体策划的创新点

顶层设计是雄安新区新模式发展的生命基因和灵魂，直接决定着雄安新区文化建设的总体布局和层次高度。雄安新区将成为党和国家留给子孙后代的历史遗产，在文化建设上不仅要坚持"世界眼光、国际标准、中国特色、高点定位"，还要有"大历史观"。因此，雄安新区的文化建设就要坚持顶层设计创新，不仅要将多元创新文化融入新区建设中，还要树立打造和提升新区文化品质的思想，不能盲目追求大干快上，在规划上要达到国际一流城市水准，尤其是顶层设计应该做到与文化的高度融合。

#### 2. 新区建设要将文化作为战略设计的触媒点

雄安新区的新模式就要求新区文化具有极强的包容性，要把经济、文化、地

理、规划、环境等不同领域，通过复合性知识和多学科理论进行整合，提炼出新区文化发展战略规划体系。既要树立"天人合一"的尊重自然规律的思想，又要有"美美与共"的包容思维。比如，在具体的项目建设上，要充分体现中华文化元素，在建设过程中要精雕细琢，以工匠精神打造百年建筑，留下千年文化传承。因此，雄安新区在发展建设的过程中，不仅要起点高，还要文化特色鲜明，打造属于自己的文化品牌。因此，新区的顶层设计创新不仅是要对京津冀现有各个层面资源的整合，更是对城市发展战略的一种再创造，实现新区特质资源的高效利用和深度挖掘，从顶层设计的层面上赋予雄安新区新的生命。

### （二）全领域要素创新：创新场景，美人之美

#### 1. 创新发展公共生态环境

目前，雄安新区正在推进白洋淀绿美生态走廊、环白洋淀生态景观绿化带、白洋淀连片美丽乡村绿化工程等林业生态建设，构建生态绿色屏障。在未来，2000平方公里的地域范围内将形成以白洋淀为核心的优良的自然生态环境和文化氛围，形成以新区起步区、发展区和雄县、容城、安新3个县城构成的组团式新区，打造文化创意生活区、数字创意产业集聚区，构建水城共融、文化包容、数字智慧的新型生态新区，为中国新时期的城市发展和城镇化走出一条全新的创新之路。

#### 2. 创新发展绿色智慧交通

雄安新区与京津实现"零阻抗"的交通联系是新区建设的重要目标之一。党中央和国务院选择雄安3县作为疏解北京非首都功能的新区，一方面是源于白洋淀的生态优势，另一方面则是其位于京津冀腹地的地理区位优势——便于构建多层次的便捷交通环境。构建连接京津冀的1小时交通圈，需要铁路、公路、机场等多元交通网络的支撑。雄安新区现有京广高铁、津保城际铁路和密集的高速公路网，同时还有规划和在建的多条城际铁路和高速铁路。在交通服务智能化水平不断提高的背景下，雄安新区必将是先进交通系统展示的机遇、智能交通系统大显身手的舞台。新一代智能公交系统、智能停车系统、智能交通管理系统、智能物流系统、智能共享单车系统等将会走进新区生活。同时，雄安新区的建设将摒弃单纯功能布局和宽马路、大广场的形式，使得多功能混合、密路网、小街区的宜人生活空间组织成为现实可能，这种多功能的布局既要有文化创意产业规划的参与，又要在布局中体现文化创意，才能从城市布局上防止"摊大饼"，克服"大城市病"，降低对生态环境

的冲击，提高新区发展的文化魅力、智慧魅力。

3.水城融合的城市景观

被称为"华北明珠"的国家5A级旅游景区白洋淀地处海河流域大清河水系的九河下梢，接纳潴龙河、唐河、府河等8条河流的水汇集而成，现有大小淀泊143个，平均年份蓄水量13.2亿立方米，是华北地区最大的淡水湖泊。其水域构造独特，既有异于南方的内陆湖泊，又不同于北方的人工水库，是由多条河流将各个淀泊连接在一起而形成的沟壑纵横、河淀相连、芦荡荷塘星罗棋布、一个个淀泊既相互分割又相互联结的布局。白洋淀内有村庄，有田园，有90多个大小不等的湖泊，3700多条沟壑，12万亩芦苇，36个岛村。淀泊形态和规模各异，雄县、容城、安新3县围绕白洋淀分布，也可以说雄安新区就是以白洋淀景区为核心而建，如何在白洋淀景区打造水城融合的智慧城市景观，需要文化产业的融入。

4.创新历史人文资源

雄安新区的发展不仅包括传承传统文化、保护非物质文化遗产，还要打造城市特色文化、继承传统经典建筑元素，创新发展公共文化服务，营造创意文化社区。在今年两会的政府工作报告中，李克强总理在部署2017年重点工作任务时提出，"完善旅游设施和服务，大力发展乡村、休闲、全域旅游"以及"加强教育、文化、旅游等领域交流合作"等。这是全域旅游首次写入政府工作报告。结合雄安新区现有特点及未来发展来看，白洋淀的优美自然风光是硬条件；燕赵大地上所承载的超越千年的历史文化传承，以及浪漫的文学流派"荷花淀派"和红色文学的发源地是软环境，未来生态文化、红色文化、文学资源将是雄安新区文化发展的基本资源。通过对接文化创意产业链，构建新区—景区—乡村—小镇结合的文化创意综合体，培育新型文化创意产业集群，带动新区经济文化跨越式发展，既是构建环北京文化创意产业圈的重要组成部分，又是引领"十三五"以及更长时期文化产业供给侧改革的重要支点。

5.虚实共生的创意空间

集中疏解北京非首都功能意味着京津环首都城市群在结构调整后布局和空间将更加优化，高级别总部经济、行政事业单位的迁入将为新区新型智库机构、高端创意空间的发展带来动力。"政产学研融媒"多方共同创造和分享价值的智慧生态协同平台，充分整合国内外相关领域的顶尖专家资源以及广泛的社会智慧，将持续推进新区虚拟智库和实体创意空间的有机融合。另外，在河北省公布的首批特色小镇创建和培育类名单中，雄县、容城和安新3县范围内及其周边的特色小镇已经有10多个。未来特色小镇的建设必将随着雄安新区的建设而风生水起，特别是未来快捷高效的交通网络构建完成之后，有着优质公共服务的一个个特色小镇点缀在水城共融的一座崭新的生态城市周边将会变成现实。除了智慧创意空间和特色小镇之外，美丽乡村发展在新区也大有可为。雄安新区未来以白洋淀湿地为核心的以水定城符合绿色生态宜居发展的定位，也为当地美丽乡村的发展提供了基础条件。

### （三）城市发展创新：科技引领，各美其美

#### 1.树立全球视野，突出科技创新的核心地位

智慧城市是我国实现经济发展、社会公平和环境优美，探索工业化、信息化、城镇化、农业现代化四化融合道路的重要途径。早在2007年，欧盟就提出并开始实施一系列智慧城市建设目标，韩国也正以网络为基础，打造绿色、数字化、无缝移动连接的生态、智慧型城市。松岛被很多人看成是全球智慧城市的模板。这座崭新的智慧城市位于首尔以西约65公里远的一处人工岛屿上，占地6平方公里。该项目从2000年开始兴建，共投资350亿美元（约合人民币2142亿元）。由于松岛的信息系统紧密相连，因此评论人士也把它称为"盒子里的城市"。

雄安新区未来有望承接大体量的科研资源迁出，可能设立国际实验室或全国性基地，一些地处北京的中央部署高校也可能搬迁至此，这为未来其"科技"发展奠定基础。而这其中，智慧城市、绿色建筑都是目前产业发展的前沿，与雄安新区的高精尖定位不谋而合。所以以智慧城市为首的科技产业是未来雄安新区投资的"蓝海"，而且与目前现有的城市不同，雄安新区不需要在就旧产业的基础上进行升级改造，并耗费更大的精力、物力调整适应，科技企业可以将自身的科技优势直接与新区的定位相衔接，从规划创意阶段就直接参与进去。

#### 2.创新产业体系，打造国际一流的创新平台

雄安新区要建成高端高新产业集群地、创新要素资源集聚地、扩大开放新高地和对外合作新平台，激发经济社会发展的新动能，打造京津冀创新驱动发展的新引擎。位于瑞典的西斯塔被誉为欧洲IT之都、北欧硅谷、移动谷、无线谷。1976年爱立信开始在西斯塔科学园设立分支机构，带动其他的一些电子企业搬迁集聚于此。

20世纪80年代，这里良好的教育环境与基础设施和产业环境吸引了更多公司到来，诺基亚、微软、惠普、英特尔、Apple、Oracle 等大型跨国公司纷纷在此设立研发中心或生产基地。随后西斯塔开始由科学园向科学城转型。政府、企业与大学形成共识，采用官、产、学三螺旋模式来负责整个地区的产业、商业及社区发展，吸引全球领先公司、支持现有公司成长为全球企业、促进产学研合作、建设对生活、学习、研究和工作都有吸引力的生活性城市，并大力发展居住、商业、娱乐、人文设施，并强调绿色的步行空间和促进员工交流的公共空间。

雄安新区打造国际一流的创新平台，既要建立政府、产业、研究机构协同合作的机制，共同营造良好的产业环境，促进产学研合作与技术扩散，提升区域创新能力；又要不断增强产业功能与社会功能的互动，提升生活配套设施品质，营造有利于创新的生活空间，增强对高技术人才的吸引力。同时发展高端高新产业，培育新动能，发展新业态，坚持"以业兴城、产城融合"，在疏解非首都功能中探索产业升级新路径，形成以科技为引领、以研发为引擎的产业创新生态。

3.营造创新氛围，吸引高端人才集聚

创新和智慧的核心是人力资本，雄安新区的建设将带来巨大的人才需求空间，并将因此而形成高端、高新人才的集聚之地。未来，雄安新区要主动对标国际一流新区，全方位营造国际一流的创新环境，在全社会积极倡导和大力营造创新创造的浓厚氛围，以吸引更多的高层次人才集聚于此，实现高品质的产城融合。

首先，在人才培养方面，除了吸引高等院校与研究所，雄安新区还应该最大可能的激活民间力量。去年年底，我国首所民办高等研究院——浙江西湖高等研究院在杭州正式成立，这所致力于前沿基础科学研究和博士研究生培养的民办院校，将橄榄枝抛向全球经济科学家，直指世界顶尖级科研院所，直接填补了民办高校在前沿科学研究和高技术领域的高层次人才培养方面进行尝试的空白。据介绍，西湖高研院是未来西湖大学的前身，目前已组建理学、前沿技术、基础医学和生物学4个研究所，分别由潘建伟、陈十一、饶毅、施一公等著名科学家领衔，在相关领域开展科学研究和博士生培养。这种先进的人才培养理念与模式值得雄安新区借鉴，未来，更多的民间力量应该努力发声，为人才培养与输送贡献应有之力。

其次，在人才引进上，通过体制创新吸引和集聚人才，尤其是将北京丰富的科技研究资源与人力资本优化组合，最终将新区打造成创新型现代化国家的心脏区域。当年的深圳经济特区和上海浦东新区的发展依靠的也是人才。特别是深圳经济特区，目标是建设自主创新型城市，需要大量的高素质劳动者、专业技术人员和创新型人才，所以深圳在汇聚人力资本方面做过很多试验，许多今天看来习以为常的人力资源制度都来源于深圳的改革实践，例如最早用落户政策、高层次人才补贴、购房补贴等方式引进人才的就是深圳。虽然历史背景不同，但在尽最大可能吸引更多人才加入、形成人才汇聚之地的发展需求上，雄安新区与深圳经济特区和浦东新区相比并无二致。

### 三、问道雄安：什么是未来城市发展的文化尺度？

文化，既是一个城市独一无二的印记，更是一个城市的精髓和灵魂。独具特色的文化，承载着一个城市的历史，展示着一个城市的风貌，体现着一个城市的品格，凝聚着一个城市的精神。雄安新区的建设不仅要承载历史文化，反映新区的历史发展过程及其特有的文化积淀；还要昭示未来，顺应新区的文脉，发展创造属于自己城市独特的新文化。

（1）适境——以水系孕育城市，以生态吸引人群，以创新发展城市。城市建设首先要考虑的就是水的因素，必须有可持续的、充沛的水源供应。辽金北京城依托的是"莲花池水系"，元代北京城依托的是"高粱河水系"，明清北京城依托的是西北方向的"海淀水系"。白洋淀是华北水系的中心，也是南水北调进入华北的中心储水区，更是雄安新区以水定城的灵性所在，这里不仅有宽阔的水面可以储存水源，还可以形成良好的生态和景观。

（2）续脉——保护、弘扬中华优秀传统文化，延续历史文脉，传递价值基因。雄安3县历史悠久、文化积淀深厚。据悉，雄县早在汉代就有县城，容城也是汉代置县，安新县虽是1914年安县与新安县合并而成，但是两县设县史亦可追溯到宋代，建城史可上溯至战国时期。现容城县内还分布着午方遗址、白龙遗址等众多地下遗迹，拥有新石器时代遗址、春秋战国时期遗址、宋辽古战道等丰富地下遗迹。如何以大历史观为核心，传承和保护传统文化，延续雄安文脉，传承历史基因，是雄安新区发展的精髓，更是雄安新区建设的底线。

（3）链接——以文化为节点和纽带，链接不只是京津冀，更是全国和全球的核心资源和创意阶层。美国学者理查·佛罗里达在2002年出版的《创意新贵》中，把创意职业跟传统的制造业、服务业分别开来，将创意界定为"创造有意义之新形式的能力"，因而创意不仅指向新发明、新技术，更指普遍存在的时代精神。在此精神的感召下，聚拢来了"创意阶层"。在他看来，这个阶层的核心是科学家、工程师、大学教授、艺术家、设计师，思想导航者是作家、评论家、文化人，群众基础就是从事知识密集型的高科技、金融、法律、文化、医疗、企业管理等专业人士。那么这个阶层，应该是人才的阶层。雄安新区的产业定位是发展高端业态，创意阶层构成了高端业态发展不竭的动力，也构筑了以产兴城的源头活水。

（4）对标——以国际新区标准，树全球城市之林，在思想领域站到全球城市前列。综观全球新区建设和新城开发，从伦敦、巴黎、纽约、东京、首尔、巴西利亚为典型案例。伦敦从新城建设到回归内城，从疏解内城到促进内城新城并举增长。巴黎新城建设使巴黎大区从原有的单中心放射型格局向多中心格局良性发展，后期同时强调核心区集聚与大区域平衡。纽约新城建设主要是市场主导的郊区化和再聚集，在新城社会阶层种族分化明显。东京通过新城建设减轻核心区域人口压力，但新城职住不平衡严重，后期进行都市更生、人口向核心区回流。首尔通过新城建设分流人口集聚，核心区人口持续减少。巴西利亚建设功能分区机械化，贫民窟问题突出……上述一系列案例表明，这些新区或因过度强调行政、商业、居住、文化、娱乐等功能分区，使得居民生活不便，或由于重视文化及文化在重塑经济动能和驱动城市更新方面的价值，使得城市繁荣。其中，不管成功还是失败，不管创新超越还是走过弯路，文化是很重要的一个因素。保持历史耐心、分阶段展开，并注重文化的保护和建设，无疑是新区成功的要素。

（5）雄起——在崭新的白纸上描绘全新概念，在城镇化、供给侧改革、国家大都市增长、城市群协同发展等经济增长模式和国家治理模式上承担实验和创新功能。"80年代看深圳，90年代看浦东，21世纪看雄安"。雄安的新，在于理念的新，体制机制的新，产业的新，制度的新以及未来的发展思路的新，雄安新区的建设不仅是建设一个环境优美的功能城市，更在于把文化建设融入新区顶层设计，创新文化工作机制，形成智慧城市建设与公共文化、文化产业高端融合的协同发展，建设一个具有创新意义的示范区。这也预示着中国文化产业将在一片新的大地上开拓和创造，让我们共同迎接这片中国文化产业的"新蓝海"。

## 第二节　雄安新区战略解读与主题规划

2017年4月1日，中共中央、国务院印发通知，决定设立河北雄安新区。雄安新区是继深圳经济特区和上海浦东新区之后又一具有全国意义的新区，也是继规划建设北京城市副中心后又一京津冀协同发展的历史性战略选择，是千年大计、国家大事。

### 一、新区规划设计，战略研究先行

由于事关重大，该如何正确理解和认识雄安新区的战略决策，以及接下来该怎么规划和建设？一霎间国内外热议如潮，网络、微信迅速刷屏。初闻涕泪满衣裳者有之，半信半疑者有之，炒房和投资者也闻风而动，一些规划专家甚至急匆匆抛出了思路和方案。

城市规划是关于自然空间和社会资源的系统性设计和制度性安排，一旦形成、实施就很难再做大的、脱胎换骨式的改造和重建，因其成本过高也是在通常情况下付不起或不愿付的。目前，围绕着雄安新区规划的各种讨论，主要集中在户籍、房产、企业入驻、原居民搬迁等"牛毛细节"上，而作为基础性设计和总体性配置的战略研究却严重不足。这些"今日格一物，明日格一物"的"零打碎敲"，和"一会儿想起这儿，一会儿想起那儿"的"拍脑袋"没有本质差别。

我们一直强调"城市规划编制，战略研究先行。"这既是对我国城市建设"计划赶不上变化"和"翻烧饼"问题的沉痛反思，也是雄安新区在启动规划编制时需要明确的基本原则之一，即在具体的产业、交通、人口等专项规划前，必须先把新区的战略定位、战略框架和战略重点想明白、勾勒好、看清楚。对于雄安新区而言，战略研究决定了中国想要的是一个什么样的雄安新区。

### 二、既是国家级新区又是国家经济特区

雄安新区虽被冠以新区之名，但一亮相就与浦东新区相并列，比同级别的滨海新区、两江新区、舟山新区等高出许多，因为它同时还与深圳经济特区并列，因此可以把雄安新区初步界定为：既是国家级新区又是国家经济特区。

这可能就是在文件中首次使用"千年大计、国家大事"的主要原因。这两个词并用，主要是强调兹事重大。但它们又都属于一种质性界定，不好量化，所以到底重要、重大到什么程度，我们只能从中国文化和历史的角度加以揣度。

关于千年大计，在汉语中最容易使人想到的是"十年树木，百年树人"，意思是只有按照自然、社会和文化的规律去做某件事才能成功。关于国家大事，本于《左传·成公十三年》记载的"国之大事，在祀与戎"，是指"和睦邦族"的祭祀与抵御外辱的战争。由这两方面出发，结合雄安新区的规划建设，可以这样理解"千年大计、国家大事"。首先，城建史上有一句话叫"千年风水"，意思是城市选址和空间布局一经确定并开建，就会彻底改变自然环境并很难再回到自然的原初形态，因此城市的规划与建设比种树育人更加重要和影响深远。其次，在《诗经·大雅·绵》中，曾写到周文王时代修筑宫室宗庙的壮观场面："捄之陾陾，度之薨薨，筑之登登，削屡冯冯。百堵皆兴，鼛鼓弗胜"，并把周人在周原上"乃立冢土"当作西周兴国大业完成的标志，这也就是《左传》讲的"祀"或摩尔根讲的作为文明社会标志的"礼仪中心"。把这两方面结合起来，可以推知雄安新区被赋予了怎样高的期望和怎样重要的国家职能。

雄安新区是一个新生事物，从雄县和安新两县各取一字，既具大国气象，又兼备大都风范。十年树木，可以足用；百年树人，可以齐家；千年建城，可以安邦。

## 三、大国大都，需要规划一个更大的战略腾挪空间

在最近的朋友圈中流传着一个提倡充足睡眠的微信。其实，不仅是快节奏生活的现代人，高速发展的中国城市也早就有了休养生息的强烈需要。

拥有3000多年建城史与800多年建都史的北京，目前中心城区人口超23000人/平方公里，机动车保有量超500万辆，既有"首堵"之戏称，又经常陷于"十面霾伏"中，再加上高房价、上学难、看病难等问题，说明这座大城已经很累很累很累了。当一个人累了，最有效的办法莫过于睡上一大觉。而当一个城市病了，最管用的对策是减去已超过它承载极限的东西。但我们没有办法想象，如何给这个超负荷运转的大都市放假。

一般人都以为雄安新区的设立很突然，其实并不是的。因为像这样一个国家重大战略决策，不仅不会轻易做出，还可以说是经历了很多的投石问路并在巨大现实

压力下才做出的。理解这个问题的关键，是如何把相关信息联系起来。

面对北京日益严重的"大城市病"，人们能想的和能做的都已想过和试过，其结果可以"不大胜亦不大败"一语概之。从北京自身看，为了应对"城市病"也做了很多，其中一大手笔是把首钢整体搬迁到河北曹妃甸。从国家层面看，京津冀协同发展战略把天津列为双核心城市之一，也是出于解决北京市"一城独大"的顽疾，但天津同样也饱受着大"城市病"之苦。2015年7月，北京市提出"聚焦通州，加快北京市行政副中心的规划建设"，后来又排出到2017年底将政府四套班子搬到通州的计划，尽管这个动作已不算小，但预计只能疏散出40万左右人口，这与北京的2000多万的常住人口相比，数量相当有限。

与此同时，不管北京市怎么提高门槛，外来人口增速仍持续走高。截止到2015年年末，在北京市2170.5万常住人口中，外来人口高达822.6万，占比为37.9%。而据全国第六次人口普查数据，仅2010年河北流入人口就超过北京流动人口总量的1/5。凡此表明，各种优势资源过度集中的首都北京的城市磁力过于强大，如果在周边不能有一个可以和它媲美的城市，京津冀的协同发展就极有可能是围着北京市再摊一个更大的大饼。展眼望去，在京津冀要找一个这样的地方并不容易，不仅天津和石家庄不行，连地级城市保定的人口也都超过1千万，再怎么拓展，都不可能建成一个巨大的人口蓄水池。

在某种意义上，这也表明3年来京津冀协调发展，主要是停留在战术上，尽管在局部取得了很多在过去不可想象的成果，但距离从根本上实现疏解非首都功能还有很大的差距。而人们之所以会认为雄安新区的设立过于仓促，是因为他们把雄安新区的设立和近3年京津冀协调发展的整体进程割裂了开来。

中央城市工作会议提出：必须认识、尊重、顺应城市发展规律，端正城市发展指导思想。中外历史上很多都市的迁移和扩建，都是出于遵从自然规律、协调人和自然矛盾的现实需要。从中国古代都城史的角度看，无论是汉唐的双都城——长安和洛阳，还是唐代对隋朝都城、元代对北京城的扩建，都是因为旧都不能满足帝国首都必须具备的城市功能。从西方现代大都市的角度看，19世纪下半叶，伦敦、曼彻斯特、纽约、芝加哥等在出现了人口拥挤、环境污染、贫富差距悬殊等"城市病"后，也都不约而同地采取了另建新城的策略。

俗话说，"树挪死，人挪活"，对于一个城市也是如此。在经济全球化和政治多极化的当今世界，在积极应对北京大城市病的同时，另择空间建设一个集中疏解北京非首都功能的承载地。在某种意义上，就像农业生产中的轮耕制，雄安新区的设立，可以看作是"都城空间轮耕制度"的一次探索，完全符合城市发展的规律。

## 四、上兵伐谋：一子落定，满盘皆活

上兵伐谋，其次伐交，其次伐兵，其下攻城。

如果说，3年来京津冀协同发展的推进主要属于战术层面的"伐兵"和"攻城"，那也不妨说，河北雄安新区的布局和落子，真正具有了上兵伐谋、以谋取胜的内涵。

规划中的雄安新区，包括雄县、容城、安新3县及周边部分区域。这个选址和布局，初看起来有些出人意料，但细思之则发现意味深远。首先，雄安新区一直是潜水的交通战略要地，距北京、天津只有100公里，属于高速1小时、城际高铁半小时的交通圈内，此次浮出水面，有望在京津冀腹地形成一个新的"中心地"。其次，城市化水平较低，新区内人力资源、土地资源相对充足，坐拥华北平原最大的淡水湖泊——白洋淀，拥有良好的发展潜力和市场空间，还可连带解决京津冀区域的"中部塌陷"问题。再次，远期规划面积2000平方公里，比深圳经济特区（1990平方公里）略大，不到浦东新区（1200平方公里）的两倍，建成后可容纳人口超过1000万，这样的规模和体量足以为解决京津冀协调发展的核心问题——疏解北京非首都功能提供辗转腾挪的战略空间，且与其他地方相比，3个县城的建设成本又是最低的。最后，具有一子落定满盘皆活的系统效应。比较而言，在一穷二白上，雄安新区有些像当年的小渔村深圳，在后发优势上，又像当年和沪西一江之隔的浦东，前者深入到战略前沿，后者具备雄厚的外势。在没有这个新区时，谁也看不出京津冀与"一带一路"、长江经济带如何互动，而一旦有了这个新区，一幅"南深圳，东浦东，北雄安"的深化改革和开放发展宏图已跃然纸上。

在"战略"一词已被用滥的当下，这才是真正的城市战略规划。不同于一般的空间、人口、交通、土地、金融、文旅等专项规划，它既在横向上统筹了环境、政治、经济、社会、文化等发展要素及其交互作用关系，又要在纵向上把握过去、当下、未来的内在关联及其包含的风险和机遇，是一种更加系统的国家大局设计和一种前瞻性的千年城市谋划。

当然，"罗马城不是一天建成的"。雄安新区的规划才刚刚迈出第一步。由于涉及环境资源、人口、经济、社会、文化等多要素，以及体量巨大、关系众多和层级复杂等原因，不论是规划刚刚提出的现阶段，还是在以后的规划建设进程中，出现一些怀疑、摇摆、反复甚至是局部的困难，可以说都是正常和无可避免的，对此既无需"大惊小怪"，也要防止"因噎废食"。对于所有"发展中的问题"，只能以更高水平的发展去解决。

## 五、战略定位：国家新型城镇化规划示范区

雄安新区是《国家新型城镇化规划》推进过程中批准设立的规格最高的国家新区，因此在战略定位上不仅要和新型城镇化战略保持高度一致，还应在解决旧城市化的主要问题及后遗症方面发挥重大引领和示范作用。这就要求在规划编制之前，必须明确划清新型城镇化和旧城市化的界限，并将此战略定位贯彻于规划编制的整个过程中。

在模式上看，旧城市化主要表现为两种形态：一是由政府主导的"政治型城市化"，政府管得太多、统得太死，不利于发挥市场在资源配置中的主导性；二是任由市场发挥的"经济型城市化"，既不考虑自然和资源环境的承受力，也不顾及人在城市中的获得感和幸福感。与之相对，新型城镇化提出的生态城市、人文城市，中央城市工作会议要求树立正确的城市观、人民城市为人民以及协调政府"看得见的手"和市场"看不见的手"等，都是针对旧城市化的问题和后遗症而发。这是编制雄安新区规划必须确立的战略问题意识。

在实践上看，国家发展改革委联合11部委组织实施了国家新型城镇化综合试点工作，目前已发布三批，分别是2015年2月第一批62个、2015年11月第二批73个、2016年12月第三批111个，涵盖了省、市、县、镇等行政单元。从总体效果看，可以说参差不齐。就多数城市而言，则是局部进展较好，但整体上改观不大。因为旧城市化和新型城镇化是两种不同的城市发展方式，在环境、空间、经济、社会等方面存在巨大的矛盾和冲突，它们会不同程度地渗透进规划编制并影响到新型城镇化建设。在编制雄安新区规划时，如何充分吸取试点规划经验，率先走出一条新型城镇化发展道路，也是在"画图"之前就要解决的。

就此而言，雄安新区应以"国家新型城镇化示范区"作为自身的战略定位，深刻把握和体现"千年大计、国家大事"的科学内涵，在总体思路上坚决摈弃旧城市化及其"先建设，再改造"的老路子，为画一张最好最美的新区蓝图提供指导和支持。

## 六、战略框架："十三五"规划以"1+5"为核心内容的"新型城市"

从改革开放以来的城市化经验看，和最初的深圳、浦东有所不同，雄安新区面临的主要挑战之一是"颇为用钱苦"，即作为一个低水平的城市化区域，在国家战略红利和各种社会资源大规模、快频率、高强度的注入和集聚下，如何为雄安新区的高水平建设和可持续发展搭建一个尺度适当、富有弹性的战略框架。

作为我国新型城镇化的有机组成部分，雄安新区在战略框架上并不需要"一切推倒重来"，而应与已有的战略规划密切联系起来进行交互设计。由于《国家新型城镇化规划》和"十三五"规划在时间上完全叠合，加之后者在五大发展理念指导下补入了新精神和新要求，因此，"十三五"规划提出的以"1+5"为核心内容的"新型城市"，作为我国新型城镇化探索的结晶和集大成，也是雄安新区规划建设应遵循的基本战略框架。

所谓的"1"，是"建设和谐宜居城市"。"十三五"规划的具体表述是："转变城市发展方式，提高城市治理能力，加大'城市病'防治力度，不断提升城市环境质量、居民生活质量和城市竞争力，努力打造和谐宜居、富有活力、各具特色的城市。"这是"十三五"时期新型城镇化建设的主要发展目标。不管未来经济怎样繁荣，人口怎样集聚，如果破坏了"和谐宜居"这个"以人为本"的基础和根本，它和旧城市化就没有什么本质差别，当然也不可能是我们希望建成的雄安新区。

所谓"5"，是对"新型城市"的具体界定。"十三五"规划的具体表述是："根据资源环境承载力调节城市规模，实行绿色规划、设计、施工标准，实施生态廊道建设和生态系统修复工程，建设绿色城市。加强现代信息基础设施建设，推进大数据和物联网发展，建设智慧城市。发挥城市创新资源密集优势，打造创业乐园和创新摇篮，建设创新城市。提高城市开放度和包容性，加强文化和自然遗产保护，延续历史文脉，建设人文城市。加强城市空间开发利用管制，建设密度较高、功能融合、公交导向的紧凑城市。"由此可知，新型城市规划建设主要包括5方面的内容，即绿色城市、智慧城市、创新城市、人文城市和紧凑城市。这5个城市建设目标，既充分研究了世界城市发展的规律和趋势，也吸取了我国城市现代化建设的经验教训。抓住了这5个城市目标，也就抓住了雄安新区规划的重心。

坦率而言，"十三五"规划提出的"新型城市"，目前还没有成功的建设样板。因为要在现有城市基础上建设新型城市难度太大、成本太高，并需要假以时日。而如同一张白纸的雄安新区则具有得天独厚的优势，因此在研究雄安新区的战略框架时，必须把旧城市化后遗症、国家新型城镇化综合试点及"十三五"新型城市放在一起统筹考虑、"打包解决"，所以完全可以按照此战略框架编制雄安新区规划，而不需在此之外另起炉灶。

## 七、战略重点：以规划预防城市"过度集聚"

城市发展离不开"集聚"，但过度"集聚"就会导致"城市病"。这是旧城市化的一个主要问题，以至于在今天我们看任何一个城市规划，百分之百都会碰到"轴""带""区""点"等概念，也百分之百都会看到"上下左右几个圈"再加"几个纵横轴线"的图示。沿"轴""带"分布的"集聚区""功能带""增长极""示范点"等，既是基础设施建设、投资、房价飙升、公共服务密集布局的空间，同时也是城市不健康的病灶和症结所在。要改变旧城市化的规划思路，需要确立一种"集中+分散"的基本思路，做到"该集聚时集聚，该分散时分散"。

和一般新区遇到的"卧城""鬼城""产城不融合"等问题不同，可以预言在未来的相当长的时期内，雄安新区的主要任务是防止"过度集中"。在这方面尤其可以北京为戒，并对已存在和可能出现的雾霾、拥堵、房价高企、上学难、看病难等"大城市病"有所准备。但同时也要防止因制定过多的限制性政策，造成未来人口结构失衡、人气低迷、产城不融合等"供给侧"问题。

城市发展的关键不在事后"用脚投票"，而贵在事前"用脑子思考"。在新区规划的起始阶段，认真研究环境、经济与人口等因素的错综复杂机制，通过制定适当政策和科学编制发展规划，促进经济、产业、人口等有序集聚，引导人口与资源多点、多线、多面布局，既要防止"过度集中"，也要解决"过于分散"，把能想到的问题都解决在萌芽阶段，力避在华北平原上再摊一个新的大饼，是雄安新区亟待下好的一步先手棋。

# 第三节 雄安新区建设是一项系统工程

2017年4月1日，党中央国务院决定设立雄安新区。在这个既定前提下，本节认为，雄安新区建设是一项系统工程。本节的结构安排如下：第一部分讨论雄安新区是一个人工系统；第二部分讨论雄安新区建设的系统原则；第三部分讨论雄安新区建设涉及的多个不同系统层次；第四部分论述雄安新区最终必须具有自组织功能（self-organization）；最后进行了简要的结论与讨论。

## 一、雄安新区是一个人工系统

根据系统科学观点，存在两种不同种类的系统：一种是自组织系统，另一种是人工系统（见图2-1）。从城市发展的历史来看，最早的城市都是由于商品集散的需要而自发形成的，属于典型的自组织系统。商品的集散要求便捷的交通。水运在陆地交通和航空运输不够发达的条件下是最便宜和方便的交通方式。因此，最早的城市大都依水而建。从经济学的角度来讲，市场是迄今为止人们最为了解的经济系统自组织的主要方式之一。雄安新区是党中央国务院决定设立的国家级新区，属于典型的人工系统。一般来讲，自组织系统的演化相对缓慢，而人工系统由于加入了人的智能可以以反馈加速的方式快速发展。例如，人类的出现经历了几十亿年的漫长演化过程，但是试管婴儿的诞生只要几个月的时间，不仅如此，试管婴儿还可以按照人的意愿选择性别。因此，雄安新区建设完全有可能超越任何自组织系统的发展速度。

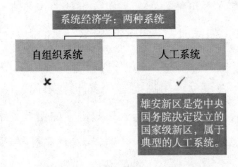

图2-1 雄安新区是一个人工系统

雄安新区作为一个人工系统，其建设面临的首要问题就是目标和功能的设定。

根据2017年4月1日党中央国务院关于设立河北雄安新区的通知，设立雄安新区的目的在于集中疏散北京非首都功能，探索人口经济密集地区优化开发新模式，调整优化京津冀城市布局和空间结构，培育创新驱动发展新引擎。于是，问题就转化为，是不是所有的北京的非首都功能都要转移到雄安新区？如果不是全部非首都功能都转移到雄安新区，那么，哪些非首都功能要转移到雄安新区？转移的顺序是什么？选择的原则和标准是什么？

## 二、雄安新区建设的系统原则

根据系统科学原理，结构是实现功能的前提和保证。因此，雄安新区目标与功能的设定决定了雄安新区的结构，包括应当包含的建设模块以及不同模块之间的关系。因此，为了实现疏解北京非首都功能的目的，雄安新区应当是一个系统（有机整体）。也就是说，雄安新区的不同建设模块之间不能相互独立，而应当根据疏解功能建立特定的相互联系。这些相互联系就形成了雄安新区的特定结构，从而实现疏解北京非首都功能的目的。

按照这种观点，雄安新区应当包括哪些模块，这些模块之间应当具有什么样的相互联系都不是随意的，都具有内在的规定性，其本质就是使其成为一个系统、一个有机整体。根据首都功能的定位，北京是政治中心、文化中心、国际交往中心和科技创新中心，除此之外的功能都属于非首都功能。至于要将哪些非首都功能转移到雄安新区，以及转移次序的选择都应当符合上述内在规定性。

总之，雄安新区目标与功能的设定决定了雄安新区应当包括哪些模块以及不同模块之间的关系。这些不同模块之间的典型关系就是耦合关系。所谓耦合关系，是指一个模块的输出正好是另一个模块的输入。我们把雄安新区不同建设模块之间应当具有的耦合关系称为雄安新区建设的系统原则（见图2-2）。

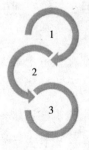

1　疏解北京非首都功能

2　雄安新区：一个系统（有机整体）

3　不同建设模块之间不能相互独立，而应当根据疏解功能建立特定的相互联系。

图2-2　雄安新区建设的系统原则

昝廷全（2017）提出了社会系统的星圆模型（见图2-3）。该模型认为，科学、技术、经济、政治与文化之间的耦合是社会和谐与稳定的根本保证。雄安新区作为一个人工系统，可以更好地兼顾科学、技术、经济、政治与文化之间的耦合，以及和自然生态环境之间的协调。

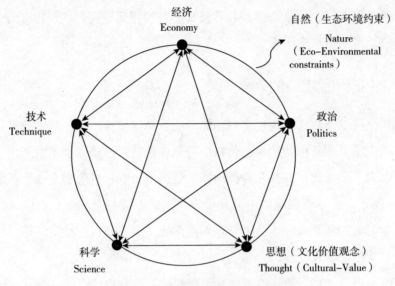

图2-3　社会系统的星圆模型示意图

## 三、雄安新区建设涉及多个不同的系统层次

雄安新区建设的直接目的就是疏解北京的非首都功能，因此，雄安新区建设决不能就雄安说雄安，必须在"雄安+北京"的论域上或扩展系统的背景下讨论雄安新区的建设。这种思想的本质就是系统经济学中的层级战略。

最能体现层级战略思想的一个典型例子就是用6根火柴棍摆出4个三角形。稍微摆一摆就会发现，用6根火柴棍在平面上无论如何是摆不出4个三角形的，也就是说，这个问题在平面（二维空间）上是无解的，但在三维空间中就可以轻而易举的做到，也就是说，许多在低维空间中无解的问题在高维空间中不仅可以有解，而且可以有最优解。根据城市生态学观点，任何城市都存在一个最大人口容量，这就从客观上决定了要解决北京的"城市病"，在北京市的原有范围内可能是无解的，这也许正是党中央国务院决定设立雄安新区的根本原因。建设雄安新区的本质是把北京的"城市病"问题放到"雄安+北京"这一扩展系统上去运筹和解决。世界上所有通过建设城市副中心或新区的方式去解决"城市病"的做法，都可以看作是层级战略思想的具体实践。

　　与此同时，雄安新区建设还是京津冀一体化的重要战略举措，属于"千年大计、国家大事"，由此决定了雄安新区建设至少涉及以下4个不同的系统层次：雄安新区→"雄安+北京"→京津冀→中国。当然，在全球化的背景下，雄安新区建设还必须考虑"一带一路"和全球化的影响。这样一来，雄安新区建设典型的包括以下6个不同的系统层次：雄安新区→"雄安+北京"→京津冀→中国→"一带一路"→全球系统。因此，雄安新区就是镶嵌于这个层级结构之中（见图2-4）。

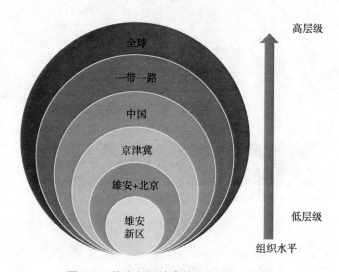

图2-4　雄安新区镶嵌的层级结构示意图

　　根据系统经济学原理，高层次系统的任何微小变化都可能引起低层次系统的结构性反应。一般来说，低层次系统是高层次系统的载体，高层次系统的功能通过低层次系统来体现。低层次系统是高层次系统的子系统，高层次系统制约和支配着低层次系统的状态和行为，也就是说，低层次系统的发展和变化是以高层次的系统作为背景展开的。由此决定着雄安新区与"雄安+北京"、京津冀、中国、"一带一路"和全球系统之间的关系。例如，雄安新区的行政机构必须具有协调雄安（河北）和北京的权威，决不能仅仅是河北省的一个新区。

　　从不同层次信息之间的关系来讲，高层次系统对应于宏观信息，低层次系统对应于微观信息（见图2-5）。低层次系统在接收来自高层次系统的宏观信息时，存在一个宏观信息微观化的问题。这也是"上有政策，下有对策"的根本原因。高层次系统接收来自低层次系统的微观信息时，存在微观信息宏观化的问题。所有的"调查和考察"都是为了获取微观信息。但是，微观信息并不能直接作为宏观决策的依据，必须将根据调查和考察收集到的微观信息宏观化，形成宏观信息之后才能作为宏观决策的依据和信息基础（见图2-6）。微观信息宏观化是从微观信息到形成宏观决策必须要经历的中间环节。如何将微观信息宏观化是最基本的领导才能之一。

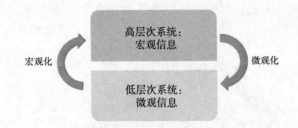

图2-5　不同层次信息之间的关系示意图

图2-6　宏观信息是宏观决策的信息基础

## 四、雄安新区最终必须具有自组织功能

人工系统是根据人的意志人为设立的系统，都存在特定的目的和功能，例如，雄安新区就是为了实现疏解北京的非首都功能而人为设立的人工系统。因此，所有的人工系统都是合目的性与合规律性的统一（见图2-7）。合目的性表现为系统的目标和功能，合规律性要求系统的设计和建设要符合客观规律。只有符合客观规律，才能实现预期的目标和功能。党中央国务院对雄安新区的历史定位是"千年大计、国家大事"。在建设初期，可以是以政府主导和引领为主，但从长期看，为了实现"千年大计"，最终必须使其具有组织功能。市场是经济系统自组织的主要方式之一。因此，从经济学的角度来讲，为了实现"千年大计、国家大事"，雄安新区最终必须接受市场的考验，必须具有自组织功能。

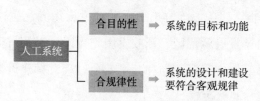

**图2-7 人工系统是合目的性与合规律性的统一**

从政府与市场的关系来讲，党中央国务院关于设立雄安新区的决定为雄安新区自组织功能的建立提供了基本框架。从政策层面来讲，为了使政策能够"自动执行"，必须满足博弈论中的纳什均衡。在纳什均衡状态，各方的利益都得到了最大化，都没有偏离的动机。因此，纳什均衡是政策制定的内在尺度。从操作层面上讲，可以根据系统科学与系统经济原理，展开对雄安新区自组织功能形成机制与途径的详细讨论。

## 五、结论与讨论

雄安新区是一个人工系统，设立雄安新区的主要目的就是集中疏散北京非首都功能。转移到雄安新区的非首都功能模块之间的典型关系应当具有耦合关系，即一个模块的输出正好是另一个模块的输入，我们将其称为雄安新区建设的系统原则。雄安新区的建设包括以下6个不同的系统层次：雄安新区→"雄安+北京"→京津冀→中国→"一带一路"→全球系统。雄安新区就镶嵌于这样一个层级结构之中，由此决定了雄安新区与北京、河北、"雄安+北京"、京津冀、全国、"一带一路"和全球系统之间的关系。党中央国务院对雄安新区的定位是"千年大计、国家大事"。在建设初期，可以由政府主导和引领，但从长期看，为了实现"千年大计"，必须使其具有组织功能。市场是经济系统自组织的主要方式之一。因此，从经济学的角度来讲，雄安新区最终必须接受市场的考验，必须具有自组织功能。

# 第四节 雄安新区建设的内在逻辑与创新突破

雄安新区是我国建立的第19个国家级新区，与许多新区不同，其直接对标的是在中国改革开放与市场经济体制建设中具有旗帜和引领作用的深圳经济特区与上海浦东新区。在新的历史背景下，雄安新区肩负着集中疏解北京非首都功能、探索人口经济密集地区优化开发新模式、优化京津冀城市布局和空间结构，以及培育创新驱动发展新引擎的战略重任，目标是要在"四个坚持"❶的原则上，聚焦"七大任务"❷，建成为北京非首都功能疏解集中承载地，成为绿色生态宜居新城区、创新驱动发展引领区、协调发展示范区、开放发展先行区，以及贯彻落实新发展理念的创新发展示范区。纵观雄安新区谋划和落子的全过程，其建设绝非随意为之，而是有着深刻的战略意图与必然逻辑。

## 一、雄安新区建设的内在逻辑

### （一）政治：国家梦想与首都需求

第一，雄安新区是国家梦想的战略载体。如果说1979年的深圳经济特区是改革开放的重要探索，开始了中国与世界交流的破冰之旅，1992年的浦东新区是深化市场经济体制改革的重要举措，开始了中国走向世界的攻坚之役，那么，雄安新区则是在全球经济重心东移与中国综合实力日益崛起的新时期，我国推进经济内生发展、引领全球新城发展趋势、体现中国特色制度优势的必然之举，是实现中华民族伟大复兴的中国梦的重要象征；它将是中华民族继600年前永乐帝迁都北京之后建设的又一最伟大的设计城市，将是一个伟大时代留给未来的一份伟大财富。

第二，雄安新区是国家首都的发展需求。大国需要大都，但北京政治功能与经济功能的超级集聚以及互动强化，已经让北京超负荷运转。环境污染、交通拥堵、房价高企等"大城市病"日益严重。为了缓解北京压力，必须大开大阖，打造一个具有足够规模的新城，集中承载非首都功能。事实上，从首都圈（1982）、环渤海经济区（1986）、环渤海综合经济圈（1996）、大北京（2002）、首都地区（2006）、京津冀都市圈（2008）、首都圈（2011）到京津冀协同发展（2014），北京地区一直在探索，但始终没能在北京与天津之外形成第三个"磁力中心"。只有打造雄安这种尺度的大城，才可能建成新的人口吸纳中心，从根本上改善京津冀发展格局，可望形成媲美甚至超越东京、伦敦、巴黎等大都市圈的世界级城市群。

---

❶ "四个坚持"，即"坚持世界眼光、国际标准、中国特色、高点定位；坚持生态优先、绿色发展；坚持以人民为中心、注重保障和改善民生；坚持保护弘扬中华优秀传统文化、延续历史文脉"。

❷ "七大任务"，即"一是建设绿色智慧新城，建成国际一流、绿色、现代、智慧城市；二是打造优美生态环境，构建蓝绿交织、清新明亮、水城共融的生态城市；三是发展高端高新产业，积极吸纳和集聚创新要素资源，培育新动能；四是提供优质公共服务，建设优质公共设施，创建城市管理新样板；五是构建快捷高效交通网，打造绿色交通体系；六是推进体制机制改革，发挥市场在资源配置中的决定性作用和更好发挥政府作用，激发市场活力；七是扩大全方位对外开放，打造扩大开放新高地和对外合作新平台。"

### （二）经济：均衡发展与国际应对

第一，促进国内经济均衡发展的需要。从国内经济发展来看，建设雄安新区是推进南北平衡的重要举措。20世纪80年代深圳经济特区的设立，带动了珠三角经济的腾飞；20世纪90年代上海浦东新区的设立，服务了长三角的发展，构建了中国经济增长的第二极。相对于珠三角与长三角，京津冀乃至整个北方地区，只有北京和天津经济比较发达，并没有形成协同合作的世界级城市群。因此，在新时期，极有必要打造"北京+天津+雄安"的战略新三角，支撑起京津冀世界级城市群，拉动我国北方经济的快速发展，逐步改变魏晋南北朝时期以来"南强北弱""南富北穷"的历史格局。

第二，应对国际经济格局变迁的需要。经过30多年的发展，中国已经从全球经济中的边缘者、跟随者变成了重要的参与者和主要的引擎力量，世界对中国发展也有了更多的期待。因此，从发展使命来看，如果说深圳经济特区和浦东新区主要是为了解决了融入世界的问题，那么雄安新区的根本使命则在于创新引领和内生发展，是要在全球经济发展和城市建设中发挥示范和标杆作用。正因为如此，我们看到在权威文件和报道中，对雄安新区的表述更多的是创新、协同、特色，而不是招商引资、工业生产。

### （三）社会：平台拓展与区域协同

第一，扩大事业平台，提供更公平环境。为什么如此多人愿意集聚北京？从根本上而言，因为北京是一个具有全国辐射力与全球影响力的事业平台，高端的政治、经济、文化、企业资源在这里集聚，相比一般的城市，这里为人们提供了太多的就业岗位与出人头地的机会，因此，功能的集聚带来了人口的集聚，而人口集聚和地产升级的预期让房价日渐高企。然而，高企的房价也在扭曲着城市的价值和成长轨迹，让年轻人看不到希望与未来。因此，必须疏散和调整首都的资源布局，扩大事业平台，让更多人共享首都的资源与平台效应。

第二，拉动河北发展，消灭"环首都贫困带"。京津冀由于一核独大，没有形成多点均衡的发展格局，导致北京无情地吸纳着周边的优质资源，黑洞效应明显，影响了地区协同发展的水平。以环首都贫困带为例，由于禁牧、限开采、禁止污染项目、交通不便等多种原因，首都周边长期存在一个集中连片的贫困带，目前25个贫困县的农民人均纯收入、人均GDP和人均地方财政收入不足北京远郊区县的1/3、1/4和1/10❶。这不仅造成周边人口向北京涌入的压力，也严重影响了北京作为国家首都的形象。

### （四）文化：文化创新与文化自信

第一，推动文化创新。"周虽旧邦，其命维新"，文运同国运相牵，文脉同国脉相连。中华优秀传统文化是中华民族的"根"和"魂"，是中华儿女共有的精神家园，需要坚持保护和弘扬，但在新的历史时期，又需要推动文化创新，上承"周礼、秦制、汉习、唐风"，下启信息时代的新文明、新理念，不忘本来，吸收外来，面向未来，形成一种创新性传承和创造转化的新型文化。作为贯彻新理念的新区，雄安无疑是极为合适的载体。

第二，彰显文化自信。随着我国综合国力和国际地位的提高，中国发展道路、价值理念、制度模式等内容在国际上的影响日益增强，国际社会对创造"中国奇迹"的中华文化兴趣也与日俱增。在这种背景下，我们需要通过新区建设来集中展示中国的新文化，树立理念自信（和而不同）、制度自信（社会主义制度）和民族自信（引领时代），不断增强中华民族的文化影响力，为全球治理贡献更多的中国智慧、提供更多的中国方案。

### （五）生态：减除雾霾与增加水源

第一，减除雾霾。空气质量恶劣已经成为国人对北京的最大诟病之一。2016年北京空气质量达标天数仅为198天，其中有39天是重污染天；PM2.5年均浓度73微克/立方米，超出国家标准109%。❷由于北京的地形为"簸箕型"，空气污染物难以飘走，人口与汽车的增多必然导致污染，同时，河北等地的重工业污尘对北京环境也造成了极大影响。因此，只有通过建设绿色智能的生态新城，减少北京人口集聚，提升河北产业层级，形成区域的示范样板，才能从根本上解决雾霾问题。

第二，增加水源。习近平总书记提出要"以水控城"，目前来看，水资源短缺已成为影响和制约首都社会和经济发展的主要因素。2015年北京市水资源总量为26.76亿立方米，按照年末常住人口2170.5万人计算，北京市人均水资源占有量为

---

❶根据北京市和河北相关市县2012年度的统计数据整理。

❷阚枫，尹力.2016年北京空气质量达标198天 PM2.5超国标1倍多[EB/OL].(2017-01-03)[2017-05-03].http://finance.ifeng.com/a/20170103/15119392_0.shtml.

123立方米，分别是全国的人均水资源占有量的1/16（全国人均2100立方米），全世界人均水资源占有量的1/60（全球人均7700立方米）。同时，北京地下水资源超采严重，相比1980年年末，地下水位下降18.51米，储量相应减少94.8亿立方米，形成了1056平方公里地下水降落漏斗面积。❶因此，北京水资源已经难堪重负，必须建立新城，集中疏散北京过度集中的功能与人口。

## 二、战略研判

《孙子兵法·始计篇》中说，"兵者，国之大事，死生之地，存亡之道，不可不察也。故经之以五事，校之以计，而索其情：一曰道，二曰天，三曰地，四曰将，五曰法。"对于雄安新区这件"千年大计、国家大事"而言，我们亦可从这个5个方面作出思考与研判。

### （一）道：上下同意与利益引导

什么是道？"道者，令民与上同意也，故可以与之死，可以与之生，而不畏危"。这段话是说要使民众与中央的思想一致，事情才能成功。从当前来看，党中央和政府在人民心中有着极高威信，提出"以人民为中心"建设雄安新区的设想，契合万众期待。京津冀主要领导表态将全力支持，"付出什么坚决服从"❷；大型央企表示要抓住机遇，争做雄安新区建设的排头兵；新区的群众表达了对雄安建设的激动与渴望；网上舆论也呈现出一边倒的支持和赞赏态度。建设雄安新区可以说是大势所趋、众望所归。但当前仍有不少人抱着炒房与投机的心态蠢蠢欲动。因此，如何落实张高丽副总理所说的7个"严"字，有效引导创新创业，推动高端高新产业发展，这事关新区建设的成败。

### （二）天：历史趋势与有序推进

"天者，阴阳、寒暑、时制也"。行军打仗，离不开看天行事。新区建设，也要考量是否符合历史规律、城市规律和时代需要等。从中国都城发展史看，都城扩建或新建大都在国家繁盛之时，例如汉唐。因为建设新都，利益纠结、耗费巨大，若

---

❶北京市水务局. 北京市水资源公报（2015）[EB/OL]. （2016-03-03）[2017-05-3]. http://www. docin. com/p-1799686076. html.

❷李鸿忠. 在服务雄安新区上要天津付出什么坚决服从[EB/OL]. （2017-04-02）[2017-04-07]. http://news. china. com/domesticgd/10000159/20170402/30384616. html.

无雄才伟略的君王和雄厚财力的支持，难以完成伟业。从城市规律来看，多中心布局是特大城市发展的必然规律，例如，伦敦、纽约、东京等大都市在出现人口拥挤、环境污染、贫富悬殊等"大城市病"后，都不约而同地采取了另建新城的策略。从时代需要来看，建设雄安新区亦是疏解北京非首都功能、拉动河北经济发展、推动京津冀协同、建设世界级城市群的必要举措。但由于新区建设标准极高、规模巨大，因此必须有历史的耐性，有"功成不必在我"的胸怀，有序推进。

### （三）地：品字格局与路径创新

"地者，远近、险易、广狭、死生也"。即地区的交通、地形、地质、水文、成本等建设合宜性。整体来看，雄安新区与北京、天津等磁力中心皆有100多公里的距离，与其形成了较为理想的品字型城市格局，同时雄安区域资源环境承载能力较强、现有开发程度较低、发展空间充裕，特别是规划范围内的白洋淀，是北方最大的湖泽，总面积366平方公里，有大小淀泊143个，非常便利构建蓝绿交织、清新明亮、水城共融的生态城市。不过虽然雄安土地成本较低，但是不利之处在于基础设施极为落后，而且不靠海（距天津港约150余公里），这意味着新区必须重新构建城市基础设施和培育高端、高新、高附加值的产业，需要探索出一条全新的发展之路。

### （四）将：领导能力与干部培养

"将者，智、信、仁、勇、严也"。即领军人物和核心团队的勇气、智慧、能力等。正如第一代领导核心毛泽东主席所言："正确的路线确定之后，干部就是决定的因素。"目前来看，中央对雄安人事安排早有布局。例如调任许勤为河北省委委员、常委、副书记，他曾于2010年6月任广东省深圳市委副书记、市长，2016年12月任广东省委常委、深圳市委书记、市长；而雄安新区临时党委书记由河北省委常委、常务副省长袁桐利兼任，他在来河北之前，担任过天津市委常委、滨海新区区委书记。应该说以上两位官员对新区建设都有丰富的经验和极强的执行能力，这也将是雄安新区建设成功的重要保障之一。但河北广大干部，特别是雄县、容城、安新3县的领导干部无是具体的执行者和建设的中坚力量，未来如何提升他们的素质与能力，亦事关重大。

### （五）法：机制创新与公共治理

"法者，曲制、官道、主用也"，对新区建设而言，即是规划计划、体制机制、政策立法等。目前来看，规划计划创新是先导。当前，雄安新区如同一张白纸，做好"多规合一"的科学规划是发展基础；体制机制创新是关键，如何发挥市场在资源配置中的决定性作用和更好发挥政府作用，事关新型建设的效率和质量。政策与立法创新是基石，正如当年深圳经济特区建设一样，只有制定特殊政策，才能激发集聚首都的企事业单位转移，只有推进立法，才能减少各种干扰因素，稳定人心，确保新区持续发展。

## 三、突破重点

### （一）解放思想

正如哈耶克所言："在社会进步的进程中，没有什么是必然的，使其成为必然的，是思想。"中国改革开放与深圳经济特区的成功，首先是思想的解放。思想解放，就是要在马克思主义和中央精神的指导下，敢于打破习惯势力和主观偏见的束缚，研究新情况，解决新问题。相对于南方，北方思想整体较为保守，计划经济色彩较为严重。雄安新区作为一个全新事物，一个贯彻落实新发展理念的创新发展示范区，"必须在思想领域站到全国乃至国际城市的最前列，成为最有勇气创新的城市，最吸引中国乃至全球有梦想年轻人的一块热土，最鼓励打破常规而且最能够宽容犯错和失败的地方"。❶

### （二）梳理功能

雄安新区首要定位即是北京非首都功能疏解集中承载地，是否能有效承接北京功能疏解是雄安建设成功的首要标准。但北京应该转移哪些功能？雄安新区应该承载和发展哪些功能？从目前来看，北京定位为全国政治中心、文化中心、科技创新中心、国际交往中心，这意味着除此之外的功能，包括一般工业制造业、教育行业、医疗行业、商贸行业、经贸、金融等各个功能都要加快疏解。但对具体单位而言，谁疏解谁不疏解，就需要中央统一筹划，尽早出台符合市场规律的具体实施方案以及各类配套措施。

### （三）制定规划

谋定后动，规划引领。习近平总书记指出："考察一个城市首先看规划，规划

---

❶环球时报社评.雄安新区崛起,思想解放将被检阅[EB/OL]. (2017-04-02)[2017-05-3]. http://cjangc-hun. 96369. net/news/405/405974. html.

科学是最大的效益，规划失误是最大的浪费，规划折腾是最大的忌讳。"雄安新区必须"把每一寸土地都规划得清清楚楚再开始建设"。因此，近期应积极借鉴华盛顿、东京、巴黎、新加坡，以及通州行政副中心等先进城市（区）的规划经验，集众智、聚众慧，编制科学的规划体系（包括新城总规，以及交通、景观、生态、产业、文化等专项规划），绘就科学的发展蓝图，防止在京津冀的大地上再摊一个"大饼"。目前，雄安新区已经就启动区（30平方公里）的控制性详规和城市设计面向全球招标，这无疑是新区迈向未来的重要一步。

## （四）创新政策

深圳经济特区和浦东新区的发展，离不开建立初期制定的优惠政策，雄安新区欲实现超常规发展，必须加快政策创新。一是在土地政策上，需推动土地制度改革，实现城市建设模式从土地财政转向以人为本，实现多方共赢。二是在财税政策上，需通过税收杠杆来调整功能与产业布局。例如，韩国政府对首都圈迁出的企业实行减免税，而对新建和扩张的企业征以3到5倍的重税。三是在人才政策上，需加大创新力度，集中全国最好的人才，广泛吸收国际优秀人才。四是在金融政策上，需鼓励土地信托、私募基金以及各类新型金融工具发展，为新城建设提供金融支撑。五是在房产政策上，需探索推进廉租房、公租房以及房产税等，稳定市场预期，减少炒房投机，为新区建设提供更好的环境。

## （五）探索模式

作为一个贯彻落实新发展理念的创新发展示范区，其必然要探索新的城市建设和发展模式。一是要探索基于信息时代的智慧城市营建模式。通过千兆光网、下一代物联网和5G网的提前布局，推动智能交通、电网、建筑、医疗、教育等智慧应用，构建智慧生活的全球示范城市。二是要探索土地开发与市政基础设施建设的PPP模式，充分调动各方面的力量，减少政府财政负担，提升设施的建设与运营效率。三是要探索基于交通导向（TOD）的空间布局模式，吸取东京、首尔大都市圈等地新城建设的经验，发挥交通的带动作用。四是要探索基于产业链的区域协同模式，在京津冀形成分工合理、协同发展的新格局。五是探索基于经济与生态和谐共进的发展模式，以科技创新为核心驱动力，着力发展大数据、物联网、云计算、文化创意等高端高新产业。六是要探索新型的公共治理模式，建立"小政府、大市场、大社会"的基本格局，激发多元力量。

### （六）推动立法

善治需要良法。新区建设作为"千年大计、国家大事"，必须通过法律保障其开发和建设的有序性和持续性。在国际上，通过立法推动新城建设也是重要经验。例如英国为了推动大伦敦建设，政府颁布了《新城法》（1946），日本政府制定了《首都圈整备法》（1956），韩国先后颁布了《首都圈管理法》（1982）、《新行政首都特别法》（2003）、《关于世宗市设置等的特别法》（2010）等。对于雄安新区而言，也亟须加快新区法律或条例的制定，从法律上确定新区的基本定位、发展方向和重大任务等，强化新区建设的法律基础。

## 四、结语

实践是检验真理的唯一标准。一项伟大的历史性战略选择，其价值最终也需要用时间来验证。雄安新区的未来会怎样，不是理论探讨和蓝图描绘就可以实现的，而是需要脚踏实地、艰苦卓绝的细致努力。"积力之所举，则无不胜也；众智之所为，则无不成也"，相信在以习近平同志为核心的党中央的领导下，在全国人民的支持和各方力量的协同下，雄安新区一定会如深圳经济特区、浦东新区一样，开创一个属于自己的新时代，不负"千年大计、国家大事"的宏伟使命。

# 第五节　未来世界城市的想象空间与创意营造

2017年4月1日，中共中央、国务院决定设立雄安新区的消息一经发布，白洋淀旁圈起的雄安瞬间就成为焦点。雄安新区的各项具体规划尽管尚未落地，但其定位于疏解非首都功能已毋庸置疑。从国际范围来看，首都功能与非首都功能疏解是很多国家经历过或正在进行的事情。随着中国城市化的快速推进，中国城市结构发生了沧桑巨变。塑造具有多样性、公共性、协同性的城市空间，营造共生、共享、共治的人民之城，是未来中国乃至世界上诸多城市建设的大趋势。雄安新区作为中国城镇化建设转型升级、京津冀一体化建设的重要一环，为我们提供了崭新的想象空间。本节梳理了世界城市观念的演进历程，并对承载"千年大计"的新型都市营造策略生发创意与想象，尝试探讨"以人为本"的未来世界城市创意营造的 5 种维度，以期对中国世界城市未来空间的创意营造提供有效路径。

## 一、从蔓延城市到未来城市——世界城市观念的演进

城市蔓延是 20 世纪以来西方发达国家城市化进程中出现的一个重大问题，以美国为代表的自由放任式城市化成为城市蔓延的最突出代表。美国是当今世界市场经济的典型代表，在其城市化和城市发展的过程中，政府没有及时对以资本、市场为导向的城市化发展加以有效引导，造成城市化发展的自由放任。从 20 世纪上半叶，经济收入较高、拥有私人汽车的白人中产阶级跑向郊区；到 20 世纪 70 年代，随着私人汽车进一步普及，蓝领阶层等普通民众也开始迁往近郊，加剧人口和城市空间的扩张；再到 20 世纪 80 年代以后，除居住区以外，新的工厂区、办公园区（Office Park）也纷纷拓展至郊区，城市扩张开始占领森林和农田。随着经济发展与全球化进程的加快，不只发达国家受到城市蔓延的困扰，包括中国在内很多发展中国家也遇到了城市蔓延问题，"同心圆""摊大饼"式的城市蔓延成为导致"大城市病"的主要罪魁祸首。城市蔓延突出的表现就是过度郊区化，城市不断向外低密度蔓延，城镇建设无序，公共空间渐趋逼仄，社会结构性问题日益突出。

城市蔓延制造了愈来愈多的巨型城市，生态环境污染与破坏严重，发展严重不协调，城市变得越来越脆弱。全球范围内的"城市化—逆城市化—再城市化"的过程往复，城市蔓延式的发展带来的"恶果"被越来越多的学者和人士认同，控制城市蔓延也成为许多国家规划者的首要挑战。构建适应未来发展的"世界城市"，通过可持续和包容性增长，让城市重新成为极具吸引力的生活和工作空间，成为更多城市研究者主要的思考要点。"世界城市"并不是一个新鲜词汇，自上个世纪以来，很多学者都在探索与研究。最早从事现代世界城市研究的西方学者之一、英国地理学家、规划师彼得·霍尔（Peter Hall）将"世界城市"定义为专指那些已对全世界或大多数国家发生经济、政治、文化影响的国际第一流大都市。21 世纪的基本特征表现为经济全球化、政治多极化、社会信息化和文化多元化，而这 4 个"化"内生互动并相互交织加速推动全球网络的形成，世界正在成为一个巨大的公共空间。而现代意义上的世界城市是全球经济系统的中枢或世界城市网络体系中的组织结点。这个公共的时代更是一个整合的时代，整合的过程和本质是现代市场资源，

包括人流、物流、资金流、信息流和技术流在全球网络中的充分流转并进一步趋向合理配置。在这种要素流转和配置过程中，世界政治经济新格局不断建立和形成。从本质上讲，世界城市是全球战略性资源、战略性产业和战略性通道的控制中心，是世界文明融合与交流的多元文化中心，也是城市硬实力与软实力的统一体。

自20世纪60年代以来，随着新国际劳动分工的逐步形成，跨国公司的不断交织和信息通信技术的革命性突破，全球化进程步伐快速。经济全球化对城市发展产生重大影响，使城市在全球经济中所扮演的角色日益重要。这些城市之间的经济网络开始主宰全球经济命脉并涌现出若干在空间权力上跨越国家范畴、在全球经济中发挥指挥和控制作用的世界性城市。由此，对世界城市的研究日益引起西方城市学界的重视，从早期的彼得·霍尔到后来的弗里德曼（Friedman）、哥瑟（Goethe）、格迪斯（Patrick Geddes）、斯蒂芬·赫伯特·海默（Stephen Hymer）、弗洛布尔（Frobel）、萨斯基娅·萨森（Saskia Sassen）、艾伦·斯科特（Allen Scott）、迈克·戴维斯（Mike Davis）、詹姆士（Jameson）、卡斯特（Castells）、泰勒（P.J.Taylor）、沃尔克（D.R.F.Walker）等涌现了一大批著名的城市学者。我们可以简要把"世界城市"研究分为以下3个阶段。

### （一）早期研究阶段

"世界城市"早期研究始于1889年，德国学者哥瑟就曾使用"世界城市"一词来描述当时的罗马和巴黎。1915年，英国城市和区域规划大师格迪斯在其所著的《进化中的城市》一书中明确提出"世界城市"这一名词，指的是"世界最重要的商务活动绝大部分都须在其中进行的那些城市"。彼得·霍尔则从政治、贸易、通信设施、金融、文化、技术和高等教育等多个方面对伦敦、巴黎、兰斯塔德、莱茵—鲁尔、莫斯科、纽约、东京7个世界城市进行了综合研究，认为它们应该居于世界城市体系的最顶端❶。1960年以后，跨国公司成为经济全球化的主要载体，在全球经济中的地位和作用日益显著。斯蒂芬·赫伯特·海默实现了世界城市研究的"经济转向"。他认为在联系日益密切的全球经济中，公司决策机制是至关重要的。跨国公司总部往往倾向于集中在世界的主要城市：纽约、伦敦、巴黎、东京等。因此，可以采用拥有跨国公司总部数量的多少来对世界城市的重要性进行排序❷。

---

❶Hall P. The worls cities. London：Heinemann，1966.

❷Hymer S. The multinational corporation and the law of uneven development. In：Bhagwati J. Economics and world order from the 1970s to the 1990s. Collier. MacMillan，113—140.

### （二）理论形成阶段

随着全球性市场经济的发展，国家经济通过跨国公司的发展而联系起来。与此同时，国际劳动地域分工也出现新的变化。弗洛布尔对1960年以来的国际劳动分工不同于以往的殖民化国际分工，它是以劳动密集型制造业向发展中国家转移为代表，重构了发展中国家与发达国家的生产联系，体现了世界范围内以城市为依托的生产与控制的等级体系。弗里德曼从弗洛布尔、艾伦·斯科特等的新国际劳动分工研究中得到启示，提出了著名的"世界城市假说"。1986年，弗里德曼在《环境和变化》杂志上发表了《世界城市假说》一文，提出了7大著名论断和假说，为世界城市理论的形成奠定了重要基础❶。他将城市化过程与世界经济力量直接联系起来，为世界城市研究提供了一个基本的理论框架。

### （三）理论发展阶段

进入20世纪90年代以后，世界城市化也进入了新的发展阶段，发达国家处于再城市化和城市复兴阶段，发展中国家则进入更快速、更全面的城市化阶段。该阶段最主要的研究流派和动向有：

（1）萨斯基娅·萨森的全球城市（Global City）假说。萨森着重从微观的角度即企业区位选择的角度来研究她所称的全球城市。萨森认为，全球城市在世界经济中发展起来的关键动力在于其集中优良的基础设施和服务，从而使它们具有了全球控制能力❷。

（2）伦敦规划委员会（London Planning Committee）的论说，依据对现有世界城市的比较研究，伦敦规划委员会提出了一套促进世界城市持续发展的综合指标，认为一个充满活力的世界城市应当拥有良好的基础设施，并同时拥有强劲的财富创造力、就业增长力和维持高生活质量的吸引力。

（3）以艾伦·斯科特、爱德华·W.苏贾（Edward.W.Soja）、迈克·戴维斯为代表人物的洛杉矶学派，该学派从后现代主义理论出发对洛杉矶进行大量的实证研究，把对世界的理解恢复到早期霍尔所界定的更为广泛的定义上❸。

---

❶Friedmann J. The world city hypoyhesis. Development and change, 1986, 17: 68-83.

❷Sassen S. Cities in a world economy. London: Pine Forge press. 1994.

❸Scott A & Soja E. Los Angeles: the capital of the twentieth century. Environment and Planninf D: Society & Space, 1986, 4: 201-216.

（4）以纽尔·卡斯泰尔（Mannuel Castells）、戴维·F.巴滕（David F. Batten）、巴尼·沃夫（Barney Warf）、赫普沃斯（Hepworth）、朗万（Lanvin）为代表的关于信息技术革命和世界城市发展关系的研究。

（5）英国的泰勒（P.J.Taylor）和沃克（D.R.F.Walker），意大利学者G.卡塔拉诺（G.catalano）和德国学者霍伊勒（M.Hoyler）等人联合开展的世界城市网络作用力研究。

（6）发展中国家的世界城市研究。1990年由联合国大学组织的"大城市和城市发展"（UNU Program on Mega-cities and Urban Development）国际合作项目，重点对亚太地区、拉丁美洲和非洲的巨大城市综合体进行系统研究❶（见表2-1）。

表2-1　主要学者及相关组织界定世界城市的指标与结论对比

| 研究者 | 假设或指标 | 世界城市清单 |
|---|---|---|
| 弗里德曼（1995） | 与世界经济融合的职能；空间组织的协调基点；全球经济的控制能力；国际资本的积累之地；国际和国内移民的终点；空间和社会极化严重；较高的社会代价。 | 1.全球金融协调者：伦敦、纽约、东京；<br>2.多国协调者：迈阿密、洛杉矶、法兰克福、阿姆斯特丹、新加坡；<br>3.重要国家协调者：巴黎、苏黎世、马德里、墨西哥城、圣保罗、汉城、悉尼；<br>4.区域协调者：大阪、旧金山、西雅图、休斯敦、芝加哥、波士顿、渥太华、多伦多、蒙特利尔、香港、米兰、里昂、巴塞罗那、慕尼黑、莱茵-鲁尔区。 |
| 哥特曼（1989） | 大公司总部；银行总部。 | 1.现有世界城市：伦敦、巴黎、莫斯科、纽约、东京、兰斯塔德、莱茵-鲁尔区；<br>2.相对新的世界城市：华盛顿、北京、日内瓦；<br>3.正在形成的世界城市：芝加哥、洛杉矶、旧金山、蒙特利尔、多伦多、大阪、悉尼、苏黎世。 |
| 司瑞福（1989） | 人口；高强度脑力劳动产业；政治权利。 | 1.全球中心：纽约、伦敦、东京；<br>2.洲际中心：巴黎、新加坡、香港、洛杉矶；<br>3.区域中心：悉尼、芝加哥、达拉斯、迈阿密、檀香山、旧金山。 |
| 伦敦规划委员会（1991） | 良好的基础设施；来自于国际贸易和投资的财富创造；服务于国际劳动市场的就业和收入增加；满足于国际文化和社会环境需求的高生活质量。 | 1.综合性世界城市：伦敦、巴黎、纽约、东京；<br>2.多项职能的世界城市：<br>（1）文化和知识中心：哥本哈根、柏林、罗马、马德里、里斯本、布鲁塞尔；<br>（2）金融和商业中心：苏黎世、阿姆斯特丹、香港；<br>（3）交通中心:法兰克福、米兰、芝加哥、波恩。 |

---

❶UNU Program on Mega-cities and Urban Development. Lo F-C & Yeung Y-M. Emerging world cities in Pacific Asia. Tokyo：UNU Press. 1996.

国内对世界城市研究的起步并不晚，但缺乏系统梳理和独特观点。中国大陆学者对世界城市的研究始于20世纪90年代初。1990年以后，随着我国对外开放速度加快，部分重要经济中心城市，特别是沿海大城市相继提出了建设国际性城市的目标，对世界城市的研究因而迅速升温，成果趋多[1]。中国学者对世界城市的称谓各不相同，如国际城市、国际性城市、国际化城市、国际经济中心城市、国际性大都市、世界城市及全球城市等。到20世纪90年代后期，随着理论界对世界城市的认识日渐明朗，国际性城市热潮的降温，对世界城市的研究明显减少。进入21世纪以后，在我国加入WTO和加速开放的背景下，对世界城市的研究重新引起重视，研究的视野较从前有所拓展，研究成果日趋客观与理性。

## 二、从"大城市病"到想象空间——雄安新区的千年想象

世界范围内城市发展的核心是土地，然而近年来，一些城市规划建设用地与优质耕地重叠度高，城市"摊大饼"占用优质耕地，越发展越不健康。城市到底应该建多大的问题一直是城市研究的热点之一，一味地"摊大饼"式的发展已然饱受诟病，尤其在文化经济迅速崛起的今天，不断扩张的城市面积稀释了人口密度，降低了基础设施和资源的利用率，不利于文化消费业的成长。此外，分散的城市布局也引发大量的通勤需求，造成环境污染和交通拥堵。位于华北的京津冀大地，坐落着北京、天津、石家庄等北方重要城市，但多年来地区间发展不平衡：一面是京津两极"肥胖"，人口膨胀、交通拥堵等"大城市病"突出，一面是周边地区过于"瘦弱"，呈现显著差距。打造"千年大计"的雄安新区，实现京津冀协同发展，正是今天中国作为世界第二大经济体、经济发展步入新常态的大时代背景下爬坡过坎、破解"大城市病"的必然选择，也是在中国北方打造新增长极的迫切需要。雄安新区承载着"千年大计"的城市使命，需要从智慧比邻、创意生态、有机更新、场景革命进行"千年大计"的创意营造。

### （一）智慧比邻

20世纪50年代，法国地理学家简·戈特曼（Jean Gottmann）在研究美国东北沿海城市人口密集地区时，提出了"城市群"（megalopolis，也译作城市带）的概

---

[1] 谢守红，宁越敏. 世界城市研究综述[J]. 地理科学进展，2004，（05）：56-66.

念❶。城市群是城市发展到成熟阶段的最高空间组织形式，一般是在地域上集中分布的若干大城市和特大城市集聚而成的庞大的、多核心、多层次城市集团，是大都市区的联合体。城市群由于具有集聚效率更高、功能互补性强、整体竞争优势显著的特点，已成发达国家城市化的主要形态。当下在全球范围内的公认的大型世界级城市群有美国东北部大西洋沿岸城市群、北美五大湖城市群、日本太平洋沿岸城市群、英伦城市群、欧洲西北部城市群等。在我国，珠三角、长三角、京津冀3大城市群，也已先后成为我国最具经济活力、开放程度最高、创新能力最强，吸纳外来人口最多的地区。这3大城市群的形成和发展，靠的不仅是合理的规划，更是由于区位、规模、经济基础、制度观念等方面的因素，在长期的共生发展中逐渐形成的相对稳定的空间布局。

2011年出台的《全国主体功能区规划》，已经基本勾勒出了我国城市群的发展版图。《2013年中国区域经济发展报告》对国土开发空间做了进一步细致划分，界定了3个等级的城市群，即成熟型、准成熟型和发展型城市群。第一等级包括珠三角、长三角和京津冀城市群；第二等级主要是沿海和中原地带；第三等级则主抓西北、西南和边疆地区。规划显示出有条不紊、层层推进的战略设计思路。雄安新区作为第一等级京津冀城市群建设中的重要战略规划，其在疏解北京非首都功能、打造京津冀一体化建设，构建具有智慧、人文、生态的京津冀三角城市群方面，发挥着不可取代的作用。

智慧城市并非一个冷冰冰的技术概念，而在于为城市居民创建一个更加高效、从容、和谐的生活空间。通过促进传统产业与新一代技术的结合，推动制造业的智能化，以及互联网和实体经济的深度融合，世界城市发展模式有望引领中国的新经济、实体经济，加速产业的升级和变革。可以说，城市3.0的发展不仅会给每个人的生活带来变化，也将从经济、产业、企业各个层面带来无限想象的空间。"购车合伙人"可以通过手机软件提前预约用车时间，数据分析帮助用户选择喜欢的驾驶路线，预约他们常去的咖啡馆停车位；坐飞机可以"刷脸"自助值机，通过人证合一审查并打印登机牌。"智慧养老"可以通过传感技术和数据分析，对老年人进行行动定位、健康数据收集和分析，提供个性化健康方案。城市的智能化未来将渗透在生活、生产的方方面面之中，而智慧城市的目标也正是以人们的生活生产需求为

---

❶史育龙,周一星.戈特曼关于大都市带的学术思想评介[J].经济地理,1996(3):32-36.

出发点，实现智能化。

北京大学政府管理学院教授、中国区域科学协会会长杨开忠认为："建设国家创新驱动发展战略特区，应当充分发挥城市作为创新中心的作用，以城市为中心，壮大创新主体，促进创新要素自由流动和优化配置，整合提升创新价值链，以城市带区域、促轴线，着力打造若干全球科技创新中心城市、城市圈、城市群和国家沿海、长江创新走廊。"❶首都的最大功能是政治功能。通州副中心分流北京市属功能，雄安新区则要分流首都的国有经济运营中心功能。北京是高端产业、新兴产业、创新型要素和资源集聚程度最高的地方，比如中关村，代表国家创新的最高水平，创新的资源、实力是最多的，这些地方需要科技成果的转化空间，按照京津冀协同发展规划纲要，今后这些成果转化都要到周边区。所以这些新一代信息技术，包括大数据、物联网、云计算、无人技术等，以及航空航天、机器人等现代走在国际前沿的新产业，可能会在新区落地。高校、医院、研究机构等是集中承载地的配套要求，所以相关的产业、机构，甚至部门，都可能疏解到新区。

### （二）创意生态

创意环境是创业者创造的舞台，也是创意产生的客观背景，优质的创意环境和城市特色可以激发创意活力，提升城市审美旨趣。"城市，让生活更美好"，这是世界各国和全人类的共识与共同追求。创意营造是一个创新生发审美的过程，同时也是把握新科技，实现城市特色与文化科技融合的过程。城市注定是全球科技竞争的焦点和社会发展的引擎。"如何守住城市生存底线，如何塑造城市独有特色"将为创新提供最大的需求支撑面，城市将成为最大的创新集成产品。这包括清洁能源将成为城市能源的主要形式，资源的循环高效利用将成为城市经济的主要模式，依靠传感、信息、智能等技术对城市的运行进行智慧调控，知识型服务业成为产业的主要形态等。

美国未来学家库茨维尔在他的畅销书《奇点临近》中提出摩尔定律的扩展定理，即库茨维尔定理，认为人类出现以来所有技术发展都是以指数增长❷。在其著作理论中，"奇点"是指人类与其他物种（物体）的相互融合。确切来说，是指电

❶杨开忠.把激发创新活力放在改革开放的核心位置[EB/OL].(2016-05-21)[2017-05-06].http://news.xinhuanet.com/live/2016-05/21/c_135377024.htm.

❷库兹韦尔.奇点临近[M].李庆诚,董振华,田源,译.北京:机械工业出版社,2011.

脑智能与人脑智能兼容的那个神妙时刻。近年来石墨烯、生物医学等领域的技术推进，以及阿尔法围棋（Alphago）战胜韩国李世石、自动驾驶路试数万公里，让该理论逐渐从科技界向社会逐渐所认知。科学技术是推动社会生产力和社会组织变革，不断重塑城市形态的底层"原力"。例如，马车、自行车、火车、汽车、飞机、高铁等交通工具在不断重新定义城市的尺度和辐射效率；钢铁、混凝土等材料技术让城市建筑更高，人群更密集；通信、互联网等技术不断影响人们的工作和生活，乃至社会组织形态。多种迹象已经表明，未来20至30年极可能是科学技术发生巨大变革的时期，进而影响到城市等诸多方面，甚至引发人类社会组织突变。

### （三）有机更新

吴良镛院士曾指出："经过了半个世纪的变化，局部有所破坏，对旧城的保护与整治发展，已然要恪守'整体保护'之原则，否则新的发展将无所依据失去准绳。"同时指出："旧城整体保护必须坚持将减负、疏解、转型、复兴、宜居作为前提，必须对问题作认真研究，现实棘手的问题要正确对待，千方百计谋求对策，历史名城的文化质量、艺术面貌还要有新的提高，生活质量、环境质量也要不断改善，努力寻求全面的、科学的解决问题之道。"可见，从规划的角度出发，城市全面、整体的保护则是对历史城市问题最好的解决之道。

吴良镛院士在《北京旧城与菊儿胡同》一书中指出："所谓'有机更新'即采用适当规模、合适尺度，依据改造的内容与要求，妥善处理目前与将来的关系——不断提高规划设计质量，使每一片的发展达到相对的完整性，这样集无数相对完整性之和，即能促进北京旧城的整体环境得到改善，达到有机更新的目的"❶。城市的"有机更新"，首先即要做到延续当地的文脉，构建创意营造的底线思维，尊重城市的原有网络结构和历史现状，注重原有城市的物质空间形态，在地培养复合型人才，保证其文脉延续的可能。其次，保证城市用地的混合功能，避免出现如今市内宾馆酒店成林的问题，建立公共空间，以公共环境带动地区发展，并且提高人与人之间的交往频率，从而重塑城市的生存环境。最后，运用有力的法制管理手段，严格控制城市内各项建设和更新容量。

雄安新区的建设，需要基于雄县、容城、安新县3县原有的发展实际，综合考虑经济、社会、土地、生态、环境、基础设施和公共服务多方面的发展规划，形成

❶吴良镛.北京旧城与菊儿胡同[M].北京:中国建筑工业出版社,1994.

引导新区健康、持续发展的指向，以此来实现旧城的更新。广泛吸纳国际机构与创意人才参与，采纳国际先进标准与技术。要建立高效统一的规划建设管理体制和强有力的技术支撑体系，保障新区总体规划、起步区规划有序实施。未来，我们看到的雄安新区将是一个全新概念的国家新区和城市发展模式。2000平方公里的地域范围内将形成以白洋淀为核心的优良的自然生态环境；形成以新区起步区、发展区和雄县、容城、安新3个县城构成的布局科学、品质优良的组团式新区；同时建设好经济繁荣、环境优美的广大乡村，保护好田园风光。雄安新区将为中国新时期的城市发展和城镇化走出一条全新的城市更新道路，成为国家乃至国际创新发展的成功范例。

### （四）场景革命

吴声在其新著《场景革命》中为我们描述了场景在商业中的应用价值："未来的生活图谱将由场景定义，未来的商业生态也由场景搭建，不同场景所定义出的是迥然的商业形态。"[1]在"场景"思维的重新架构下，滴滴要做的不再是一个打车软件，而是全方位的出行体验；自拍不再是清脆咔嚓声后的一张图片，而是理想生活的制造与打磨；咖啡不再是一杯咖啡豆精制而成的饮料，而是一个容纳意义的载体。在3W里，一杯咖啡喝的是创业的激情与躁动；在字里行间，一杯咖啡里蕴含的是"风云吐于行间，珠玉生于字里"。雄安新区不再是简单的疏解非首都功能，而是一个关于城市、关乎"千年大计"的场景转换。

从某种意义上讲，场景革命正在一步步地颠覆"吃、喝、娱、游、购、行"等行业的传统营销术。场景革命其实是一种价值的再造，是在存量中实现增量的巧妙加法，是寻找精准细分市场和亚文化社群的一种方式，通过寻找、定位、锁定，打造共鸣，实现价值的解放和飞跃。从商业角度观察，没有场景，就没有社交状态的更新，没有互联网上分享的内容。所以，场景重新定义了城市的品格，重新定义了城市的规则，也重新定义了城市的生活方式。新的体验，伴随着新场景的创造；新的流行，伴随着对新场景的洞察；新的生活方式，亦即一种新场景的流行。未来的生活图谱将由场景定义，未来的商业生态也由场景塑造。

雄安新区的空间布局可以充分借鉴场景革命理论为探索人口与经济密集地区的优化开发模式作出示范。城市空间要摒弃形式主义的布局手法，采用多组团式布局

---

[1] 吴声. 场景革命[M]. 北京：机械工业出版社，2015.

方案；要摒弃单纯功能布局和宽马路、大广场，转向采用多功能混合、密路网、小街区的宜人生活空间场景营造。要从城市布局上防止"摊大饼"，克服"大城市病"，降低对生态环境的冲击，提高新区发展的灵活度、应变性。雄安新区规划要充分体现区域协同、城乡一体的理念。在大的场景谋划层面要加强与北京、天津、石家庄、保定的协同发展，发挥各自的区域作用；在地区场景设计方面要促进雄县、安新、容城三地的共生发展。在城市布局、交通、服务、基础设施上高度协同融合，使雄安新区真正成为引领区域发展的新的增长极，打造具有世界级影响力的新型城市景观聚落。

### 三、从"功能主义"到"以人为本"——世界城市创意营造的5种维度

发展经济、强化中心城市的功能不可避免地带来人口的聚集。"大城市病"和人口聚集似乎是无解的难题。疏解非首都功能也不是简单地搞平均分配，合理用空间来换取时间，才能为首都发展留出更充裕的空间。同时，"大城市病"的治理不是以牺牲迁移自由取得的。脚长在每个人身上，敞开的大门也很难关上，总是纠结该不该控制的问题就可能贻误真正该思考的问题。芬兰建筑师伊利尔·沙里宁为缓解由于城市过分集中所产生的弊病就提出"有机疏散"（Organic Decentration）理论，把城市看作一个有机体，面对城市出现的各种问题，通过重组城市功能，将大都市"分"为多数的"小市镇"或"区"，把城市人口和工作岗位分散到可供合理开发的离开中心的地域上去，从而解构城市中心[1]。1977年在秘鲁利马召开国际性学术会议上达成的《马丘比丘宪章》则认为城市是一个动态系统，强调"人与人相互作用与交往是城市存在的基本根据"[2]。1981年国际建筑师联合会第十四届世界会议通过的《华沙宣言》[3]确立了"建筑—人—环境"作为一个整体的概念，并以此来使人们关注人、建筑和环境之间的密切的相互关系，把建设和发展与社会整体统一起来进行考虑。

从19世纪末开始，现代城市规划经历了理想主义、功能主义到第二次世界大战后的人文主义与现代主义结合，进一步注意充分满足居民住房、教育、娱乐、家庭

---

[1] 郝晓斌,章明卓.沙里宁有机疏散理论研究综述[J].山西建筑.2014,35(12):21-22.

[2] 李王鸣,叶信岳,祁巍锋.中外人居环境理论与实践发展述评[J].浙江大学学报(理学版),2000(2):206-207.

[3] 林龄译.国际建筑师联合会第十四届世界会议建筑师华沙宣言[J].世界建筑.1981(5):42-43.

生活等多方面的需求。未来世界城市的建设将必然真正回归到"以人为本"这一最根本的出发点和落脚点。其中，智慧服务、无物理边界约束产业以及非同质化产业生态是城市建设3.0所应具备的核心特征。相比传统意义上的智慧城市侧重于技术、功能层面，即基础网络、感知设备、云计算设施、基础信息资源等，未来智慧城市则更看重"技术"与"人"的互动，把"人"的实际需求作为顶层设计，以提高"人"的幸福感和满意度为核心。为此，除了在2.0的基础上扩大城市数据的汇聚和共享，未来，智慧城市3.0将以创新服务的理念、架构、方式和业态，提供更丰富的应用，提升城市信息惠民的普及，促进人在城市中更好地生活和发展。过去"功能主义"性质的城市规划之路已难以为继，强调"以人为本"的城市规划将是世界城市发展的选择。因此，"以人为本"的世界城市创意营造，必然要处理好"人"与"城市"、"人"与"环境"、"城市"与"人文"、"文化"与"治理"、"规划"与"创新"、"城市"与"世界"的关系，即注重把握世界城市创意营造——山水尺度、人文温度、治理效度、创新力度、世界角度5种维度。

### （一）山水尺度

重构人与自然的平衡关系，是当今许多城市正在进行的努力。对"摊大饼"式的城市蔓延必须及时有效制止，未来世界城市创建必须在亲山乐水的生态尺度下进行。京津冀缺水问题突出，环境容量有限，尤其受雾霾空气质量影响，整体人口规模增长仍需有所控制，雄安新区人口规模也应适度、缓慢发展。但与此同时，河北城镇化率还不到50%，低于全国平均水平。中国城市规划设计研究院原院长李晓江认为，雄安新区规划首先要坚持生态优先，绿色发展。雄安新区地处京津冀大气环境和水环境敏感地区，紧邻"华北之肾"白洋淀，新区开发建设必须以生态环境保护为前提，全面实施生态、绿色发展战略。要充分考虑白洋淀生态水域和当地纵横交错的水网系统的蓝色空间保护，同时构建陆域生态绿色空间体系，形成蓝绿交织的生态体系，使新区的发展融于优良的生态环境之中，建设蓝绿交织、清新明亮、水城共融的生态型新区。

雄安新区建设过程中要充分体现京津冀协同发展中河北"新型城镇化与城乡统筹示范区"的定位，形成以新区起步区、发展区和雄县、容城、安新3个县城构成的布局科学、品质优良的组团式新区，同时建设好经济繁荣、环境优美的广大乡村，保护好田园风光，为中国新时期的城市发展和城镇化走出一条全新的道路。

根据中央的规划，雄安新区要"打造优美生态环境，构建蓝绿交织、清新明亮、水城共融的生态城市"，要实现"水城共融"，这无疑离不开白洋淀。按照京津冀"统一规划、严格标准、联合管理、改革创新、协同互助"的原则，促进绿色循环低碳发展，加强生态环境保护和治理，扩大区域生态空间，重点是联防联控环境污染，建立一体化的环境准入和退出机制，加强环境污染治理，实施清洁水行动，大力发展循环经济，推进生态保护与建设。白洋淀是河北的生态屏障，也是河北最靓丽的景观资源之一，雄安新区的规划不仅不会以牺牲白洋淀来谋求发展，而且白洋淀区域生态的好坏将深刻影响雄安新区的未来。

### （二）人文温度

城市的建设不应只局限于保持人与自然的生态关系，未来世界城市的可持续发展更是源自一种向上的人文力量的构建，更应遵循"知行合一"的理念，要使城市文明与建设实践之间达到内在的统一。世界城市并非一个冷冰冰的技术概念，而在于为城市居民创建一个更加高效、从容、和谐的人文空间。未来城市应"以根植文化自觉为灵魂，以凝练文化特色为驱动，以优化城市结构为导向，注重传统文化传承与现代人文关怀融合互动，强调历史文化和现代文化的和谐共生，探索一条具有鲜明中国特色的新型城镇化文化发展之路"❶。城市最好的模式是关心人和陶冶人。优秀文化的涵养将有利于重构城市文脉、培育城市伦理、增进城市共识。希望未来世界城市要从人文开始，更多汲取人文的力量，让城市走得更远、更长。

有温度的人文城市建设，需要在管理服务上体现智慧智能、精准精细、全民共享。充分运用大数据、云计算、物联网等现代信息技术，统筹考虑智慧市政、智慧交通、智慧应急、智慧城管、智慧产业、智慧医疗、智慧服务，建立统一高效的城市信息化综合管理平台。推行"一卡通"，让城市居民一卡在手享受出行、医疗、社保、旅游等全方位服务。在城市建筑上体现高品质、高水准、高节能要求。对每栋建筑都要坚持"工匠精神"，精心设计、确保质量，力求成为传世之作。城市的智能化未来将渗透在生活、生产的方方面面之中，而世界城市的目标也正是以人们的生活生产需求为出发点，实现全界面的智能化。

京津冀协同发展瞄准的是打造世界级城市群，规划建设雄安新区是这项战略的重要组成部分。京津冀城市群存在经济总规模不足、城市结构布局不合理、河北城

---

❶卜希霆，齐骥. 新型城镇化的文化路径[J]. 现代传播——中国传媒大学学报，2013，35（7）：119-123.

市化水平和质量都需要进一步提升4个短板，雄安新区规划建设国际一流、绿色、现代、智慧的城市，这对于协同解决4个突出短板问题和促进世界级城市群建设，都会发挥强有力的推动作用。智能技术的发展正在为城市生活描绘一幅全新的图景，《国家创新驱动发展战略纲要》要求，通过智慧城市和数字社会技术，推动以人为本的新型城镇化。目前，已经有超过400个城市提出或正在建设智慧城市。贵阳正打造"中国数谷"，浙江的"云制造小镇"，乌镇致力于"互联网智慧小镇"……相信未来的雄安新区发展不仅会给每个人的生活带来无限变化，更将开拓广大市民的人文视野，饱含人文温度。

### （三）治理效度

智慧引领未来，通过科学化、智慧化的方式，将对城市治理实现有效推进，构建现代化城市治理模式，也正是未来世界城市的题中之义。2014年，国土资源部、农业部联合下发《关于进一步做好永久基本农田划定工作的通知》，明确要求北京、上海、广州等14个大城市划定边界。过去10年发展中，北京并没有真正实现城乡统筹管理，对集体建设用地缺乏管控，导致总建设用地规模大、增长快，城乡建设"摊大饼"式无序蔓延、城乡结合部问题、人口资源环境矛盾突出。2015年，北京着手修改《北京城市总体规划（2004—2020）》。一个核心内容是划定生态保护红线和城市增长边界，未来，"集中建设区"面积只占市域面积的16%。山区、森林、风景名胜区、水源保护区等保护空间将占到北京市域面积的70%以上，远期将实现75%左右。生态红线区内村庄要建成环境优美、配套方便、与自然和谐相融的美丽乡村和城市"后花园"。一座城市"要强化尊重自然、传承历史、绿色低碳等理念，将环境容量和城市综合承载能力作为确定城市定位和规模的基本依据。"

长期以来，京津冀区域功能布局不够合理，城镇体系结构失衡，京津两极过于"肥胖"，周边中小城市过于"瘦弱"，区域发展差距悬殊，特别是河北与京津两市发展水平差距较大。雄安新区首先要承接北京非首都功能疏解，在这个基础上，打造一个绿色生态宜居新城区，创新驱动发展引领区、协调发展示范区、营造吸引创新创业的环境。京津冀协同发展专家咨询委员会副组长邬贺铨表示，雄安新区的发展分起步期、中期和远期，需要一个循序渐进的过程。对河北省来说，规划建设雄安新区，也形成了河北省的两翼。一翼是以2022年北京冬奥会为契机，推进张北地区建设；另一翼是雄安新区带动冀中南乃至整个河北的发展，这将有力地提升河北的产业层次、创新能力、公共服务水平，推动河北省走出一条加快转型、绿色发展、跨越提升的新路。京津冀发展不平衡，河北发展落后，很大原因是因为北京对周边地区的虹吸效应。雄安新区的发展将打破一城独大的格局，有效推进京津冀城市群的治理能力现代化。

**（四）创新力度**

中国的产业发展经过了3个阶段，第一个阶段是1979—1999年，轻工业和纺织工业的大发展时期；第二个阶段是2000—2012年，重化工业和装备制造业的发展；未来的发展是第三个阶段，就是创新，包括围绕创新的技术、研发、信息服务等，雄安新区是可以把这些转化成生产力的最好的地方。这个平台和载体，可以成为全国乃至全球的创新中心，从全球吸引高端的人才、资源和企业。

未来，世界城市的物质形态将从传统的物质材料向突破材料、突破空间、突破时间的多维度交叉结构转变，超级工程、现象级工程不断涌现，以地下城市、水面（下）城市、超级市政工程（地下各种功能的通道）为代表的城市群、城市综合体将不断涌现；海权时代进一步削弱，传统枢纽将被颠覆，新型枢纽涌现；传统的大型客货运枢纽、航运港口因传统需求下降而衰落，服务新内容和趋势的新型枢纽（如新型航空飞行器、地下枢纽、水下枢纽）将大规模出现；以石墨烯、人工智能、云技术等为代表的高新技术将走向常态化，进入市场与生活之中，重构以往的物质结构形态。

产城融合、人机结合不再是难题。专业的规模型工业厂房将被无人厂房取而代之，从建造到生产均为自动化和远程遥控；居民生活工作更加社群化，空间资源更多地在社区中实现共享，供交流使用；交通、市政等非目的性需求设施更加"隐形"，走向"地下化、水下化"；社会阶层圈子化集聚更加明显，地球村变得更"小"更"近"。"择邻而居、择友而行"成为社会常态特征；政府提供的公共服务将逐步打破地域限制，新型交通组织效率使大型都市辐射范围、城市副中心、非首都功能释放区内的文化、教育、体育、医疗等方面的服务可以快速到达。依靠远程遥控和人工智能得到实现，真正实现"最后一公里"的突破；大型都市区域范围内的自然环境品质和地方特色成为吸引高端办公及居住的主要因素，与资源禀赋相融的多样办公社区、产业社区将会出现井喷态势。

雄安新区背靠京津，从北京等特大城市演进的规律与进程来看，推动北京非首都功能疏解，创造条件更好地促进创新资源要素向外辐射转移，这个阶段已经来临。创新要素的集聚需要适宜的环境，因此，起步工作应从创新载体、运行机制、发展环境等方面实现突破，打造创新高地与科技新城。创新要素可以通过承接转移的方式获得，将来更需要通过内生发展的方式实现创新集群化。

### （五）世界角度

全球文化的学习与融入将为创新提供更为开阔的世界观。信息社会无远弗届，知识早已打破时空界限，每一个个体、企业都要学会在世界多元的背景下展开合作。在当今世界经济下行、机遇与挑战并存的时代背景下，各国、各地区发挥各自的传统智慧、采用战略思维模式，努力探寻应对自然和社会挑战的新思路与新方法。

创意营造需要充分激活各类创意要素，而一个创意城市不衰的秘诀在于开放的心态与客观的思维，人们在为城市做出创意设计之前，对信息的获取与捕捉往往都是具有选择性、非自身实际经历或者是从媒体中获得的，通过这些感知，人们在心中建构虚拟的现实，形成城市意象有了初步的"空间认知"。对特定的区域认知与全球化下的世界区域综合体的认知，往往可以唤起人们心中的意象，进而决定着自身所在城市的落地。这与世界城市的发展脉络无疑是不谋而合的，因此，要用开阔的世界观和全球视野来看待世界城市的发展轨迹，从中选择具有自身特色的城市发展之路。

全球化背景下，商品、资本、技术及人才等要素的全球化流动，推动越来越多的城市成为全球化网络中的重要节点，世界城市则由于其对资源要素全球化流动的组织控制作用而成为全球经济管理控制中心、金融中心、创新中心、文化中心及国际事务协调中心，深刻影响并引领全球化进程。进入21世纪后，全球化进一步推动城市与区域的空间重构。随着中国成为全球经济大国、贸易大国，中国的发展已经深度融入全球发展，全球发展也越来越依靠中国的发展，越来越多的中国城市开始走向世界，成为中国经济紧密融入世界经济体系的联系纽带。未来，中国将出现一批具有国际影响力的世界城市，这一判断已经成为国际共识。

一个世纪之前从英国发端，人们就开始新城、新区的发展探索。迄今为止，发达国家和部分发展中国家已经在这方面积累大量实践经验。新城新区也是最宜于探索绿色智慧、生态宜居、便捷交通等城市新理念的场所空间，国际一流城市案例亦往往来源于此。当前首要的工作就是坚持世界眼光、国际标准并充分融入中国特色，高标准、高质量组织编制雄安新区总体规划、起步区控制性规划、启动区控制性详细规划及白洋淀生态环境治理和保护规划。

## 四、结语

城市的发展毕竟不是一蹴而就的，千年大计的新城，需要分阶段实现对城市的构想。雄安新区无疑将成为未来世界城市版图中重要的一块，它将向世人展示中国城市的崭新面貌，也将向世界展现中国经济的独特发展模式。今天，新型城镇化为我们提供了一种平和的、主动的、平等的，以一种"内核更新与升级"的方式植入到中华文明肌体内，这是一个孕育着希望与理想的重大历史机遇，用好它将擦亮中华文明的创新之眼，推动中华文明的涅槃新生。从世界城市的漫长变化轨迹中可以感知城市未来的发展趋势应该是形成城市群、经济带，各地在进行自身智慧化建设的同时，正在逐步融入城市群发展。从操作层面而言，通过大数据、云计算、共享资源提高管理服务水平已成发展趋势。到2020年，一座崭新的城市即将初显雏形：雄安新区的骨干交通路网基本建成，起步区基础设施建设和产业布局框架基本形成；到2022年，在北京冬奥会成功举办之时，雄安新区与京津冀主要城市联系进一步紧密，与北京中心城区错位发展，起步区基础设施全部建设完成，新区核心区基本建成；到2030年，一座绿色低碳、人文智能、宜居宜业的现代化新城开始展现活力，成为具有较强竞争力和影响力、人与自然和谐共处、闻名遐迩的世界城市新星。我们即将进入到一个智慧地球的新时代，未来已来，它带来了经济转型和创新研究的动力，也带来了资本要素的整合、跨界形态的融合，雄安新区在未来世界城市的较量中能否占得一席之位，能否在未来城市发展中留有更多可供探索和发展的想象空间，我们都将是建设者，同时也是见证人。

# 第三章　雄安新区的系统构建

## 第一节　雄安跨区域要素流动与运行机制

非首都功能疏解为何选择雄安？答案是：白纸正好绘长卷。这里现有开发程度较低，发展空间充裕，区位优势明显，交通便捷通畅，生态环境优良，资源环境承载能力较强。总之，具备高起点、高标准开发建设的基本条件[1]。但如何能做到有序疏解、有效疏解？千年长卷该怎么落笔？我认为首先要解决3个"为什么"，只有找到原因，雄安新区才能做到精准承接、高效对接。

### 一、有序疏解的先决前提要解决"三个为什么"

#### （一）为何要做到规划先行？

京津两地"体态臃肿"、雾霾严重、交通拥堵、水源缺乏、房价高企，"大城市病"突出，而河北发展与两地呈现"断崖"式的差距。实现北京、天津、河北发展"一盘棋"，是当今形势下引领新发展、打造新增长极的时代需求。从比较国际经验得出，解决"大城市病"通常上都是用"跳出旧城建新城"的方法，京津冀协同发展瞄准的是打造世界级城市群，规划先行是雄安新区战略的前端智慧，加快规划编制进度，做到先谋后动，不留历史遗憾。

#### （二）为何要先保护好白洋淀？

在人类活动的作用下，白洋淀的水不仅少了，还脏了。由于安新县制鞋企业很多，在非景点区域，很多制鞋的边角料直接堆在岸旁，堆得"像小山一样"。村庄里的生活垃圾、污水都直接排放到白洋淀里。[2]而且，迄今为止的历次"引黄济

---

[1] 马维辉,杨仕省.非首都功能疏解为何选这里？雄安:白纸绘长卷[N].华夏时报,2017-04-08.
[2] 王婧祎.开发雄安前,别忘了先"修"好白洋淀[N].新京报,2017-04-04.

淀"均属应急性补水措施,利弊皆有,由于"引黄济淀",支渠与输水干渠交叉口处都要建大量的临时挡水坝,使黄河水顺利进淀。为了确保安全,"引黄济淀"完成后需推平这些挡水坝。这些年来多次输水工程均实施了"开挖、封挡、回填、拆除"的重复工程,造成财力人力的极大浪费。要改变这一窘局,就有必要建设永久性的输水工程。对于白洋淀生态,今后我们要还湖、还绿、还水,要恢复湿地,要增加海绵涵养功能,要让更多水资源能留下来。只有保护好这个北方最大的水体,才可能再现"汪洋浩淼,势连天际"的美好风光。

### (三)为何要实行全球"问计"?

河北雄安新区筹备工作委员会日前宣布,计划将新区30平方公里启动区的控制性详规和城市设计面向全球招标。以世界大都市规划建设经验为雄安新区建设提供镜鉴。跳出首都来解决首都所面临的问题,雄安新区从一开始就提出借鉴国际经验,实行全球"问计"。从国际上看,很多国家探索解决"大城市病"问题都是用跳出去的办法,迄今看也是有效的、成功的。在世界一些知名大城市,旁边也有伴城。例如,美国纽约之外有新泽西,旧金山附近有圣荷西;以色列的特拉维夫之外,也有创新之城海法;日本东京50公里之外,则有高新产业集聚地的科学城筑波。通过问计全球,让"世界智慧"聚首雄安。

## 二、要素流动的必要条件要做到"四个有序"

### (一)区域要素有序转移

雄安新区主要承接两大产业:第一是除"全国政治中心、文化中心、国际交往中心、科技创新中心"以外的非核心的事业单位及央企,主要包括央企及北京二、三环中非核心的事业单位,如研究机构、教育、中央级媒体;第二是京南科技带的龙头,在2015年4月30日落地的《京津冀协同发展纲要》中规定,欲以中关村领头,在京南打造一条京南科技带。其中,保定是此条京南科技带的龙头。为了更好地打造这个龙头,科技部与保定合作,打造"国家创新型城市",其在未来五年的建设目标是借力协同创新,进一步吸纳京津区域要素中科技创新成果要素❶,将雄安建设成为北京非首都功能疏解的新区域支撑点、京津产业转移的新区域承接地,

---

❶ 程功.保定未来五年要走的路定了[N].燕赵都市报,2016-08-25.

开创区域性中心城市和京津冀新的增长极。

### （二）资源要素有序配置

北京的问题就是资源紧张，就要去其他地方找资源，要找成本最低的地方。雄安或许就是成本最低的地方，这个地方，某种程度上就是把北京的压力稀释了[1]。从北京资源配置来看，没有土地增加供给的空间，把雄安搞成新区某种程度上扩大了土地供给，将来对抑制北京与天津房价可能有好处。深圳经济特区和浦东新区都是让市场来配置资源，在这个区域里面的人通过市场学习，引进技术互相磨合，学会市场运行的规则。北京、天津计划经济色彩相对来说比较浓，难免会增加一些排斥市场的因素，虽然现在还没法预料雄安未来会有些什么样的制度条件，但是创造一个新区，有中央政府那么强大的力量存在，也很难说将来是一个市场配置资源的状态。雄安新区的未来更应该是个资源配置均衡的新城，除了更专业的新区配套资源外，还会有社会服务、康养医疗、高校教育等配套设施。北京的高校和医疗资源丰富，而服务资源更是会跟着人口的需求流动水到渠成，当然，雄安新区的教育和医疗等配套会有一个培育的、逐步发展的配置过程。

### （三）人才要素有序流动

要推进人才体制机制方面的改革，吸引优秀人才进入新区，让创业者有机会，让创新者有奔头。要将人才要素作为新区发展的核心战略，构建具有国际竞争力的人才制度体系，建设人才特区，打造国际人才聚集高地，聚天下英才而用之，充分释放人才创新创业活力，形成人尽其才的生动局面。强化政策创新和储备，在土地、财政、金融、投资等各个方面加强研究，鼓励探索创新，重大改革事项在雄安新区先行先试，全面提高人力资源配置效率。人只要打开解放思想"总阀门"，拿出"拓荒牛"的勇气和劲头，大胆试、大胆闯，雄安新区就能蹚出一条改革发展的新路。

### （四）资本要素有序发展

以超常规的金融举措助推雄安新区的资本要素健康发展。例如，除了要成立专项引导基金，要为雄安新区及周边企业挂牌上市开辟"绿色通道"，还要争取新三板、中国信托业保障基金有限公司、中国证券投资者保护基金有限公司、中国保险

---

[1] 石省昌，徐晋涛.雄安新区建设要靠市场配置资源[N].华夏时报,2017-04-08.

保障基金有限公司、中国证券登记结算公司、中国印钞造币总公司及其他央行直属机构等一批带动性强的、附加值高的金融机构迁址雄安新区❶。争取国内的银行、证券、保险、支付宝等金融机构总部或区域总部落户雄安新区。支持符合条件的外资银行在雄安新区设立中国总部、子银行、分行和中外投资银行等，还要创建银行、信托、资产管理、证券、基金、科技股权交易所、财险、寿险、健康险、保险资管等一系列"雄安"品牌的金融机构。对照深圳经济特区、浦东新区，在打造属于自身一系列品牌金融机构方面也不曾有此先例，由此可见，充分利用好资本要素，有序撬动雄安新区的跨越发展非常必要。

### 三、运行机制的全面创新要承接好"四个处理"

#### （一）优化决策机制，处理好行政的集中性

加快制定新区行政的决策机制，推出政府服务保障新区建设的若干举措。雄安新区的设立，在空间规划、产业布局、环境保护等各方面都提出了更高的要求。新区政府职能部门要找准位置、积极对接，强化"一盘棋"与"一股劲"意识，把雄安新区规划建设的新情况、新变量及时纳入，全面梳理、研究制定支持和服务雄安新区建设，推进协调发展、融合发展的指导意见❷。特别是雄安新区各项规划，要重新审视发展定位，严格落实各项管控措施，要科学决策，要调研要讨论，也要处理好行政的集中性，为新区建设营造良好的软硬环境。

#### （二）完善激励机制，处理好人才的驱动性

全面打造"人才型新区"：通过政策、平台、服务三大抓手，激励优秀青年和科技人才"近悦远来"，支持新区从创新载体、运行机制、发展环境等方面营造良好创新氛围，吸引高端创新人才和团队，努力打造创新高地和科技新城，根据新区建设需要，研究提出相关具体人才驱动政策。同时，在专项规划实施、重大项目布局和资金安排上，对新区相关交通、生态、水利、能源、公共服务等重大项目给予支持。新区党政部门要广开进贤之路，广聚天下英才，规划前瞻；有人才不断导入的新区，才不会有产业空心化❸。以"人才红利"驱动全面创新，增强创新发展的

❶周松清.雄安新区及周边地区企业挂牌上市将开"绿色通道"[N].21世纪经济报道,2017-04-13.

❷贾永清. 服从服务 主动融入雄安新区[N]. 廊坊日报,2017-04-17.

❸王晓慧.提高创新"浓度"，以"人才×"模式开启雄安新区的增长革命[N].华夏时报,2017-04-16.

内生动力，形成人才"集聚效应、裂变效应、乘数效应"，这是雄安着眼未来，而着力营造的科技人才服务，这也是新区迈向"人才强、创新强、产业强、经济强"的发展新路径。

### （三）明确约束机制，处理好风险的可控性

雄安新区不沿海，不沿江，不沿大河，没有独特自然资源，没有宜人的气候，仅有一个白洋淀也比不上黄山、丽江这种独一无二的旅游资源，雄安3县目前的人均GDP、人均可支配收入、教育资源和基础设施建设等都没有什么可圈可点之处，选择这3个县作为疏导北京人口压力的"泄洪区"是因为它和北京、天津市中心正好形成了等边三角形结构。北京作为政治中心的虹吸效应依然还会继续下去，所有试图把环北京贫困带变成环北京发达都市圈的努力在短时间内还是面临一定的风险，我们要往最坏处想，往最好处干，规避风险，早见成效。

### （四）启动发展机制，处理好文化的创新性

有学者对雄安新区的成立所带来的文化想象发展空间进行了合理推断。雄安新区本身极有可能承载与教育等有关的非首都功能疏解，这意味着新区的文化资源集聚程度将会很高。目前，虽然新区的发展重点并不明确，但新区不可能再走发展制造业的老路子，极有可能承载教育、医疗等非首都功能的疏解，有可能聚集起相当一部分文化资源❶。因此，雄安新区不仅有推动文化产业发展的想象空间，也有推动公共文化发展的探索空间。作为一个位于京津冀腹地的新区，雄安有没有可能在提供优质文化消费与文化服务并进而提高城市文化发展管理水平方面探索新的机制，吸纳文化创意人才、文化规划机构，推动文化资源落地、文化产品创新，这些都是值得关注的重大问题。

## 四、雄安的未来将呈现"三位一体"美景

### （一）坚持国家理想，彰显政通人和

雄安要先谋后动，加快组织规划编制工作，坚持"世界眼光、国际标准、中国特色、高点定位"国家理想，集聚全国优秀人才，引进国际人才，借鉴世界经验，高标准、高质量组织编制雄安新区总体规划，对标新区彰显"绿色生态宜居新城区、创

---

❶林楠.雄安新区的文化想象空间［N］.中国文化报,2017-04-07.

新驱动发展引领区、协调发展示范区、开放发展先行区"❶的政通人和、百废俱兴、宜业宜居新局面，并确保一张蓝图干到底，以文明做嫁衣，让雄安新区建设更有温度。

### （二）追逐千年梦想，重拾大国自信

雄安新区将高门槛、高标准地承接北京非首都功能和聚集高端创新要素，重点发展以科技研发创新、总部经济、金融配套等高端服务业为主导的新经济、新产业❷。雄安新区在产业选择上，应凭借紧邻京津的区位优势，谋求在产业链条上的融合发展，成为世界高端产业的典范。要加快传统产业转型升级和重塑再造，"坚决去、主动调、加快育"，在去旧育新中走出转型发展新路，打造"智慧、科技、环保、和谐、安宁"的世界画卷，重拾大国自信。

### （三）探索创新思想，开起世纪篇章

深化体制机制改革作为新区发展的制度保障。探索新区管理新模式，深化行政管理体制创新；探索新区运行理念新模式，深化配套服务机制创新；探索新区节能环保新模式，深化科技应用于百姓生活的体验创新。雄安新区将是体制机制上的政策高地。服务新区、对接新区，需要我们以开阔的视野、全新的理念，加快推动体制机制改革。要进一步深化"放管服"各项改革，加快推进收入分配制度改革、行政审批制度改革、开发区体制机制改革等一批具有突破性的改革事项，着力优化市场营商环境和创新创业环境，缩小与京津梯度差。

一座城市的崛起就要有灵魂，这灵魂是什么？那就是创新、内涵、大美、大爱，这美要内外兼修，这爱要沁人心脾。雄安新区的未来要以创新促融合，以内涵撬发展，以大美迎世界，以大爱纳人才。雄安新区正向美好的未来进发！

## 第二节　基于智慧城市的雄安新区发展构想

2017年4月1日，"雄安"一词一夜之间成为国内外关注的焦点。我国政府设立河北雄县、容城、安新县及周边部分地区为雄安新区，旨在实现疏解北京非首都功

---

❶张旭东,曹国厂,等.坚持世界眼光、国际标准、中国特色、高点定位——雄安新区,确保一张蓝图干到底[N].人民日报,2017-04-05.

❷贾永清.服从服务 主动融入雄安新区[N].廊坊日报,2017-04-17.

能、探索人口经济密集地区优先开发新模式、调整优化京津冀城市布局和空间结构、培育创新驱动发展新引擎。同时，雄安新区建设规划的7个重要任务充分体现了我国推进新型城镇化以及促进城市发展转型的理念和方针，也体现了"十三五"期间"创新、协调、绿色、开放、共享"的5大发展理念。这些发展理念与当前国内外所推崇的"智慧城市"理念不谋而合。因此，雄安新区有望成为我国在"智慧城市"建设道路上的新标杆。

## 一、智慧城市的提出及其发展

智慧城市是IBM公司在2009年首次提出的，其定义是运用信息和通信技术手段感测、分析、整合城市运行核心系统的各项关键信息，从而对包括民生、环境、公共安全、城市服务、工商业活动等在内的各种需求做出智能响应。其实质是利用先进的信息技术，实现城市智慧式管理和运行，进而为城市中的人创造更美好的生活，促进城市的和谐、可持续成长。

智慧城市的发展主要经历了3个阶段。智慧城市1.0时代，即数字城市，重点是建设城市信息化的基础设施与初步应用信息技术，实现城市各个单元的信息数字化，此时数据还处于分散状态；智慧城市2.0时代，即无线城市，主要是基于Wi-Fi等基础设施的发展和数据流量的发展，利用多种无线接入技术，实现数据共享和随时随地上网，并建设与政府工作、企业运行、群众生活密切相关的无线信息化应用，为城市所有组织和个体提供安全、方便、快捷、高效的无线应用服务；智慧城市3.0时代，即目前我们所指的智慧城市，指通过物与物、物与人、人与人的互联互通能力、全面感知能力和信息利用能力，通过物联网等信息与通信技术，实现城市内及时、互动、整合的信息感知、传递和处理，构建一个高感度的城市基础环境，实现城市高效的政府管理、便捷的民生服务、可持续的产业发展❶。

近两年提出的新型智慧城市，在体现智慧城市3.0时代特征的同时，更强调了以人为本、统筹协调、安全可控3个理念，旨在有效改善公共服务水平、提升城市管理和运行能力，最终使新一代信息技术与城市建设深度融合。

---

❶ Murray Art, Mark Minevich, AzamatAbdoullaev. Being Smart and SmartCities[J]. The Future of Future, 2011, 10: 20-23.

## 二、智慧城市的功能和结构体系

随着城镇化进程的加快，资源、环境、交通、卫生、产业发展等问题成为制约城市可持续发展的关键。虽然各地城市规模、建设水平、历史积累、发展阶段、资源条件等不尽相同，甚至是千差万别，但整体来看，民生、产业、政务发展三者相结合是必由之路，所以智慧城市的建设也应紧紧围绕着"智慧民生""智慧产业"和"智慧政务"3大功能展开。

### （一）智慧民生

"智慧民生"是智慧城市的核心，涵盖市民的衣、食、住、行等各个方面，能够最直观地反映一座城市的智慧化程度。

#### 1.智慧交通

智慧城市交通整合公共汽车系统、出租车系统、城市捷运系统（MRT）、城市轻轨系统（LRT）、城市高速路监控信息系统（EMAS）、车速信息系统（TrafficScan）、电子收费系统（ERP）、道路信息管理系统（RIMS）、优化交通信号系统（GLIDE）、电子通信系统和车内导航系统，提供综合的实时信息服务，并对交通流量进行预测和智能判断❶。在遇到突发事件时，可以优化应急方案，调动救援资源。

智慧城市交通还可以通过感知交通流量并进行预测和建立模型，提供智能的"拥堵费"收取系统、全市联网的停车管理系统，不仅能够充分使用城市交通基础设施，而且通过"收费"杠杆引导车流，有效缓解城市交通压力，缓解拥堵和环境污染。

#### 2.智慧家居

智慧家居是融合家庭控制网络和多媒体信息网络于一体的家庭信息化平台，是在家庭范围内实现信息设备、通信设备、娱乐设备、家用数字家庭电器、自动化设备、照明设备、保安（监控）装置及水电气热表设备、家庭求助报警等设备互联和管理，以及数据和多媒体信息共享的系统。智慧家居提高了家庭生活、学习、工作、娱乐的品质，是未来生活的愿景，尽管有多种模式与解决方案，但都包括信息、通信、娱乐和生活四大功能。交互式网络电视（IPTV）、电脑娱乐中心、网络家电以及智能家居等，都是智慧家庭的体现。

---

❶芦效峰,李海俊,程大章.智慧城市的功能与价值[J].智能建筑与城市信息,2012(6):17-22.

### 3.智慧食品

近年来，我国城市食品供应的安全问题频发，引起国人的高度关注，智慧食品系统的建设迫在眉睫，其主要包括下面3个子系统。

（1）追踪系统。通过物联网技术对农、林、畜、牧、渔的食品原料生产、加工、物流运输、销售，直到餐桌的整个环节全程监控，明确供应链上各个企业责任，有效控制风险。

（2）生产评估系统。原料企业、加工和深加工企业可以通过数学模型，把食品质量和工艺联系起来，分析工艺的风险程度，确保食品符合国家标准。

（3）食品行业应急系统。包括食品安全的早期预警和突发问题应急管理。当出现突发食品安全事故时，可以追踪事发点、当事人，并查明食品去向，把影响控制在最小范围。

## （二）智慧产业

智慧产业是指数字化、网络化、信息化、自动化、智能化程度较高的智力密集型产业、技术密集型产业，而非劳动密集型产业。与传统产业相比，智慧产业更强调智能化，包括研发设计的智能化、生产制造的智能化、经营管理的智能化、市场营销的智能化。智慧产业的一个典型特征是物联网、云计算、移动互联网等新一代信息技术在产业领域的广泛应用。因此，智慧城市要从智慧产业入手，以智慧产业的成效倒逼智慧民生与智慧政务的基础软硬件设施建设。智慧医疗、智慧旅游、智慧物流等都属于智慧产业的范畴。

### 1.智慧医疗

医疗资源在全世界范围内都仍属于稀缺资源，这种供求关系在一定程度上决定了病患看病难的问题，因此，便捷快速的预约挂号成为用户对医院资源最大的需求。智慧医疗是对医疗机构的信息化建设，从狭义上来说，智慧医院可以是基于移动设备的掌上医院，在数字化医院建设的基础上，创新性地将现代移动终端作为切入点，将手机的移动便携特性充分应用到就医流程中。

国内已兴起的智慧医院项目总体来说已具备以下功能：智能分诊、手机挂号、门诊叫号查询、取报告单、化验单解读、在线医生咨询、医院医生查询、医院周边商户查询、医院地理位置导航、院内科室导航、疾病查询、药物使用、急救流程指导、健康资讯播报等，实现了从身体不适到完成治疗的"一站式"信息服务。

2.智慧旅游

智慧旅游是指利用云计算、物联网等新技术，通过互联网/移动互联网，借助便携的终端上网设备，主动感知旅游资源、旅游经济、旅游活动、旅游者等方面的信息并及时发布，让人们能够及时了解这些信息，快速安排和调整工作与旅游计划，从而达到对各类旅游信息的智能感知、方便利用的效果。

智慧旅游能够为政府主管部门提供决策依据，提高政府的工作效率，由传统政府向电子政府过渡；为旅游企业提供及时的旅游信息，为企业的市场营销、线路设计提供技术上的支持；为旅游者个人提供旅游地与旅游有关的各种旅游信息和预订服务，并可针对旅游者的喜好为其制定特色路线，引入虚拟现实技术还可让旅游者提前进行体验。

3.智慧物流

物流是在空间、时间变化中的商品等物质资料的动态过程。因此，很大程度上物流管理是对商品、资料的空间信息和属性信息的管理。在以物联网为基础的智能物流技术流程中，智能终端利用射频识别RFID技术、红外感应、激光扫描等传感技术获取商品的各种属性信息，再通过通信手段传递到智能数据中心对数据进行集中统计、分析、管理、共享、利用，从而为物流管理甚至是整体商业经营提供决策支持。

我国的物流体系建设日趋完善，很多物流系统和网络都采用了最新的红外、激光、无线、编码、认址、自动识别、定位、无接触供电、光纤、数据库、传感器、RFID、卫星定位等高新技术，这种集光、机、电、信息等技术于一体的新技术是智慧物流的重要体现。

## （三）智慧政务

对于城市的管理者来说，智慧城市应该彻底转变传统公共事业管理方式，提高城市的运转效率。智慧政务是指利用云计算、物联网、互联网等先进的技术，通过检测、分析、整合、智能响应，综合各职能部门，对现有各种资源进行信息高度整合，提高政府的业务办理和管理效率，同时加强监管，强化政务透明度，提供更好的服务、绿色的环境、和谐的社会，保证城市可持续发展，为企业及公众建立一个良好的工作、生活和休闲环境。智慧政务主要分为日常运行管理和城市应急系统两大部分。

**1.日常运行管理**

智慧城市系统的综合运行，需要智慧城市的综合指挥指令中心来指挥协调，包括：促使智慧城市的运行和短、中、长期综合规划衔接，达到各时期目标;，作为智慧城市总的综合指挥中心，指挥协调各智慧服务系统的"分中心"，形成智慧城市系统的宏观运行；负责智慧城市系统的日常维护和升级工作。

**2.城市应急系统**

在城市面临突发事件时，应及时启动城市应急系统。近年来我国开始逐步建立国家应急体系，中央和省市都设有应急办公室，以作为突发事件下的组织保证。智慧应急系统有助于提高应急体系水平，科学地建立应急预案，使智慧的预案有较强的预见性（做出预警）、针对性，能对风险做出准确预计和分析，做好人员疏散、物资分配、救援和生产恢复计划，并确定责任人和岗位责任。通过应急管理和指挥系统，利用物联网、互联网和计算机系统来准确地分析灾情进展，分析救灾物资需求数量和投放地点，查看应急物资储备和补给供应情况，以消防、交管、医疗等多部门协作，实施综合指挥，妥善处置灾情并力争灾后损失最小。

**（四）智慧城市的结构体系**

智慧城市由感知和延伸层、网络和信息设施层、数据和平台层以及应用层组成，如图3-1所示。

感知和延伸层通过对城市中现场物理实体及其所处环境的信号感知识别、数据采集处理和自动智能控制，实现对城市动态信息的全面获取与控制。主要包括数据采集节点、网关、延伸网等实体。

网络和信息设施层包括传输网络、计算及存储等设施。传输网络包括公众网和专用网，是智慧城市信息传输的基础设施，实现信息上传/下发以及各实体之间的信息交互。计算和存储设施采用云计算等技术，为智慧城市各类平台和上层应用提供动态、可扩展的信息处理基础设施和运行环境。

数据和平台层的主要功能是实现数据共享与融合，为各类智慧城市业务和应用提供通用数据和能力支撑。其主要实体包括公共支撑平台、基础数据库和行业数据库❶。其中，公共支撑平台是信息系统共性支撑平台。基础数据库包括自然资源和空间地理信息数据库、人口信息数据库、法人单位信息数据库、宏观经济信息数据

---

❶ 罗振,桑梓勤,齐飞.智慧城市公共支撑平台技术架构及功能要求[J].信息通信术,2014(5):54-59.

库等。行业数据库指交通、医疗、物流等城市传统部门建设的专有数据库，属于行业内部资源。智慧城市需要通过公共支撑平台，整合各行业固有资源，实现信息的共享和系统间的协同。

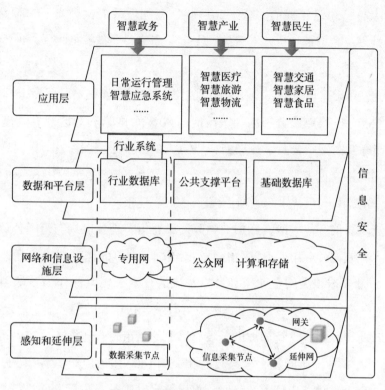

**图3-1 智慧城市结构体系**

应用层基于公共支撑平台汇聚的城市各类数据以及智能处理结果，实现城市智慧化运行和管理。智慧城市应用可分为政务类应用、产业类应用和民生类应用。政务类应用面向政府对智慧城市的需求，产业类应用面向企业对智慧城市的需求，民生类应用面向市民对智慧城市的需求。例如，城市运行和指挥中心就是面向政府的智慧应用，它以各种可视化技术形象直观地展示城市的运行状态，为城市管理者提供决策支持，同时在应急情况下支撑指挥调度，实现系统之间的协作和智能响应。

## 三、国外典型智慧城市案例分析

### （一）新加坡的智慧国计划

新加坡智慧城市的建设已经有二三十年的历史，是全球较早探索"智慧城市"

的国家之一。在20世纪80年代初，新加坡设立国家计算机局，开始推行政府机构办公自动化和计算机普及，这成为新加坡智慧城市的开端。2006年，新加坡正式提出"智慧国2015"计划，目的是建设以资讯通信驱动的智能化国度和全球化的都市，该计划于2013年提前完成。2014年，新加坡政府又公布了"智慧国家2025"的10年计划，希望通过构建"智慧国平台"来覆盖全岛数据收集、连接和分析的基础设施与操作系统，根据所获数据预测公民需求，提供更好的公共服务。

在信息基础建设方面，全国95%的建筑和房屋已经被新一代宽带网络和8000个免费无线Wi-Fi热点覆盖。新加坡政府与80多个国家和地区建立高速电信网络体系，其国际互联网站普及率[1]以385.7个/万人的数字居亚洲榜首。同时，新加坡还是世界上国际因特网互联程度最高的国家，其因特网互联节点[2]（SingTel Internet Exchange，STLX）与世界上30多个国家（地区）连接。

在资讯通信产业方面，新加坡国家资讯通信管理发展局与跨国公司在战略性和新兴技术领域进行合作，不仅吸引了大批国际公司以此作为全球IT管理枢纽，而且吸引了一批全球顶尖的企业家和世界一流的技术公司以此作为技术创新平台。同时，通过一些国际化项目合作和海外发展政策，扶植和鼓励本地企业走向国际。

在政府管理领域，新加坡电子政府采取的是市企合作模式。市民可以在政府官网登录个人账号，访问和办理与政府相关的1600多项电子服务和300多项移动服务；企业在办理税务申请等业务时，可以登录其唯一身份识别码进行办理，既提高了政府的办事效率也给企业带来便利。

新加坡是一个城市国家，其发展引领了世界城市的发展，在智慧城市的建设方面，其规划层次清晰，分段目标明确。从1981年到2015年，其在智慧城市的建设过程中多次被ICF（Intelligent Community Forum，智慧社区高峰论坛）评为全球年度最佳智慧城市和全球智慧城市创新奖。

## （二）韩国松岛智慧城的建设

韩国在上个世纪70年代提出从零开始建设一座世界级城市的构想。2001年，韩国通过围海造田开始建立属于自己的世界级城市——松岛。它是韩国智慧城市建设

---

[1] 国际互联网站普及率：单位（个/万人），指一个国家每一万人中，能够连接到国际互联网站的数量。

[2] 国际因特网互联节点：一个国家和其他国家直接的互联网连接点，不需要通过第三方国家；国际因特网互联网节点与国际互联网站普及率两个指标可以用来衡量一个国家或地区的信息化程度，指标值越大，表明这个国家的信息化程度越高。

中一个具有宏观性和计划性的项目，规划超前，不仅有大量资金投入信息基础设施，而且具有灵活的信息设备运营及信息经营模式。

早在规划初期，为了保证在基本服务的基础上尽可能减少投入并获取商业收益，松岛就对后期的信息设施运维管理以及信息经营模式提出了商业模式的探索，最终采用了"地方政府为主导、运营公司+服务公司"的模式。

建设开始阶段，松岛的企业和居民能享受到以下3大类服务：自动化、能源管理、设备维护等智能楼宇管理服务，门禁、监控、入侵检测等安全与安保服务，以及智能停车库、收费、车位引导等停车类服务。商业服务包括信息发布与展示、广告等可视化通信，社区互联以及IT服务外包、数据中心、云计算与云存储等数据中心服务。全域服务囊括了全城Wi-Fi、公共信息发布与服务、智能标杆。

2009年，松岛又制定了智能城市远景目标：实现无缝通信服务，包括宽带网络、四网服务、基于地点的服务；实现一卡通、智能卡、多功能设备智能化。例如，实现媒体、车站等新一代信息通信智能化；实现医疗、安保、信息安全等智能化，实现交通信息、宜居环境服务、城市地理信息系统智能化；实现门户网站、呼叫中心、礼宾服务智能化。其思路是力求全天候全覆盖，为入驻园区内的企业和用户提供一种"无时不在无处不有"的信息服务。

韩国松岛是一座横空出世的智慧新城，从零开始，整体布局，长远规划，探索出一条政府主导，商业化运作的城市管理模式，正一步步向世界级城市的目标迈进。

## 四、智慧城市建设的问题和前景

国外已经有许多国家进入智慧城市建设的高速发展时期，而我国智慧城市的发展和建设尚处于探索阶段。国外较为成熟的智慧城市，主要围绕着智慧政府的结构建设、环境问题的解决、公众与系统的隐私与安全等❶。

纵观国外智慧城市的发展建设，尽管有成功的案例，但还普遍存在一些问题和矛盾，主要表现在以下几个方面。一是数字化的发展改革不能惠及到每一个人，以至于产生数字鸿沟，人与人之间的差距逐渐拉大，而智慧城市的商业导向性也使得一些竞争能力弱的公民逐渐被边缘化；二是人才和资金的匮乏长期以来都是阻碍智

❶贾智捷. 廊坊市智慧城市建设模式研究[D]. 北京：中国科学院, 2015.

慧城市发展的因素，如何吸引一定数量的多样化人才，需要政府政策的调整和支持，同时也需要相关组织积极进行改革；三是智慧城市发展的成果使得城市各个单元之间的网络互联变得更加紧密，城市发展趋于整体化、系统化，这就容易导致其中某一单元出现错误继而引发系统崩溃的危险，未来的智慧城市，网络安全问题被视为主要威胁，因此在高度现代化信息化的城市中，怎样维护系统安全和公民隐私也成为智慧城市发展过程中的重要问题；四是许多城市在发展的过程中忽略了公民的参与作用，这也阻碍了其大规模的发展。

由于我国的智慧城市起步较晚，我们除面临上述同样的问题外，还有自身的不足。一是对智慧城市的自我认识不足，智慧城市发展的前提是需要进行准确的需求分析，全面认识自我，这样才能构建清晰的建设思路；二是由于各个城市之间的规划参差不齐，所以没有统一的体系，缺乏统一的数据标准，这使得在实际的建设过程中，操作性不强，阻碍了各个单元之间的信息互通；三是我国的通信等关键技术还没有得到广泛应用，如物联网、云计算等还未被广泛应用于城市管理中，且没有与居民紧密联系，这也是目前我国智慧城市建设中最大的阻力❶。

但是随着我国政府政策的支持和技术手段的进步，加上在实践中的不断探索，智慧城市建设也取得了不错的成绩。2015年，智慧城市首次写进国家政府工作报告，国家陆续出台新技术、产业、标准和人才等相关政策，推动智慧城市发展。2015年7月1日，国务院发布《关于积极推进"互联网+"行动的指导意见》；2015年9月，财政部出台《关于在公共服务领域推广政府和社会资本合作模式的指导意见》；9月24日，工业和信息化部全国通信及信息设备运维考试管理中心（ICT）启动"智慧城市专项技术人才培训考试认证"项目，目的是为智慧城市的可持续发展提供人才储备支持；针对智慧医疗、智慧交通、大数据监管等领域，国家还出台了一系列政策，进一步为智慧城市发展提供政策支持。

截至2016年6月，我国95%的副省级城市、76%的地级城市，总计超过500座城市，均在政府工作报告中明确提出或正在建设智慧城市，这一数字占据全世界智慧城市创建总数的一半以上。在《2016年中国智慧城市发展水平评估报告》中，通过对全国201个智慧城市的评估，发现我国智慧城市发展水平呈"纺锤型"，离散性

❶赵大鹏.中国智慧城市建设问题研究[D].长春:吉林大学,2013.

仍较为严重，但是与2015年相比，全国智慧城市建设总体差距在逐渐缩小❶。"互联网+"的高速发展，使得互联网行业的成果与城市社会各领域进行相互融合，形成了更广泛的以互联网为基础设施和创新要素的城市形态。我国各省、市在发展智慧城市的过程中，将发展重点放在了信息基础设施等领域是正确的，这样的发展方针使得我们的智慧城市建设虽然起步较晚，投入也较高，但是见效很快。通过进一步的融合创新，我国的智慧城市必将孕育出多种战略性新兴业态，构建完善的上下游产业链，形成协同效应，进而形成互相融合的产业链和生态圈。

## 五、智慧雄安的发展构想

雄安新区是国家发展战略中的重要一步，要想使其与世界接轨，必须充分利用新一代的信息技术进行整体布局和规划，采用政企协同投资，吸引科技企业入驻智慧商圈，推动智慧新城创新发展，借助物联网、大数据等信息技术辅助决策提升城市体验，最终实现雄安新区城市居民的生活幸福感和满意度最大化，真正成为一座面向世界的新型智慧城市。本节提出几点智慧雄安的发展构想。

### （一）以投资驱动与创新驱动相结合的模式建设智慧雄安

在智慧城市建设动力上，有投资驱动和创新驱动两种模式。智慧雄安新区建设的动力应兼顾这两种建设模式。

投资驱动的发展模式是从雄安新区智慧城市建设需要高速引擎考虑，创新驱动的发展模式是从雄安新区智慧城市建设发展的长远需求考虑。从发展阶段上来看，雄安作为一个新建设的国家级新区，前期建设必须依靠投资拉动实现要素驱动发展，但单纯依靠投资拉动型的发展方式不足以将雄安建设成为一个国家级战略新区。结合国内外其他智慧城市的建设经验，雄安长期依赖投资驱动发展带来的高速增长之后，必将带来如生产方式粗放、部分产业产能过剩、资源环境的可持续发展受到影响、经济核心竞争力不强等问题，所以在以投资为驱动的同时，必须结合创新驱动模式，才能够最大程度地挖掘雄安的发展潜力，提升整个新区的可持续发展能力。

此外，智慧雄安的建设具备兼顾投资驱动和创新驱动的条件。在创新要素方面雄安具有明显优势，雄安在建设初期，无论是政策优势上还是区位优势上，都会吸引全国乃至全世界大量的资金和人才涌入，导致雄安的创新资源日益丰富，创新机

---

❶宁家骏.关于促进中国智慧城市科学发展的刍议[J].电子政务,2013(2):65-69.

制日趋完善。同时，随着雄安建设进程的加快，制度创新、文化创新、技术创新也在不断推进之中，进一步为"智慧雄安"的快速发展提供基础保障。

### （二）以整体布局和全面推进的模式建设智慧雄安

从智慧城市建设的方式来看，有重点突破和全面推进两种模式。一般而言，重点突破的建设模式适合于城市规模庞大、城市管理压力小的城市；而城市规模小、人口少且城市经济发展水平较高，财力充足的城市，宜选择全面推进的建设模式。雄安新区作为一张还未书写的白纸，其在规划阶段就应该从战略全局出发，统一设计城市各领域的建设及关联体系，根据整体布局情况，在建设阶段同时推进，相互配合，统一兼顾地实现雄安新区的信息化和智慧化。

目前，雄安新区初期建设比起北上广等一线城市而言较小，起步区域面积约100万平方公里。要想让雄安新区未来成为创新驱动引领区和开放发展先行区，城市各方面的智慧化建设必须重头做起，才能保证智慧雄安各领域的均衡发展。加之中央政策倾斜和市场对雄安新区的较高发展预期，在智慧雄安建设过程中，采取整体布局、全面推进的建设模式，在人力、物力、财力上是完全可行的。

### （三）以顶层设计和落地项目的模式建设智慧雄安

智慧城市的建设是一个综合复杂的过程，涉及到了城市建设的方方面面，这就需要管理人员综合考虑各方面的因素，建立一份长远的、科学完备的顶层设计。在这一层面，雄安具有明显优势——作为国家级战略新区，中央对雄安的发展有着明确的定位，管理者要结合这些定位制定相应的发展策略。作为定位为二类大城市的雄安新区，目前已经开始面向全球公开招标规划设计方案，这些方案将以国际化的视角对雄安智慧城市未来一定时间内的建设目标、任务、基础设施、产业带动等进行全面规划。

在智慧雄安顶层设计的指引下，首先应该解决与市民生活息息相关的民生问题，例如通过建设"智慧社区"，利用社区信息系统为雄安居民提供更加便利的生活；建设"智慧交通"为市民提供信息化的出行服务；建设"智慧生活"构建雄安食品质量安全追踪系统等，涵盖市民生活和城市管理的各个方面。当前，要以智慧雄安建设的顶层设计为总蓝图，通过超前规划，精准招商，促进智慧雄安建设的顶层设计由上至下完美落地。

### （四）以新一代信息产业为支撑的模式建设智慧雄安

考虑雄安目前的发展情况，在建设智慧城市之前，雄安首先要经历城市数字化建设的过程。主要建设目标在于对信息资源的整合应用，包括采集、处理，最终得以可视化。目前我国已采用二维码、定位系统、RFID等传感设备，自动获取城市各要素的信息，处理包括城市的资源、天气、交通、政务、经济活动、文娱活动等在内的各方面信息。数字化是智慧雄安的必经之路。

在此基础之上，充分认识到物联网和云计算技术对智慧城市的重要作用。雄安新区应抓住机遇，组织相关科研机构积极参与到制定物联网和云计算相关的标准和核心技术研发中。同时，考虑到雄安新区前身的3个县以手工制造业等为主要产业，要着力对其进行信息化改革，改变传统的运作模式，发挥其本土优势，积极打造出现代化、技术支持型、具有国际影响力的旗舰企业，形成生态产业链，最终稳步实现雄安智慧城市建设的关键技术和重点产业的双重发展。

### （五）以应用牵引和市民体验为出发点建设智慧雄安

新型智慧城市强调"以人为本"，一切以民生福祉为落脚点。智慧城市的建设是物理空间和虚拟空间两个系统的交互、整合建设，建设的好不好，关键在于城市居民对大系统的体验好不好。因此，建设一批涵盖城市居民所有社会活动且实用的智能应用，可以大大提高人们工作和生活的效率，人们的幸福感和对城市的满意度也会得到极大提升。智慧雄安的建设可分为两个阶段：第一阶段，建成一批智能应用示范工程，形成一批智能产业基地，基本建成智慧雄安新区的应用框架；第二阶段，把雄安建设成为智能应用体系完备、智能产业蓬勃发展、城市运行效率和民生幸福指数领先的京津冀"智慧之都"。

### （六）以政府主导和企业开发运营相结合建设智慧雄安

智慧城市的建设是一个庞大的系统工程，需要投入的资金巨大，单纯依靠财政拨款或者某个企业的投资难度太大。发达国家在智慧城市的建设中大多采用PPP模式（Public-Private-Partnership，政企合作），我国在其他行业的基础设施建设中已经开始采用这种模式，因此，PPP模式可以成为智慧城市建设的有益尝试。雄安新区目前是一个信息化程度很低的区域，信息化的基础设施比较落伍，配套的软件比较缺乏。同时，它又肩负着副首都功能，不仅要信息化，还要做到行业前列。因此，从初期融资、前期规划、中期建设到后期运营整个过程，广泛联合社会资本将对雄安智慧化建设起到推动作用。

PPP模式前景乐观，但也需要处理好政府和企业的合作模式。在资金来源方面，应以商业贷款和资本市场为主，辅以区域开发银行、产业基金、财政资金等，形成多元化金融服务体系。以模式创新促进融资担保从政府信用向项目转变，吸引企业参与智慧雄安建设，拓展项目资金来源，提高资金流的稳定性。在组织机制方面，建立以雄安新区领导小组统一管理的组织架构，制定和执行严格的审计和绩效评估。一方面，组建专业化的PPP支撑服务机构，负责为各个项目提供投融资、项目运作、风险管理等方面的技术支持；另一方面，建立完善的PPP项目管理流程规范，确保资金管理公开透明，权责划分清晰可调整，有效规避风险。在项目管理方面，以长期合作为导向，注重风险分担及收益分配模式设计，确保项目长期可运营。通过专业化的管理和高水平的运营，长期、高效地发挥智慧雄安的功能价值。

## 第三节　雄安新区产业再布局与集群式创新

### 一、引言

雄安新区的设立旨在缓解北京非首都功能的集聚压力，以形成京津冀目标同向、措施一体、优势互补、互利共赢的协同发展新格局。为此，习近平总书记明确提出要以建设绿色智慧新城区、创新驱动发展引领区、协调发展示范区、开放发展先行区为方向，努力打造贯彻落实新发展理念的创新发展示范区。

然而，新区的发展现状却不尽如人意。一方面，新区GDP平均增长缓慢，且经济总量不均衡。2015年，雄县、容城县、安新县3县的全县生产总值分别为94.4亿元、57亿元、57.4亿元，合计208.8亿元。2016年，雄县、容城县、安新县3县的全县生产总值分别为101.14亿元、59.4亿元、40.01亿元，合计200.55亿元❶。另一方面，新区以中小企业为主，产业格局极端落后且分散。近年来，新区经济发展主要依靠服装业、塑料业等传统工业带动，以创新驱动的新兴产业发展不足。因此，作

---

❶ 王晓易.雄安新区三县产业较传统,新区设立助推经济发展[EB/OL].(2017-04-05)[2017-05-02].http://news.163.com/17/0405/18/CH9FB4PL00018AOR.html.

为国家发展战略的一部分，如何结合自身实际情况走出一条具有雄安特色的建设之路，是新区发展面临的重大战略问题。

雄安新区要建立创新发展引领区，打造创新要素的集聚高地，就必须实现以创新驱动发展的产业升级。一般来讲，产业升级有两种路径选择，一是实现产业层次的不断提升，即由传统产业向新兴的高新技术产业演进；二是实现价值链升级，即由低附加值产品到高附加值产品的基于专业化分工协作的集群创新升级模式❶。大量事实表明，以集群为基础的集群式创新是培育中小企业自主创新能力的重要组织形式，有助于实现创新能力的集成，从而建立高竞争优势的产业模式❷。集群式创新是指以产业集群或企业集群为依托的一种新的创新形式，是合作式创新的一种高级形式。因此，发展集群式创新是雄安新区发展现实条件下的必然选择。雄安新区要强化自主创新能力，应当以国家政策支持为基础，大力发展集群式创新产业，充分发挥产业集群的集聚优势与创新效应，以实现新区更好、更快地发展。

## 二、相关理论研究综述

产业集群理论是于20世纪90年代由哈弗商学院的麦克尔·波特创立的。它的定义是：在一个特定区域的一个特定的领域内，集聚着一群具有相互联系的公司、企业、制度。通过这种关联性区域集群化形成高效的市场竞争现象，构建优秀的精英化的集群区域，从而企业可以共同享受市场环境、公共设施、外部经济和市场环境，可以有效地降低物流等成本。形成区域规模、外部、集聚效应，同时可以增强区域的竞争力。

在产业集群理论形成完善的过程中，很多学者都做出了贡献。马歇尔在《经济学原理》中指出"内部规模经济"和"外部规模经济"即规模经济具有产业组织效率，从而形成在特定的区域的特定的领域内形成有效的产业规模区，这样有利于企业集群的发展；德国的经济学家阿尔弗雷德·韦伯的《工业区位论》中从产业集聚的形成带来的成本节约的角度讨论了集群的形成和产生，同时推进了新产业理论诞生；法国经济学家弗朗索瓦·佩鲁在20世纪50年代提出增长极理论与产业集群的紧密联系；美籍奥地利学家熊皮特提出技术创新及其扩散促使具有产业关联性质的

❶郑海鳌,朱岩梅.上海市集群式创新网络发展研究[J].中国科技论坛,2008(12):61-65.
❷吴强军.浙江省中小企业集群化成长影响因素实证研究[D].杭州:浙江大学,2004.

企业形成集群化；同时还有各地学者在各个角度对产业集群的分析和验证，最后产业集群才有了根本的理论依据。

产业集群的研究方向主要包括技术创新、社会资本、组织创新、经济增长与产业集群的关系、集群产业方面的相关性政策以及产业集群的机理。产业集群存在和发展的理论依据主要集中在以下几个方面：使得产业集群获得外部的规模经济效应；节约了空间交易成本；学习和创新效应。产业集群理论是积极调用区域内的各种资源，综合性提高区域竞争力，这是产业集群理论的根本目的。

现今国内外对集群创新相关的研究主要包括3个部分：集群创新动力机制的研究；集群创新扩散与溢出机制的研究；影响集群创新因素的研究❶。

韦伯从产业集群带来的成本节约方面讨论了集群产业形成的原因。马歇尔从"外部经济"角度做研究，运输、原材料供给、专门人才以及技术扩散是集聚创新的动力。Krugman、Hoover、Alien Young分别从"规模递增收益""集聚体的规模效益"和"规模报酬理论"的角度讨论了在不同的集群条件下集群创新的动力源。Saxenian在研究的过程中发现，良好的社会环境氛围有利于新知识的产生和传播。Walz通过增长极理论和创新理论得出，地方区域性的创造力有效地推动了创新性集群发展。Enright同时认为高学历和高熟练度的劳动力对产业集群创新有着推动性的作用。Tiehy借用佛农的生命周期理论，从时间维度分析了企业集群创新的演进。Brenner、Greif则利用复杂科学中的自组织理论去研究集群创新的动力机制❷。

## 三、雄安新区产业发展现状以及存在的问题

尽管雄安新区地靠京津地区，具有独一无二的区位优势与发展资源，但从整体来看，雄安新区的产业技术水平和技术开发能力都相当落后，究其原因主要体现在几个方面。

### （一）产业格局低端落后且分散

雄安新区中三县之一的容城形成以服装业为主的产业模式，截至2016年，容城服装企业有920家，服装加工户2000余家，从业人员占本地总人口的1/4，服装业作

---

❶刘友金. 论集群式创新的组织模式[J]. 科技发展论集群式创新的组织模式,2002(2):71-75.

❷涂成林. 国外区域创新体系不同模式的比较与借鉴[J]. 科技管理研究,2005(11):167-171.

为容城的支柱产业年产值约256亿元,是其他三大支柱产业包括机械制造、箱包玩具产业、食品加工产业总值的4倍。而雄县则是以塑料业为经济龙头,截至2014年9月,雄县塑料业占县域经济51.65%的比重,塑料业企业占据县域企业总数的1/2,从业人员占本地人口的1/8。雄安新区目前经济发展水平相对较为落后,新区产业普遍存在附加值低,污染严重的特点。整体业态水平比较低端,大多是家庭作坊式分散式经营,没有品牌,也没有形成集中度提升后的规模效益,且缺乏产业规划,劳工状况亦不佳。另外,新区内部产业呈现各自为盟的状态,缺乏联动力量,目前基本形成以容城服装业、雄县塑料业、安新旅游业各自为盟的产业发展形态,产业间关联程度较低,不利于实现知识共享和优势互补❶。

### (二)缺乏从全区角度的系统谋划

雄安新区三城在发展过程中缺乏系统的产业布局,致使产业发展无论是产业形态还是产业分布都表现出散乱无序的状态,呈现出显著的乡土特征。这直接导致服装业、塑料业等传统产业缺少必要的合作创新意识,难以形成推动产业有效升级和相互促进的机制,加之人才、技术等关键要素引进的局限性,导致新区内部的知识趋同和互补性逐渐消失❷。因此,要推动新区更好更快的持续发展,就必须做好事先谋划,构建产业内部与产业间的相互联系,构筑并不断增值产业链和产业价值链,合理有序的发展新区,建设新区。目前,新区建设已明确提出要建设绿色智慧新城区、创新驱动发展引领区、协调发展示范区,要充分体现新区建设的"先谋而后建",根据战略发展目标和产业发展现状,制定出符合雄安实际的产业规划,走集群式创新之路,充分发挥集群优势,加强产业内外合作,形成优势互补,风险分散的集群产业发展模式。

### (三)产学研联合不足,人才流动局滞

雄安新区面临的一个重要问题是科技资源缺乏优势,企业与高校和科研机构的联系与合作严重不足。要实现真正的创新驱动发展,最重要的是通过企业加强与大学和研究机构的交流,才能源源不断的实现知识技术更新,提高生产效率。而大学和科研机构也只有通过与企业的合作,将研究成果及时投入现实使用,诱导新的创

---

❶张丽敏,罗赞鹏. 雄安新区:探索地区优化开发新模式[N]. 中国经济时报,2017-04-03.

❷Peter. M. E. Locations, CIUSters, and company Strtegy. In Clark G. L. , Fesdman, M. P. And Gertlet, M. S. (Eds.)The Oxsford Handbook of Economic Geography. 253-274. Oxford: Oxford University Press,2000.

新活动❶。而基于历史与现实因素的制约，雄安新区内企业与学校和研究机构间的合作程度还相当低下，这不仅表现在科技资源合作，也体现在对高端人才的吸引，能不能吸引人才很大程度上取决于人才机制的合理性和灵活性，雄安新区应立足现实，深化用人机制改革，破解束缚人才发展的障碍，最大程度上吸引人才，增强员工创新活力，因为高素质人才是发展引导企业技术创新的主要力量，也是促进产业升级的关键因素❷。而传统工业的落后与地区教育资源的匮乏造成新区创新环境的缺失，从而不利于形成产学研一体的整体合力。

## 四、雄安新区集群式创新模式与实现路径

由于北京中心城区的定位主要是侧重和强化其作为全国的"政治"和"文化"中心，弱化其以往作为"经济"中心的定位，但是北京中心城区在以往长期的发展过程中形成了庞大的大中型企业的"总部经济"规模，而雄安新区的建立主要是为了承接这些大中型城市的产业转移。而且由于雄安新区现有的产业基础薄弱、布局分散，无法形成有效的产业集群式创新，因此，在今后的5~10年中将仍然以转移后的大中型企业为龙头，形成横向以相关行业"大中型企业+高校或科研院所"为主的"俱乐部式"集群创新模式，以及纵向以本行业"龙头+高校或科研院所+中小企业"为主的"领头羊式"集群创新模式。

### （一）把握高定位格局，发展"俱乐部式"高新技术产业

雄安新区是继深圳经济特区、上海浦东新区之后又一具有全国意义的新区，是千年大计、国家大事，习近平总书记明确指出雄安新区必须坚持中国特色、高点定位，因此产业定位应主要以高端服务业、高新技术产业为主，建成更大的改革试验区，也便于集中承接北京非首都功能。

坚持世界眼光、中国特色、高点定位，吸引高端技术人才，吸收国际各领域专家，借鉴国际经验，令雄安新区总体规划是具有高质量的。雄安新区跟一般意义上的新区是不一样的，既然雄安新区的主要作用承接北京地区的非首都功能，则需要结合自身的区位优势和资源禀赋，发挥与北京市高校和科研院所地理距离临近的特点，有针对性地发展科技创新企业，发展高端高新产业，积极的吸收和集聚创新的

---

❶葛顺奇，田贵明.国家级经济技术开发区的经济发展及其面临的问题[J].世界经济研究，2008（12）：10-16.

❷冯兴元.硅谷为什么成为全球创新中心?[J].中国中小企业，2014（9）：17.

资源，打造在全国都具有重要意义的创新驱动发展的新引擎❶。"把创新驱动作为新区发展的根本动力，引导创新要素向新区集聚"。国家支持新区从运行机制方面，环境、创新等方面创造良好的创新氛围❷。

### （二）以国有企业为龙头，构建"领头羊式"的集群创新模式

在雄安新区现有的经济条件下是完全不足以支撑其肩负北京非首都功能的重任的，雄安新区3个县的年生产总值仅仅200亿人民币左右，在这样的背景下，则需要以国企和央企进驻雄安，支持雄安的经济发展和建设。

要积极推动中央企业在能源安全、基础设施建设、电力、通信、轨道交通、生态环保、信息化网络与智慧城市建设等方面的优势，为雄安新区建设提供服务保障和有力支撑。积极推动符合雄安新区定位和战略发展需要的央企、在京单位有序迁入雄安新区，大力支持中央企业将新设立的高新技术企业、高端服务业企业落户雄安新区，并以这些企业为龙头，结合雄安当地的区位优势和资源优势，有目的的培育和扶植这些企业相关的中小企业和服务性行业，建立以央企为龙头的"龙头+高校或科研院所+中小企业"的产业集群。

当前我国的经济发展进入新常态，技术创新在企业惨烈的竞争背景下是一种很好的途径。随着改革和创新理念的不断深化，国有企业和大部分的央企也在创新，所以在国有企业和大型企业入驻雄安新区的同时，也要敢于创新和改革，在原有的基础上，利用好国有企业和大型企业的资源和技术，同时引导当地的中小企业的本土化创新，构建"领头羊式"的集群创新模式。

### （三）建立产业园区，鼓励中小企业的协同创新

建立具有生态意义上的产业园区，鼓励中小型企业的协同创新是具有重大意义的。建立以企业为主体、市场为导向、产学研结合的技术创新体系。中小型企业的相互合作，协同创新有利于产业园区的发展。

进入知识经济时代，以信息技术为代表的科学技术的迅猛发展直接导致了高新技术产业的崛起和高新技术企业的发展。高新技术企业的出现打破了传统产业的成

---

❶朱彦恒,张明玉,曾维良. 中国经济技术开发区生命周期规范研究[J]. 科学学与科学技术管理,2006(7): 98-101.

❷郑江淮,高彦彦,胡小文. 企业"扎堆"、技术升级与经济绩效——开发区集聚效应的实证分析[J]. 经济研究,2008(5):33-46.

长模式，与传统产业相比，高新技术产业对土地、生产资料、资金等生产要素的投入要求要低得多，而对人力资本和知识有很高的要求，例如微软、苹果等企业最初创业的资金都很少。这无疑有利于中小企业在高新技术产业领域内的创立与创新。同时，在科技发展的带动下，消费者追求个性的心理越发强烈，市场需求的多样性为高新技术中小企业的技术创新提供了无限的机遇与空间。另一方面，信息技术革命则为中小企业通过网络等手段在高新技术领域内进行技术创新开辟了一条捷径。在中小企业的联合创新背景下，更有利于雄安新区的经济建设和技术创新。

### （四）建立健全集群式创新机制，包括整合机制、激励机制和约束机制等

在当前的背景下，产业集群化的优势很大，对于雄安新区的产业经济发展有着很重要的作用。产业集群的发展表明，集群的企业是长期处于竞争、合作和相互学习的，很多的企业具备良好的市场反应能力，在技术创新方面也有很强的积极性和跟进能力[1]。所以，产业集群往往是新产品层出不穷的所在，也是激发和培育新兴产业，特别是高新技术产业最好的平台。产业通过集聚形成产业集群，产业集群能够释放出一种集群效应。

在产业集群化的前提下，我们要建立健全集群式的创新机制，形成纵横两条集群式创新链，实现完整的区域性的领域性的产业集群化，交易空间成本节约、价值链共享、资源互补、知识的益处和外部性、外部规模经济效应是集群化产业收益最大化。

在产业集群化的过程中，要保持创新精神，完善产业集群机制，有效整合产业集群资源，分布在区域内外的创新资源作为集群创新的重要基础，不但体现了现实的创新能力，而且代表了未来区域创新潜力[2]。占有更多的资源，为本区域现实和未来的创新活动服务，成了一定阶段的区域创新活动的表现形式。

创新更多地体现为技术创新，并被赋予强化区域自身经济地位的重要手段[3]。集群内企业的竞争是不可避免的。应为竞争而消耗创新，降低企业之间信息的交流，是一种封闭式的竞争，这才是需要避免的[4]。用集群内的竞争促进区域创新效果，并形成良性的创新机制。良性的集群内企业竞争，开放式的集群创新意识，建

❶李小飞，萧延高.试析产业集聚对企业技术创新的影响[J].电子科技大学学报社科版，2005(1)：35-36.

❷朱华友，郝莹莹.长春市经济技术开发区对长春市的经济贡献研究[J].经济地理，2014(2)：172-176.

❸张玥，乔琦，姚扬，等.国家级经济技术开发区绿色发展绩效评估[J].中国人口·资源与环境，2015(6)：12-16.

❹钟书华.创新集群与创新型国家建设[J].科学管理研究，2007，25(6)：1-4.

立起以区域集群为创新执行群体，市场优势构建为目标，集群内创新资源整合为过程的产业集群。

## 五、结语

本节立足于产业集群理论和创新集群理论，结合雄安新区发展的实际情况，面对新区产业发展低端分散的现实与新区高战略定位的矛盾，缺乏产业系统布局与城市规划关键地位的矛盾，产学研合力不足与对创新驱动发展需要的矛盾，提出把握高端高新技术产业，利用北京市产业转移的机会，依托大型国有企业为雄安新区建设提供创新支持，积极引进符合新区发展要求的高新技术产业的国有企业，形成横向以相关行业"大中型企业+高校或科研院所"为主的"俱乐部式"集群创新模式，以及纵向以本行业"龙头+高校或科研院所+中小企业"为主的"领头羊式"集群创新模式。另外，通过建立产业园区实现中小企业集群式创新，促进中小企业之间的合作与知识技术共享，使产业间形成相互推动，相互促进的新格局。

# 第四节　雄安新区产城融合的发展设计

美国社会学建筑师克里斯托弗·亚历山大说：城市是包容生活的容器，能为其内在复合交错的生活提供服务。未来的雄安新区将会是一个生态良好、宜居宜业的现代化新城，其核心要义并不仅是经济效益的提升，更重要的是人在城中生活的幸福感和获得感，将雄安建设成有温情的现代化国际新城，而不是"睡城""鬼城"，才能吸引更多的国内外优秀的企业和高端人才支撑城市的发展，因此，产城融合问题是在城市规划阶段必须考虑的重要问题。

## 一、雄安新区的功能定位与产业定位

### （一）雄安新区的功能定位

城市新区功能定位是新区规划的前提条件，反映了城市新区在城市发展中所起到的作用和地位，决定着城市新区未来的个性特点和发展方向。雄安新区作为由行政力量规划建立的新区，从一开始就有了明确的功能定位——创新发展城市。为避免片面强调城市新区自身功能的完整而缺乏地位一体化发展的观念，以及只重视城

市新区的物质功能而忽视了其内涵功能的挖掘，对雄安新区这一定位的理解，可以从区域、城市、场地3个维度进行剖析。❶

从区域宏观层面（Region）来看，雄安新区的创新发展体现在为城市经济发展寻找新动能。传统经济增长方式中，城市的经济发展主要依靠城市的自然资源禀赋、土地、劳动力和资本的投入，但是在经济增长进入到增长速度换挡期、结构调整阵痛期、前期刺激政策消化期三期叠加的背景下，资源驱动型城市面临着资源枯竭、环境污染的问题，劳动密集型城市面临着人口红利消失殆尽的困境，城市资本的投入边际效应递减。如何寻找经济增长的新动能，成为新常态下城市持续发展面临的新课题。国家借助雄安新区的创新性实验，希望能够找到除传统因素之外，城市经济增长新的驱动力。

从城市中观层面（Urban）来看，雄安新区的创新体现在寻找解决人口密集型城市"大城市病"的新方案。国际经验表明，通过建立新城的方式解决"城市病"是很多大城市通用的做法，东京陆续兴建了7个"副行政中心"并带动周边县域建设"新都心"。英国的伦敦城市群，将政府部门及其下属机构向小城镇转移，追求小城镇的"小而精"。同时，目前京津冀地区的科研成果有90%都是在长三角、珠三角地区转化，设置科技新区，有助于京津冀地区科研成果的就地转化，提高京津冀地区的资源配置效率，促进京津冀整体协调发展。

从场地微观层面（Site）来看，雄安新区地处北京、天津、保定腹地，区位优势明显，交通便利，产业化开发程度低，白洋淀能够为新区建设提供良好的生态环境，这些条件正面回应了区域宏观层面和城市中观层面的要求，能够为新区功能合理定位提供坚实的支撑。

### （二）雄安新区的产业定位

雄安新区的产业定位是疏解北京非首都功能。非首都功能是习近平于2015年2月提出的，要疏解北京"非首都功能""作为一个有13亿人口大国的首都，不应承担也没有足够的能力承担过多的功能。"非首都功能是指与首都功能发展不相符的城市功能，北京的首都核心功能是全国"政治中心、文化中心、国际交往中心、科技创新中心"，值得注意的是，北京并不是经济中心。但在现实中，北京作为首都和全国政治中心，其发展长期得到中央政府的大力支持和周边省市的有力保障，对

---

❶李建伟.城市新区功能定位的理论方法与实证研究[J].城市发展研究,2015(7).

各种生产要素有强大的吸引力，各种高端要素加速向北京聚集。北京是一流的教科文卫机构的集中地，同时也是跨国公司、央企集团的集中布局地。目前，中央单位资产总额占到全市八成左右，增加值占全市四成左右，以央企在京企事业单位为主的中央经济和总部经济成为首都经济的重要组成部分。[1]截至2016年底，北京共有A股上市公司281家，总股本2.3万股，占全国41.54%，总市值12.2万亿元，占全国24.1%[2]，居全国第一。全市金融业总资产127.4万亿元，占全国银行业金融总资产的54.8%。

如此庞大的首都经济功能如何转移，本节认为，雄安新区为我们提供了很好的解决方案，雄安将承担起北京目前的经济发展功能，促进现有经济结构优化和产业转型升级，建立现代产业体系。进而通过产业结构升级和科学空间布局引导人口合理疏散。所以在产业布局上，雄安新区需要立足京津冀现有的产业基础，坚持世界眼光、国际标准、中国特色、高点定位，坚持生态优先、绿色发展。从引领产业升级维度考虑，雄安未来应重点发展高新技术产业、高端制造业、战略性新兴产业、数字文化创意产业等，以及围绕这些产业发展所形成的生产性服务业，包括金融服务、信息服务、科技服务、商务服务及流通服务，从宜居城市的维度考虑，雄安未来应发展文化创意产业，包括文化演艺、文化传媒、动漫游戏、艺术品交易等，以及围绕城市居民生活所形成的生活性服务业，如养老服务、医疗康体等。

## 二、城市新区产城融合的国际经验

自20世纪60年代起，国际上许多城市开始采用建立新城的做法来缓解城市发展中的"城市病"问题。在实践中，很多城市逐渐意识到，如何将产业与新城融合起来，提高新城的宜居指数，成为新城能否成功的关键。本节选取国际上一些典型的产城融合案例进行剖析，希望能够给雄安新区建设提供可借鉴的经验。

### （一）美国尔湾市

尔湾位于加利福尼亚州西南部，建市于1971年，经过40年发展，成为全美最宜居的"热门城市"排行榜中的榜首城市，被称为"加州的科技海岸"。尔湾的前

---

[1] 汪江龙. 首都城市功能定位与产业发展互动关系研究[J]. 北京市经济管理干部学院学报,2011(4).
[2] 2016年北京市金融业对经济增长贡献率超两成[N]. 北京日报,2017-03-02.

身是个人经营的农场，1959年随着加州大学分校区在此地的建立，开始走社区化、商业化道路。其在产城融合方面的主要做法有：一是保障城市发展与环境、居住舒适度等各个方面的平衡关系。街道总长度、道路绿化、公园和公共空间保证适当的比例，80%以上的社区规划良好，拥有网球场、游泳池、小公园、人工湖，室内有自行车道和海滨。二是以高科技为主导，实施多元化的产业结构战略，制造、服务、物流和服装诸多行业的总部均在这里，增强了抗风险能力。三是营造良好的人居环境，有良好的治安水平，犯罪率比国家平均犯罪率低83.48%，拥有齐备的商业和教育等公共配套，任何一个角落只要十几分钟车程便可抵达商业中心，政府为低收入者首次置业、残疾人和老年人提供居住优惠。四是便捷的交通，机场提供通往美国22个城市的直达航班，很多本地公司的私人飞机和公司喷气机以此为基地；提供自行车道系统，鼓励市民使用自行车作为交通工具。❶

### （二）日本筑波科学城

筑波科学城位于东京东北50公里处，是日本政府在20世纪60年代为"创造适宜研究和教育的环境"和"缓解东京人口压力"而建的科技新城。在创建之初，由于交通不便，很多大学和研究机构不愿意离开东京搬到新城，这个城市被称为"自杀的城市"。为缓解这种局面，1985年日本在筑波举办"国际科学技术博览会"，为筑波注入活力，慢慢成为日本的科研重地。在城市规划方面，筑波分为研究学园与周边地区两大部分。研究学园以科学研究为主，配以生活形态，形成教育研究区、服务配套区与住宅区均衡发展的局面，科研与教育机构占全城总面积57.7%，住宅、商业、学校、公园等占总面积的42.3%。新城各种公共设施完备，行政中心、文化娱乐、街道与人行系统、公园、公寓、中小学等服务设施完备，城市环境与街道绿化使城市接近自然。但由于筑波是由政府主导兴建的，行政色彩过浓，城市设计上的职住分离，位置上距东京太近等因素制约了其发展。

### （三）英国的米尔顿凯恩斯

米尔顿凯恩斯是英国为缓解伦敦的人口压力而建立起来的卫星城市，是一个在平原农业地区建立起的"绿色城市"。英国于1967年开始规划建设这座新城，50年时间从一个千人小镇成长为人口22万的中等城市，有超过5000家企业在此投资，

---

❶Ann Forsyth, "Who Built Irvine? Private Planning and the Federal Government," Urban Studis39(2002).

不少新兴企业乃至大量著名的跨国企业都将总部设在此。米城成功的秘诀是凭借良好的地理位置，成为伦敦、伯明翰、牛津、剑桥和莱斯特之间的交通枢纽，并借此承接了汽车工业、制造业、批发零售业等多个产业。而在居住环境方面，坚持绿色环保，规划住宅高度不得高于树高，商业用房一般不超过6层，公园占城市总用地的1/6，即使镇上的大型购物中心也有精致的室内运动花园，各种自然公园和人造湖泊为居民提供了优越的休闲娱乐场所，因此在英国最佳工作城市调查中，小城米尔斯力压曼切斯特、伦敦等大城市，受到国民的普遍欢迎。

### （四）国际经验所带来的启示

通过国际各城市的经验比较可以发现，产业功能与城市功能的融合发展能够为城市新区注入活力，更有利于城市整体的发展。首先在新城的选址上，要离主城区有一定的距离，避免主城区的虹吸效应，同时又要保证交通便利。其次在新区建设中，一定要注重市场机制作用的发挥，注意产业形态的多样性，注意围绕主导产业所形成的配套产业的发展完善。同时要为城市居住者提供便利、优美的居住环境，避免"空城""睡城"情况的出现。

## 三、雄安新区产城融合实现的路径

### （一）产城融合的理论模型

美国经济学家保罗·克鲁格曼（Paul Krugman）在1991年提出区域经济发展的核心——边缘模型（CP），这一模型是新经济地理学后来许多模型的基础。克鲁德曼在模型中提到，区域经济发展中存在核心区和边缘区两种空间类型，核心区凭借其资源优势，使得资本、劳动力和技术不断向核心汇集，从而加剧核心区与边缘区之间的不平等。但是随着核心区成产成本的提高，资源又向边缘流动，两者之间的边界会不断调整，最终实现区域经济一体化。❶这一理论为城市新区的建设提供了理论上的支撑。凭借这一模型，中国学者谢呈阳构建了产城融合的理论模型，将劳动力、工业、服务业、住宅作为变量因素纳入模型，基于中心——边缘模型的三大基石：D-S垄断竞争假设、CES效用函数和"冰山贸易成本"，通过定量分析和实证检验得出这样的结论：城市功能完备程度的上升（服务业）意味着服务业劳动力和

---

❶Krugman P. Increasing returns and economic geography[J]. Journal of Political Economic, 1991, 99(3): 483-499.

总产出的增加，带动地区总收入的上升和对工业品需求量的增加；工业的繁荣意味着工业产出和工业劳动力的增加，将引致地区收入和对服务需求对增加，在服务短期供给不变的情况下，服务价格上升；而住宅则对工业有明显的挤出效应，当住宅价格过高时，工业将从城市流出，服务业比重上升，产业结构升级。❶

结合雄安地区的规划，雄安将建设成创新驱动型城市，弱化房产、土地等传统因素在城市发展中的作用，上述模式中住宅对工业的"挤出效应"在此不复存在，因此对雄安的产城融合设计需要抽象出独特的影响因素，结合"以人为本、绿色环保"的理念及"核心——边缘"模型，将产业发展、空间布局、就业结构、消费结构作为产程融合的关键。其中，产业发展是城市发展的驱动力，产业布局将决定就业结构和消费结构，并影响城市的空间布局；空间布局是载体，职住平衡的空间布局将为产业发展提供保障，有利于就业和消费的提升；就业结构和消费结构是产城融合中最重要的"人"的因素，不同的产业需要不同的就业人群，其生活方式和消费结构也会有所区别。4个因素之间力的作用如图3-2所示。

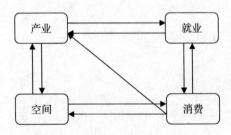

图3-2　雄安新区产城融合模型示意图

### （二）雄安新区产城融合的实现路径探讨

#### 1.产业结构

要有明确的主导产业。国际上成功的产业城市都有明确的主导产业，如美国硅谷以微电子为主的高科技产业集群，加州的卡尔斯巴德主导产业是围绕高尔夫球生产形成的生产装备制造业和葡萄酒酿造业，洛杉矶的国防和航空产业等。雄安的发展也要形成明确的主导产业，结合雄安科技创新之城的定位，前期可以将国企总部、科技类企业以优惠的政策吸引到雄安，围绕国家战略性新兴产业，包括信息技术产业、高端装备和新材料产业、节能环保产业、生物医药产业、数字创意产业，

---

❶谢呈阳.新型城镇化背景下产城融合的内在机理与作用路径[J].财经研究,2016(1).

以市场化的方式进行自由竞争，最终形成雄安的主导产业。

多业态融合发展。根据国内外科技新城的建设经验，业态过于单一的城市抵抗市场风险的能力比较差，底特律汽车城的破产就是典型的例子。硅谷除了主导产业微电子技术产业外，还有生物、空间、海洋、通信、能源材料等新兴技术，所以雄安的主导产业可以是围绕新兴技术形成的产业集群。同时还要注重高校、研究结构及企业研发部门的引进，注重科研成果与企业的顺畅对接。

注重配套产业的均衡发展。配套产业主要是服务业，包括生产型服务业和生活型服务业。生产型服务业主要是围绕生产活动提供服务等产业，包括金融服务、信息咨询、物流服务、交通运输、包装印刷、创意设计等。生活型服务业主要是为居民生活提供服务等产业，包括购物中心、医院、餐饮店、电影院、咖啡馆、文体中心、图书馆、中小学、公共交通、大剧院、维修店、洗衣店、幼儿园等设施，以满足居民多层次的需求。

### 2. 空间结构

传统的城市空间布局受雅典宪章的影响，强调城市的功能分区，居住、工作、游憩、交通4种功能要区分开来，主张城市功能的适度集聚。但是随着经济的发展，现代城市规划更注重人本主义的发展理念，城市规划由产业功能主导转变为消费空间引导，更加重视人的能动性。具体来说，雄安新区的规划可以白洋淀为中心，采用组团式的规划布局，建立若干小的单元，每个单元产业、居住、商业、娱乐、教育功能融合发展，单元区域规模以舒适程度界定，充分考虑步行可到达的尺度范围，保证区域内交通以步行、自行车和公共交通为主，居民工作和娱乐出行不超过15分钟。采用精细化的绿化模式，避免大型绿地、绿环等格局，强调渗透性、小而密的布局方式，同时结合慢行道、城市公共设施和社区邻里中心等设施，提升绿地的多样性。

不同的产业类型对空间布局有不同的要求。装备制造等大型企业占地面积大，对产业的集聚程度要求比较高，对道路交通条件要求较高，同时噪音等因素对居民居住有干扰，可以考虑将生产区和生活区适当分开，在生产区外专门设置生活园区，将娱乐、商业、生活规划在一起。高校和科研院所占地面积大，对道路交通要求不是很高，但要求环境安静优美，生活便利，住宅最好距单位步行可达，生态、产业、居住、服务有机结合。规模较小的科技型企业，如电子信息产业、数字创意产业，单个企业占地规模小，集群规模大，产业链上下游延伸较长，可以考虑在空间上与城市住宅、服务中心、生态景观等适当融合，产业工人居住社区可以深入产业区内部。

### （三）就业结构

产城融合的实质是促进产业和城市的同步发展，其核心是人与城市的和谐共处。产业结构决定城市的就业结构，就业结构又决定消费结构。根据配第—克拉克定理和库兹涅茨对配第定理的延伸，一、二、三产对劳动力的需求不同，总体趋势是第一产业的比重逐渐减少，当第二产业发展到一定阶段后，对劳动力的吸纳也将逐步减少，第三产业对劳动力的吸纳能力最强。雄安新区未来的就业结构将以二产中的高端产业及第三产业为主。就产业类型来说，资金密集型的产业如装备制造、机械工程等，一般以大型企业主导，对就业人口需求量少，人群结构以企业管理人员、产业工人为主，将主要依赖未来迁入人口。技术密集型产业如研发创新型企业、高技术企业，以中小企业为主，经营比较灵活，对就业人口需求量大，从业人员以高级技术人员、工程师、研究员等高素质人群为主，需要从国内外吸引优秀高端人才。同时，雄安也需要劳动密集型产业从事服务工作，包括园区维护、环境维持、家政服务等，此类产业对知识和创新的要求不高，可以由雄安当地居民和外来务工人员提供。这样雄安就形成了高中低3个层次的就业结构，需要注意的是不同就业群体之间的比例，就业人口与居住人口的比例，只有就业结构与产业结构相互匹配，才能真正促进产城融合的实现。

### （四）消费结构

不同产业对从业人员的知识结构及能力要求不同，所以从业人员的收入水平也存在很大差别，由此带来消费需求和对城市配套服务的要求差别很大。产城融合就要考虑到不同群体的消费需求，形成合理的消费结构。按照马斯洛的需求层次理论，不同产业类型的从业者对城市的需求处于不同层级，高新技术产业、科研机构的从业人员以有良好知识背景、具备高端技能的精英人才为主，收入水平较高，追求较高的生活品质，对住宅及城市配套服务的要求也较高；生产制造产业、服务型产业尤其是生活型服务业从业人员以务工人员为主，收入水平较低，对生活品质要求一般，更加注重基本生活需求的满足；创意类产业以自由职业者和创意人才为主，追求自由宽松的创意氛围，更加注重城市带给自己的心理感受。这几类人群形成多元化的消费需求，只有把握好就业人群的构成、消费偏好、通勤特征，才能进行合理科学的城市规划。不同人群特征及需求偏好分析如表3-1所示。

表3-1　不同产业类型主导人群的特征及需求

| 产业类型 | 就业人群 | 人群特征 | 配套设施 | 消费偏好 | 住宅类型 | 出行特征 |
|---|---|---|---|---|---|---|
| 高新技术产业 | 精英阶层专业人才 | 收入高、追求生活品质 | 便捷的生活服务设施、商业设施、运动健身设施 | 购物中心、主题化的娱乐消费场所 | 高端住宅区、商住房、精品公寓 | 私家车为主，通勤时间30~60分钟 |
| 研究机构 | 科研人员高校教师 | 收入较高，重视工作环境与氛围 | 便捷的生活服务设施、休闲设施、运动健身设施 | 安静、有文化氛围的消费场所 | 教职工公寓、商住房 | 私家车、公共交通、步行，通勤时间15分钟内 |
| 生产制作产业 | 务工人群 | 收入一般，对生活品质要求低 | 必要的生活设施 | 沿街店铺、超市、夜市摊点 | 廉租房、公租房 | 公共交通、步行，通勤时间15分钟内 |
| 服务业 | 城市白领务工人群 | 收入多元化，需求多元化 | 便捷的生活设施 | 大众型消费场所、KTV、商场 | 大众公寓、青年公寓 | 公共交通、步行，通勤时间30分钟内 |
| 创意设计产业 | 创意人才自由职业者 | 收入多元化，重视宽松自由的氛围 | 便捷的生活设施、有情调的工作设施 | 便捷的交流场所、咖啡厅、书店 | 个性化住宅、Loft、办公住宅二合一型住宅 | 步行、私家车，通勤时间0~5分钟 |

## 四、结语

对于城市新区来说，产城融合的实现是一个系统的过程。一方面需要提前做好城市整体规划，就新城设计的科学性进行谨慎论证，另一方面，产城融合需要一定的时间才能实现，这个过程可能是5年、10年甚至20年，不能急功近利、操之过急。雄安新区能否为未来城市发展指出一条可供借鉴的道路，产城融合是关键。

# 第五节　雄安新区文化规划行动指南

雄安新区是以习近平同志为核心的党中央深入推进京津冀协同发展、有序疏解北京非首都功能做出的一项重大决策部署。它是继深圳经济特区、上海浦东新区之后又一具有全国意义的新区，是千年大计、国家大事。有鉴于此，只有以更高的政治站位聚焦雄安新区的战略定位，才能看清新区未来发展的正确方向。跳出传统思维的窠臼，以更高的政治站位找准雄安新区的战略定位，对于新区未来规划与发展至关重要。从这一角度看，雄安新区的规划落点是，引领城市群协同创新的"战略枢纽"，链接区域地缘文缘的"联动纽带"，推动京津冀一体化的"战略平台"，实现河北动能转换的"实践舞台"和对标国际城市新区的"文化血库"。

## 一、雄安新区的文化命题

"文化规划"是在全球化和城镇化快速演进的双重背景下提出的一项极富创新挑战又具有应用价值的课题。作为引导城市文化改革创新的"顶层设计"，文化规划在引领城市发展方式从外延式扩张转向内涵式提升、发展动力从单纯依靠工业化转向更加多元和特色化的进程中，扮演着重要的角色。

确立文化发展战略，制定促进文化发展的政策，使文化与经济、社会同步发展乃至发挥引领、支撑作用，已经成为当今世界的一种潮流和趋势。从全球范围看，"文化城市"的历史性出场使"文化"成为一种发展战略，并日趋受到地区和国家层面的推动与重视，逐渐成为城市转型发展的基本方略和落脚点。追溯城市规划的发展历史，弗里德曼于1986年提出"世界城市"标准并指出："纽约、伦敦、巴黎、东京等世界级城市的竞争力不仅体现在经济上，更体现在社会、文化等领域的综合竞争力上，文化对城市整体规划和发展的影响越来越显著。"而在北美、欧洲和澳大利亚等西方国家，文化规划已经被作为一种有效的规划方法建立起来，在伦敦、巴黎、纽约和首尔，文化规划也已经成为区域发展战略和城市规划设计中的重要组成并在城市更新中发挥着重要的功能。

归纳文化在城市发展中的角色，世界大都市的发展给出对文化这一重要命题的基本认知[1]：文化已经成为新世纪城市发展的新核心，文化战略先行是政府推进城市文化发展的必由之路，成功的城市文化发展与管理始终是政府与市场、民间互动作用相得益彰的结果，而城市文化空间布局的"多中心"化趋势似已不可逆转，文化成为城市核心竞争力的重要组成部分[2]。21世纪的社会是以文化为基础的知识社会，城市竞争将是以文化为主的竞争，雄安新区的发展也不例外，如果将经济比作雄安新区的血

[1] 陈超,祝碧衡,周玉红.世界大都市的文化特征及发展路径//叶辛,蒯大申.上海文化发展报告(2009)[M].北京:社科文献出版社,2009:56-79.

[2] 顾朝林.城市竞争力研究的城市规划意义[J].规划师,2003(9).

肉和躯架，那么文化则是雄安新区的安身立命之本，它规定着城市的性质、特色和走向，并以城市灵魂的角色，决定着"千年大计、国家大事"的未来走向。

## 二、雄安新区文化规划的整体思路

"文化规划"将城镇化和规划均作为动态的"过程"，旨在探讨一种立足于将文化融入城市并改变城乡生活方式的平衡式结构，探讨一种标榜着基于传承与创新的城镇化发展理念，更彰显着一种凝练城市精神、塑造城市价值的区域发展思路。雄安新区的发展既要重视文化规划在新区整体规划中的重要作用，又要通过理解文化传承的价值和秉持文化规划的独立精神，设计符合雄安新区定位和功能布局的路径。

### （一）重视文化规划在新区顶层设计中的作用

文化规划是以文化价值引导城市成长、激活城市能量的重要途径。文化是城市保持其独特性和竞争优势的核心资源。以"文化绘标"的方式观察城市发展进程，凸显城市文化特色，规划城市产业发展，可以使城市的传统文化得到极大地挖掘与弘扬，现代文明得到极大地拓展与彰显，人的整体素质得到极大地完善与提升，实现城市建设、生态风光、人文景观、城市风貌和人居环境得的全面、协调、可持续发展。

编制雄安新区的文化规划首先要理解文化在新区发展中的真正含义，认识文化空间在新区布局中的核心功能。在我国，文化规划从整体上而言大多是政府主导，借助智库力量而开展的战略性研究和策略性顶层设计。政府的职责是保证先进文化的前进方向，弥补市场失灵，提供公共文化服务。雄安新区的文化规划如何运用好政策工具和规划杠杆，为文化可持续发展和科学布局提供合理并富有成长空间的发展路径，是其首先要解决的重要问题。因此，在雄安新区"1+N"的政策规划体系中，应当将文化规划纳入其中。

编制雄安新区的文化规划应当确立一种以文化的思维思考城市的视角。保护并凸显文化特色，是城市竞争力要素之一，文化规划只有与一个地方的文化相协调，才能达成整体的鲜明的效果。从文化的角度考虑和制定各类公共政策、在文化资源和公共政策之间建立一种相互影响、相互协同的关系，开展城市创新决策。这里的公共政策涉及经济发展、住房、健康、教育、社会服务、旅游、城市规划、建筑设计、市容设计和文化政策本身，对雄安新区整体发展和与文化协调发展都具有重要意义。

### （二）理解文化传承在新区规划建设中的价值

文化规划是保护传统文化的有效工具。从文化景观到历史街区到文物古迹，到地方民居，从传统技能到社会习俗，传统文化在城市演进中构成了记录"活态性"、体现"传统性"、具有"整体性"的文化群落。文化规划为文化传承赋予了载体，并构筑了人们生产、生活必需的物理空间，更构筑了人们赖以生存与发展的文化空间。

编制雄安新区的文化规划需要镌刻城市演进的历史和人类心灵成长的历史。城市的演进展现了人类从草莽未辟的蒙昧状态到繁衍扩展至全世界的历程。文化规划即建立在传承城市记忆、绵延城市文脉、永续城市基因、发掘城市性格、重塑城市品质的基础上。雄安新区文化规划的编制，首先需要广阔的视野和战略的思维，以广泛吸纳和融合世界城市多元文化和多维生态为积淀，以注入人文关怀、关注人文精神、融入人文内涵的思考和探索，设计城市文化产业发展的战略路径。

编制雄安新区的文化规划不能消弭城镇记忆，破坏历史文脉。在以往许多旧城改造或新区建设的规划中，由于对文化认识不到位，往往存在着文化规划缺位的问题。因此，旧城改造往往使历史城区、历史街区的整体环境日益恶化，本应成为城镇发展核心文化景观的历史城区、历史文化街区和历史建筑等遗产在拆建中毁坏。新城开发又往往忽略文化遗产的生存空间，城市功能、城市环境与城市精神、城市文化难以有机地统一起来。文化规划可以有效把控文化遗产的差异性和不可控性，通过构建城镇发展与活化文化遗产规划框架，改变以单一保护规划为主导的遗产保护规划技术框架，建立以城市发展战略和总体规划为统领，以保护规划为基础，以城市设计为支撑，以详细规划和建筑设计为具体落实手段的规划技术体系，从而对不同区域、不同禀赋、不同经济发展阶段和不同文化风貌地区的文化遗产展开不同路径的保护方式与创新手法。因此，雄安新区的文化规划，应当以风貌保护、文化涵育、历史传承、价值重塑为核心，营造具有中国风貌、中国气派的城市形象，塑造富有文化特色、传统格局的城市格局。

### （三）秉持文化发展的独立精神并践行融合理念

"城市代表了我们作为一个物种具有想象力的恢弘巨作，正是我们具有能够以最深远而持久的方式重塑自然的能力；城市也代表着人类不再依赖自然界的恩赐，而是另起炉灶，试图构建一个新的、可操控的秩序"。雄安新区作为疏解非首都功能、承接高端新兴产业的要素集聚之地，是多元文化、多维生态的熔炉。因此，以广阔的视角、全球化的眼光、战略性的思维规划文化发展路径，设计文化产业成长模式，是雄安新区文化规划的整体要求，也是雄安新区屹立于世界新区之林并散发出文化魅力的关键所在。

编制雄安新区的文化规划首先应当秉持文化规划的独立精神。在全球化背景下，世界城市在城市形态、制度规范、市民行为等方面日趋雷同，只有文化上的区别显得尤为重要、更有价值。秉持规划的独立精神，是城市成长和建设的"破立并举"的过程。一方面，文化规划的独立性是保持文化特色的重要条件，是城市文化价值凝练的萃取过程和城市文化特色升华的推演过程，另一方面，文化规划的独立性，是增加文化规划自觉意识的基本前提，是通过"顶层设计"优化城市结构、解决城镇化进程中的城市发展矛盾和文化发展困境的实现过程。雄安新区文化规划应当围绕新区整体定位、功能设计、产业和空间布局，以文化为灵魂，拓展文化规划的战略视角。

编制雄安新区的文化规划还应当实现文化发展与城市成长"多规合一"的协作规划。城市规划与文化规划的双规合一越来越成为城市演进的要求。随着城镇化进程的不断推进，外部环境与内生动力的变化使得未来的城乡发展无法沿袭既有的路径，粗放、短视的治理模式已经难以为继。同时，随着城乡规划日益为社会公众所认同与熟悉，越来越多的社会主体要求通过城市规划来表达自身利益诉求。城市规划与文化规划的"双规合一"，正是在基于文化认同前提下，以文化自觉为内在的精神力量，以文化创造活力激发人们探索集约高效、功能完善、环境友好、社会和谐、个性鲜明的新城市发展空间的主体行为，体现了以"文化弹性"和"文化自觉"推进文化治理的路径创新。雄安新区的顶层设计应当事先城市规划与文化规划的"双规合一"，通过主动寻求一种创造性文化增生的范式实现了文化的包容性发展，实现从单向度的规划立法到多向度的规划协商。

## 三、雄安新区文化规划的空间维度

雄安新区地处华北腹地，与京津两大直辖市互为支撑。继深圳经济特区、上海浦东新区之后，雄安新区以其独特的地理和区位优势，为我们在经济全球化新形势下加紧构建开放型经济新体系，提供了一块新的重要"试验田"。如何通过文化绘标，在基于城市群的跨区域考量、基于城镇化的区域间设计、基于产城融合的功能区规划基础上，设计雄安新区文化空间，是雄安新区文化规划的重要任务。而全球视野和世界经验下的绿色城市、智慧城市、美学城市、创意城市提供了雄安新区文化空间设计的维度和思路。

### （一）开放共享的"绿色城市"

从雄安新区建设的7个重点任务来看，绿色始终贯穿其中，绿色发展正式成为五大发展理念之一。走进绿色，拥抱森林，营造人与自然和谐相处的生态文明城市，是全球化时代城市发展的新潮流。在这一背景下的绿色城市是基于自然和人类协调发展的角度下提出的，其所采取的规划手段，不仅强调了生态平衡和保护自然，而且还注重经济、文化、人类健康和整体社会的可持续发展。因此，绿色城市是充满绿色空间、生机勃勃的开放城市；是管理高效、协调运转、适宜创业的健康城市；是以人为本、舒适恬静、适宜居住和生活的家园城市；是各具特色和风貌的文化城市；是环境、经济和社会可持续发展的动态城市。这5个方面是绿色城市的充分和必要条件和规划目标。

绿色城市为雄安新区文化规划空间形塑提供了新的思路，立体空间为文化在雄安新区城市功能拓展提供了新的维度。绿色城市通过垂直化的功能组织实现绿色空间与城市的共同增长，通过水平化的功能复合手段实现城市内部各类空间的和谐共生。不仅可以缓解城市与生态空间的对抗性关系，也成为城市自身可持续发展和产业高端化的依托。因此，将绿色城市理念植入雄安新区文化规划，能够不再延续过去空间对抗、此消彼涨的消耗模式，为可持续生态和谐目标的实现起到了良好的作用。

### （二）科技动感的"智慧城市"

智慧城市是一个全新的理念，其核心特征是将信息资源作为重要的生产要素来推动经济转型升级，再创发展新优势。在雄安新区的规划中，"智慧"是赋予精神的一种境界，智慧城市则是高于数字化城市、智能化城市，是让市民依托信息化基础建设的完善，充分享受城市信息化带来的智慧化城市生活。智慧的城市意味着在城市不同部门和系统之间实现信息共享和协同作业，更合理地利用资源、做出最好的城市发展和管理决策、及时预测和应对突发事件和灾害。

以智慧城市为坐标，雄安新区的文化空间是科技而动感、智能而人性的科技空间，遍布各处的传感器和智能设备组成"物联网"，将对雄安新区运行的核心系统进行测量、监控和分析；"物联网"与互联网系统完全连接和融合，将数据整合为城市核心系统的运行全图，为雄安新区科技创新提供智慧的基础设施；基于智慧的基础设施，城市里的各个关键系统和参与者进行和谐高效地协作，将不断达成雄安新区城市运行的最佳状态。

### （三）镌刻乡愁的"美学城市"

"美学城市"是人类赋予城市更加宜居、更加美丽、更加富有情绪的瞩望。以"美学城市"的观念观望城市，规划城市文化产业发展，才能使城市更加以人为本。"美学城市"是未来城市的一种深刻预见。当今世界的现代化城市都是人文城市，都关注自己的人文品位、人文魅力。如纽约、巴黎、法兰克福等，都是人文城市，有着巨大的文化流通量。[1]城市建设的本质是以人为本，人文精神是国际化城市建设的重要组成。因此，雄安新区文化空间应当沉浸在良好的审美文化生态中。在未来的雄安新区城市建设中，需要以和谐的审美精神为出发点，从社会安全保障条件、生态环境水平、市民生活质量水平和市民生活便捷程度等监测角度，对社区的文化宜居指标做出评价，从而从本质上提升文化生态环境质量，以人文精神作为雄安实施七大任务的动力源。

"美学城市"是人居和谐的一种生动营造。文化设施是营造城市文化环境必不可少的要素，具有国际水平的科技、文化、教育设施及国际性科技文化交流中心，是评价国际化城市的重要标准。在欧洲，以大剧院为中心的文化广场比比皆是；在北美，更有近代的文化中心建筑组群，突出了文化设施在城市中的多元功能和优美形象。[2]雄安新区的城市营造，应当以独特的城市文化、优美的城市风貌和自然景观为底色，以丰富多样的休闲、娱乐、体育设施满足居民多元化的文化需求，从客体的美学设计、主体的感知过程和感知结果等层面进行设计干预和引导，创造一个镌刻乡愁的"美学城市"。

---

[1] 鲍宗豪. 什么样的城市让生活更美好[J]. 精神文明导刊, 2010(5).

[2] 施源. 深圳建设国际性城市的指标选择[J]. 特区经济, 1998(9).

### （四）思想跃动的"创意城市"

创意城市是推动文化经济、知识经济的重要关键。打造创意城市，能吸引文化创意人才与团体，通过创意产业的兴起赋予城市以新的生命力和竞争力，以创意方法解决城市发展的实质问题。[1]当前，以知识经济为基础的创意经济时代已经来临，而创意城市的建设则是未来城市发展的必然趋势。雄安新区的文化空间应当是基于"创意城市"骨架的双创型空间形态。因为以"创意城市"的维度的标准构架城市发展框架，规划城市文化产业发展，才能使城市因为创新而具有生命力，因为创意而具有竞争力。

创意是城市建设发展的一个永恒的主题，是在满足城市居民经济、文化、社会、安全等最低需求的基础上追求社会生活的多样化、生活更舒适、出行更便捷、街道更有情趣、市民更有生气而出现的一种城市再开发的建设理念，也是不断完善、不断提高的一种城市建设方式。从雄安新区打造"中国硅谷"的定位看，其文化定位综合了创意城市的类型分型，但又更加注重城市潜能的发挥和市民创意能力的激活。即注重文化在创意城市中扮演的角色，也就是以艺术和文化培育城市的宜居性、社会凝聚力和文化特色。

## 四、雄安新区文化规划的发展支点

雄安新区的规划建设实际上代表了中国当前和未来一段时间的发展理念，在历史层面和国家层面都是一个重要的标志。作为疏解北京非首都功能的集中承载地，以及未来北京新的"两翼"和京津冀区域新的增长极，雄安新区的文化发展需要以文化和生活为两翼，打造产城融合、职住一体的活力新区，也需要以时间表和路线图为规制，抓住雄安新区发展的战略机遇期，抓住文化产业繁荣的历史机遇期，构建空间正义的高效新区。

### （一）"文化+"与"生活+"两翼支撑

"文化+"是以文化为引领的产业的横纵联合，从而满足新需求、创造新供给，着力提高文化产品和服务供给体系质量和效率，为文化发展提供新思路、新模式、新业态。雄安新区文化规划应以"文化+"为核心，以科技为依托，实施"文化与

---

[1] Hall P. Cities in civilization[M]. New York：Pantheon Books, 1998：105-135.

科技融合"的发展战略，为新区发展创造新动能。随着雄安新区基础设施、交通骨架布局的不断完善，产业和城市发展也将不断高起点、高规格运行，"文化+"正好可以为新区不同功能、不同组团提供的基于产城融合的创新协作纽带，从而塑造以文化为纽带，以企业为主体的组团节点，进而催生更加具有市场竞争力的空间模式和产业组织。生活性服务业领域宽、范围广，涉及人民群众生活的方方面面，与经济社会的发展密切相关。加快发展生活性服务业，是推动经济增长动力转换的重要途径，实现经济提质增效升级的重要举措，保障和改善民生的重要手段。雄安新区的文化规划要以"生活+"为载体，通过构造富有文化底蕴、具有文化灵感、体现人居和谐的生活场景，实现产城融合。

雄安新区文化规划应立足于"文化+"，落脚于"生活+"，以企业为主体，以园区为平台，以"生活+"为新增长点，以消费终端完善和消费渠道创新为两翼，通过园区和社区的融合，着力提升文化服务内涵和品质，推进文化企业创新发展，不断满足人民群众日益增长的文化服务需求。将生产、居住、交通、游憩四大功能高度复合、一体化发展，配备产业、产业配套、居住、居住配套四大功能，协调生产生活，促进职住平衡。

### （二）时间表与路线图一统到底

文化规划是面向未来的文化发展的"时间表"和"路线图"，是对未来发展趋势进行充分判断和全面掌握基础上的"行动指南"，其规划的重点是掌握并驾驭文化产业发展趋势，结合城市自身特点和经济社会发展规律，进行综合判断并制定发展蓝图。"文化规划"是如何以文化为驱动力，在有效提高雄安新区发展"速度"的同时，以文化自觉和文脉传承增加雄安新区文化的"深度"，以文化遗产赋予雄安新区历史的"温度"，以优化城市布局和城乡综合配套提高雄安新区产业发展的"力度"，这不仅是雄安新区文化发展必须直面的命题，也是雄安新区文化规划创新与实践的方向。

从国家对雄安新区的发展要求看，目前，雄安新区已经明确了未来三步走的建设时间表。具体来说，2020年，一个新城的雏形将初步显现。雄安新区骨干交通路网基本建成，起步区基础设施建设和产业布局框架基本形成。2022年，在北京冬奥会举办时与京津冀主要城市联系进一步紧密，与北京中心城区错位发展，起步区基础设施全部建设完成，新区核心区基本建成。2030年，一座绿色低碳、信息智能、宜居宜业的现代化新城显露活力，成为具有较强竞争力和影响力、人与自然和谐共处、闻名遐迩的城市新星。如何有计划分步骤推进新区开发建设，以时间表为具体要求，以路线图为执行方案，既抓住雄安新区发展的战略机遇期，又抓住文化产业繁荣的历史机遇期，设计和寻找提高城市发展质量，优化城市整体结构，创新城市发展空间的有效的文化路径，至关重要。

可以说，文化规划是雄安新区重要的支点，文化发展战略也是引领雄安新区规划整体内容和路径设计的核心之一，它决定了一个地区文化发展的宏观思路，是统筹考虑项目各层次和各要素，追根溯源，统揽全局，在最高层次上寻求问题的解决之道，是运用系统方式，自高端开始的总体构想和战略设计。但规划精准对推进和实施，尤其是"一张蓝图干到底"的落实，需要绝对的时间和路线掌控，正如同勒·柯布西耶所言，事实上，"人类聚居地的形成都遵循着某些规则，并通过不断地调整达到一种有益的均衡状态。如果规则的运行停止，约束力放松，或呈现混乱时，伴随而来的将是无精打采、失明盲目的一天。"包括文化规划在内，寻找"规则"并进行趋于均衡的博弈，事实上更重要的是一种基于制度和规则的探索。

## 五、结语

随着"规划"正从过去偏重追求经济上的数量增长转向实现"五位一体"发展和质量提升，文化发展的"规划师"越来越清醒地意识到，树立人与生态环境、历史文化是一个"灵魂永续的生命共同体"的理念。因此，城市规划开始因为"人本"而更具有时代的温度。而"人本"尺度下的城市规划，也为"文化规划"的制定和实施铺就了理性的底色：文化规划开始从关注物质空间形象转向提供优质公共服务和人居环境；从围绕"生产"提供"场地"转向围绕"生活"塑造"场所"；从城市"吞噬"农村转向城乡共荣发展；从自上而下的政府管制转向上下双向的政府与社会治理相结合。在这一背景下，我们所设想的雄安新区文化规划，是城市创新图变的精湛"技术"，更是城市传承嬗变的万能"工具"，它既秉承着文化的精神，又遵循城市自然山水格局，建立城市与自然相融的空间结构，它既加持着文化的灵性，突显着文化的特色，又延续着文化的风貌，创造着优美的城市轮廓、景观视廊、建筑风格与色彩。一句话，面向未来的雄安新区，既需要逻辑严密、布局审慎的规划体系，又需要激情洋溢、赋予灵感、充盈远见的创意规划。

# 第四章　雄安新区的动力塑造

## 第一节　创新驱动雄安发展要素及对策

### 一、研究的背景和意义

日前，中共中央、国务院决定在河北雄安设立国家级新区，这是以习近平为核心的党中央做出的一项重大的历史性战略选择。雄安新区规划范围涉及河北省雄县、容城、安新3县及周边部分区域，地处京沪、京九、京广三大交通走廊的中心点，新区规划建设以特定区域为起步区先行开发，起步区面积约100平方公里，中期发展区面积约200平方公里，远期控制区面积约2000平方公里。[1]

设立雄安新区，是以习近平同志为核心的党中央深入推进京津冀协同发展做出的一项重大决策部署，人民日报微信公号曾发文用"新的两翼"和"世界级城市群"将雄安新区的"意义"总结为：一是重点打造北京非首都功能疏解集中承载地，可以有效缓解北京"大城市病"，与北京城市副中心形成北京"新的两翼"。二是有利于加快补齐区域发展短板，提升河北经济社会发展的质量和水平，培育形成新的区域增长极，也可以与2022年北京冬奥会为契机推进张北地区建设，共同形成河北新的两翼。三是有利于调整优化京津冀城市布局和空间结构，拓展区域发展新空间，探索人口经济密集地区优化开发新模式，打造全国创新驱动发展新引擎，加快构建京津冀世界级城市群。[2]由此我们可以看到，雄安新区的建立具有重大现实意义和深远历史意义。

国家提出了雄安建设的7大重点任务，创新被摆在发展全局的核心位置，积极

---

[1] 许晓.雄安新区千年大计:打造创新驱动发展新引擎力促南北区域平衡[N].中国经营报,2017-04-10(A02).

[2] 陈振凯.千年大计 国家大事[N].人民日报海外版,2017-04-07(5).

吸纳和集聚创新要素资源，培育新动能。通过体制创新将主导创新的人力资本转化为要素资本，解放人的创造性，推动科学技术的创新与发展，形成新的发展动力。❶

自党的十八大以来，习近平总书记就提出"创新是引领发展的第一动力，关键依靠科技创新转换发展动力""推动科技创新与经济社会发展紧密结合，关键是要处理好政府和市场的关系"等重要论断，这些新论断深刻的解读了全面建设小康社会和创新型国家的行动纲领，实施创新驱动的发展战略是雄安新区的必然选择。在顶层设计中，如何将政策体制创新和科学技术创新以及将创新型人才的优势结合在一起，共同推进雄安新区的建设是值得我们进行严密思考和推敲的。而雄安新区是否能为中国经济转型探索出一条新的道路，成为中国创新驱动发展的引擎，更需要我们不断的进行研究和探索。

## 二、创新驱动发展研究现状分析

20世纪90年代以来，伴随着知识经济、创意经济的崛起，驱动城市发展的核心要素从资本、劳动力、资源禀赋等资源型要素，逐步向人才、文化、创新等知识型要素转变，创新型、服务型经济开始主导着城市的发展方向❷。争取进入"创新驱动的发展阶段"，一个城市才能够长期得以保持其竞争优势❸。对于影响创新驱动城市发展的要素，不同学者进行了不同方向的研究。

夏天（2010）指出，创新驱动的关键在于根据不同的资源禀赋条件和发展环境来选择创新驱动进入战略，推动创新前沿向创新型城市靠拢❹。赵峥（2013）认为，科技创新驱动城市发展是落实中国科技创新驱动战略，提升中国城镇化质量和水平的重要举措❺。乔章凤（2016）认为，创新驱动通过自主创新、协同创新、体制创新可以提升区域产业竞争力❻。辜胜阻等（2016）认为，创新驱动归根到底是人才驱动，人才是支撑创新发展的第一资源，有效的人才激励机制能激发微观主体

❶雄安新区担负"创新图强"的重任[N].21世纪经济报道,2017-04-06(1).

❷赵景来.城市转型发展与文化创意产业研究述略[J].学术界,2014,(11):221-228.

❸李娜,于涛方,陈爽.城市竞争优势的驱动阶段分析[J].地域研究与开发,2005(3):42-46.

❹夏天.创新驱动过程的阶段特征及其对创新型城市建设的启示[J].科学学与科学技术管理,2010(2):124-129.

❺赵峥.科技创新驱动中国城市发展研究[J].学习与探索,2013(3):98-101.

❻乔章凤.基于创新驱动战略的创新型城市建设研究[J].理论与改革,2016(6):141-145.

创新活力，提高企业创新水平，从而加速城市创新发展❶。文化蒋国林（2012）认为，不同城市的创新行为、自主模式和驱动效果与其文化生态密切相关❷。吴军（2015）认为，市民参与的文化转向正在演变为城市发展的新动力来源❸。李健（2016）认为，创新城区发展的关键在于推进创新要素发展互动，通过空间联系推进要素互动，打造一个结构完整、功能完善的创新系统❹。

## 三、"创新驱动发展"内涵及模型构建

综合众多学者的研究成果，创新驱动发展是指在经济发展达到一定的水平时，创新成为经济增长的主要推动力，创新驱动经济社会发展是一个循环的过程，主要具有以下特征：科技创新、创新绩效、创新环境是创新的关键环节，科技创新驱动创新绩效的提高，创新绩效为创新环境的改善提供基础，创新环境的改善推动科技创新能力不断提高，各环节之间驱动发展；由于知识、技术的转化需要一定的时间，驱动效果的体现在时间上存在着一定的滞后效应。因此创新驱动发展不是一个短期行为，而是一个阶段性循环发展过程。因此，对创新驱动发展的研究应从创新驱动各个环节的驱动关系入手，而不仅仅是对创新整体状况的研究；同时还要在时间跨度上研究不同环节之间的影响程度，这样才能够对创新驱动的内在过程进行深入研究，寻找内在规律，找到影响创新驱动的关键因素，从而为创新政策制定提供基础。

基于创新驱动发展的内涵分析，本节构建了创新驱动发展模型，如图4-1所示。在创新驱动发展过程中，衡量科技创新的指标包括研发经费、创新人才、创新平台、创新服务、知识产出和技术扩散6个要素，在科技创新的驱动下，创新产品层出不穷，企业的经济效益可以得到显著的提高，从而促进整个社会经济结构的调整，可持续发展能力的提高，最终促进经济效益的提高。经济水平的提高推动了创新环境的改善，政策环境、人文环境和交流环境为科技创新提供了坚实的基础，是创新的基础驱动力。

❶辜胜阻，杨嵋，庄芹芹.创新驱动发展战略中建设创新型城市的战略思考——基于深圳创新发展模式的经验启示[J].中国科技论坛，2016(9)：31-37.

❷蒋国林.以文化推进苏州创新驱动战略和率先现代化[J].求实，2012(S1)：181-182.

❸吴军.市民参与的文化转向——城市公共政策国际理论前沿[J].社会科学战线，2015(5)：202-206.

❹李健.创新驱动空间重塑：创新城区的组织联系、运行规律与功能体系[J].南京社会科学，2016(7)：76-82.

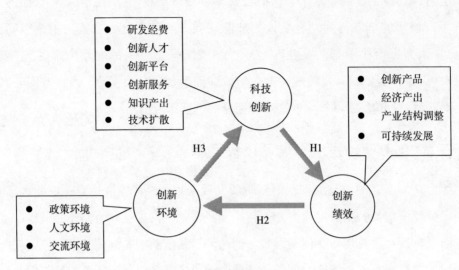

图 4-1　创新驱动发展模型

## 四、创新驱动雄新发展的相关建议

### （一）依据创新驱动发展规律，促进社会经济发展良性循环

创新驱动发展是一个科技创新、创新绩效、创新环境各环节相互驱动、各因素相互协调、内外环境相互影响、动态开放发展的循环过程。在制定相关政策的过程中，要系统考虑各环节之间的相互作用，依据创新驱动发展的规律制定创新发展战略，实施创新驱动政策，客观评价创新绩效，促进经济社会良性循环发展。

### （二）加强创新服务平台建设，促进科技创新成果转化

科技创新成果转化是个系统工程，从创新投入、知识产出到科研成果转化，到最终应用于生产的多个环节，涉及高等学校、科研院所、企业、政府、中介机构等多个主体。因此，在科技创新评价中，要依据这一规律客观进行；在科技创新投入中，要合理进行资源分配；加强创新服务平台建设，发挥对科技成果转化的支撑作用，促进科研成果的交流和转化，缩短创新成果转化的滞后期；鼓励高等院校和科研院所根据自身发展需要，建立多元化的机构运行机制，如在学校和科研院所设立内部机构或者独立的法人，包括非营利机构、独立公司等；进一步鼓励产业技术创新联盟的建设，推进各方合作。

### （三）加大经济科技投入，加快改善创新环境

创新绩效对创新环境有正向驱动作用，但是这种作用往往是通过促进经济发展来间接推动环境的改善，目前来看，滞后期较长。因此，一方面应提高用于改善环境的财政投入，另一方面应采取更多科技手段提高环境改善的速度。

### （四）加强创新环境改善力度，提高科技创新产出

创新环境对科技创新具有明显的驱动作用，而且时间滞后性较短。因此，要把环境建设放在突出地位，把环境改善与科技创新紧密结合起来。雄安在政策、人文和交流环境上具有先天优势，为推动科技创新打下了良好的基础。重视人文环境的建设，营造宽容积极的社会氛围。进一步加大基础设施建设的投入，逐步改善生活环境，吸引全国更多优秀的创新人才来雄安发展。

### （五）合理规划建设雄安新区，吸引创新创业人才

合理规划雄安新区，使其成为适宜生活和工作的区域，从而能够吸引创新创业人才，达到疏解北京非首都功能的目标。北京、天津作为规划良好，物质、资金、人才等资源丰富且有发展活力的大城市，天然的就对人才、资源和企业有强大的吸引力。要使雄安新区有长远稳定的发展，必须增强其基础设施建设，使雄安城市功能健全，环境绿色友好，并提供优质的公共服务，建设该区域为创新、和谐、生态的可持续一体化城市。另外，要明确其发展特色，打造创新品牌，规划创新园区，引导创新企业和人才向雄安聚集。

## 第二节　增长极理论视域下雄安新区创新驱动路径

雄安新区横空出世，春天的故事再续新篇章。雄安新区是继深圳经济特区和上海浦东新区之后又一具有全国意义的新区，也是继规划建设北京城市副中心后又一京津冀协同发展的历史性战略选择，是千年大计、国家大事。增长极理论是一种非均衡发展理论，如今已成为各国制定区域经济发展政策的一个重要的理论依据。本节从增长极理论视角探究雄安新区这一增长极的建设战略，对促进雄安新区的健康发展，探索未来中国创新驱动发展之路，打造京津冀区域经济增长新引擎，具有十分重要的现实意义。

## 一、增长极理论的非均衡发展观及政策主张

### （一）增长极理论的区域经济非均衡发展观

1950年，法国经济学家弗朗索瓦·佩鲁发表了《经济空间：理论与应用》，并在文中使用了增长极这一概念。他认为，经济增长是不均衡的，并非同时出现在所有地方，而是以不同的强度首先出现于一些增长点或增长极上，然后通过不同的渠道向外扩散，最终对整个区域经济增长产生影响。佩鲁提出的增长极是一个包含社会经济系统和地理空间中产业增长和结构变化的一般概念。

增长极理论认为非均衡增长是从区域增长极开始的，但增长极的形成是有条件的，增长极的形成应具备3个条件：一是在该地区有足够创新能力的主导企业和企业家群体。因为拥有创新精神的企业家是创新型企业的主体，可以带动企业进行技术创新和制度创新。他们不仅使有创新能力的企业不断发展，而且能通过影响产生一批追随和模仿创新企业的新企业，即增长企业。二是要有一定的集聚经济效应和规模经济效应。增长极所在区域不仅集中一批创新型主导企业和产业部门，而且要有效吸引资本、技术和人才等生产要素聚集，以形成规模经济效应，形成"磁极"式的复合经济活动区。该经济活动区一方面自身不断发展，产生城市化的趋向，另一方面，通过资本的集中和输出，技术的创新与外溢对周边区域的经济发展起到吸引和促进作用。三是要有适宜的经济增长环境，包括能源、交通、通信等基础设施环境，优惠的政策环境和投资环境，良好的社会风气和习俗等社会文化环境[1]。

### （二）主张政策性诱导为主的政府干预政策

法国经济学家布代维尔、瑞典经济学家缪尔达尔、美国经济学家赫西曼等在不同程度上丰富和发展了主张区域经济非均衡发展的增长极理论，并客观分析了增长极所带来了正面效应和负面效应，对世界各国区域经济的发展起到了重要的指导和推动作用。

社会经济发展过程是一个动态的各种因素相互作用、互为因果、循环积累的非均衡发展过程。增长极在运行中会出现两种循环积累因果运动及其正负效应：一种是发达地区（增长极）对周围落后地区的阻碍作用或不利影响，即"极化效应"，促进各种生产要素向增长极的回流和聚集，产生一种扩大两大地区经济发展差距的运动趋

---

[1] 任军. 增长极理论的非均衡发展观与我国中西部经济增长极构建[J]. 工业技术经济,2007(6).

势；另一种是对周围落后地区的推动作用或有利影响，即"扩散效应"，促成各种生产要素在一定发展阶段上从增长极向周围不发达地区扩散，从而产生一种缩小地区间经济发展差距的运动趋势❶。市场的力量往往使"极化效应"大于"扩散效应"。

增长极理论主张政府采取积极的干预政策来刺激增长极周围落后地区的发展，不应消极等待增长极的"扩散效应"，主张用战略性区域政策促进落后地区发展，即在落后的边缘区域构建新的"诱导性"增长极。不同于一般经济政策，战略型区域政策具有"积极的区域倾斜"和"高度集中化"两个明显特征，目的是改变由市场机制作用形成的不良结果，统筹协调区域发展。

为了解决经济发达地区的过度膨胀和其与经济欠发达地区贫富差距逐步拉大等问题，许多国家和地区直接将"增长极"理论作为制订区域发展计划的理论，意大利南部区的巴里—塔兰托—布林迪西工业综合体的组建，英国英格兰东北部和苏格兰中部增长区规划，美国阿巴拉契亚地区增长中心规划等，而在发展中国家的应用更是几乎遍亚、非、拉美各大洲，如拉丁美洲次级增长中心的建立，非洲农村增长中心实践等❷。就中国而言，在借鉴国外经济增长极理论的基础上，国家对区域经济发展战略作了重大调整，实施了非均衡发展战略，这一战略的实施促成了中国的多元经济增长极，以此带动所在区域经济的发展。

## 二、雄安新区——中国创新驱动发展的新引擎

### （一）雄安新区将是中国创新驱动发展的增长极

增长极概念的本质是集中发展，在一个比较小的地理空间范围内，通过基础设施投入、体制创新、投资环境改善，从而吸引产业聚集，促进经济快速增长，带动区域发展，即所谓"以点带面"❸。1980年深圳经济特区成立，国家给予了强有力的政策支持，经过30多年的发展，深圳经济特区这个增长极不仅自身发展快，成为中国融入世界的窗口和桥梁，而且带动了整个珠江三角洲区域的发展。1992年浦东新区成立，经过20多年的发展，浦东新区这个增长极带动了长江三角洲区域的发展，使长江三角洲成为推动中国经济增长最大的发动机。当前，中国经济进入新常

❶白义霞.区域经济非均衡发展理论的演变与创新研究——从增长极理论到产业集群[J].经济问题探索，2008(4).

❷李仁贵.区域经济发展中的增长极理论与政策研究[J].经济研究，1988(9).

❸肖金成.将新区培育为区域发展新型经济增长极[J].区域经济评论，2017(1).

态，需要对发展新模式、新路径进行实践探索。2017年雄安新区成立，它承载的使命是打造中国创新驱动发展的新引擎。同时，中国在全球发展中的角色发生转变，中国要成为负责任大国，要成为创新型国家，要为世界经济与全球治理提供中国方案。而雄安新区的建设正肩负着这一伟大的历史使命，雄安新区将发展成为向世界展示中国成为创新型现代化国家的核心区域，将是中国创新驱动发展的增长极。创新驱动作为新区发展的根本动力，引导创新要素向新区集聚，以点带面，推动中国创新经济的发展。雄安新区的创新是全方位的，包括体制机制的创新、科技的创新、发展理念和发展模式的创新。

### （二）雄安新区将为京津冀区域创新发展形成新的增长极

国家的"十三五"规划中提出京津冀区域协调发展的目标是，坚持优势互补、互利共赢、区域一体，调整优化经济结构和空间结构，探索人口经济密集地区优化开发新模式，建设以首都为核心的世界级城市群，辐射带动环渤海地区和北方腹地发展。中央设立雄安新区是强力推进京津冀协同发展的又一重大历史性战略部署。作为国家"千年大计"的雄安新区意义重大，其经济影响更是不容忽视。在当前的新形势下，雄安新区的主要职能则是承接北京非首都功能，促进京津冀协同发展。相比北京城市中心，雄安新区不仅是北京非首都功能的集中承载地，还要激发河北的经济社会发展的新动能，弥补京津冀之间的发展落差，提升河北经济社会发展质量和水平，培育形成新的区域增长极。新区的建设也有利于调整优化京津冀城市布局和空间结构，拓展区域发展新空间，探索人口经济密集地区优化开发新模式，打造全国创新驱动发展新引擎，加快构建京津冀世界级城市群❶。

### （三）京津冀区域具有非常好的创新增长条件，有利于发挥增长极的扩散效应

京津冀地区是中国创新资源最密集、产业基础最雄厚的区域之一，是带动中国经济发展的第三增长极，肩负着建设世界级科技创新和产业创新中心、引领中国参与新一轮产业革命和科技竞争的重大历史使命。北京有丰富的科研资源，是高端产业、新兴产业、创新型要素和资源集聚程度最高的地方，比如中关村，代表国家创新的最高水平，创新的资源、实力是最多的；天津有较强的先进制造能力，河北有

---

❶ 孙郁瑶. 雄安横空出世 京津冀产业结构面临重塑[N]. 中国工业报,2017-04-06.

雄厚的工业基础。京津冀也是全国人才资源和资金条件最好的区域之一。"大众创业、万众创新"是新常态下中国经济行稳致远、提质增效的引擎，而创新平台则是引擎得以运作的核心载体。截至2016年4月，京津冀地区共有国家高新区7个，国家自主创新示范区2个，国家科技企业孵化器79个，备案众创空间103家，这些双创平台初步形成良好的创新生态和创业服务链，有效支持了区域就业和经济发展，也为雄安新区经济发展提供了很好的创新条件。

京津冀地区通过加大资源集聚、平台建设、人才引进、政策完善等方面的工作力度，着力推动科技服务规模化、体系化发展，使得科技服务能力逐步增强，服务机构发展环境不断优化，科技服务资源的集成整合初见成效，在促进科技创业、企业创新、产业升级和战略性新兴产业发展等方面的支撑作用日益凸显。同时，通过建设众创空间，全面构建了高新技术转移转化通道和产业化平台，使得科技型中小企业大量涌现。大数据、物联网、云计算、无人技术以及航空航天、机器人等高新技术产业走在国际前沿，政府可以通过政策诱导，吸引这些高新技术企业和双创平台在新区落地。

## 三、增长极理论的实践对雄安新区建设的启示

### （一）以政策性诱导为主，加强国家的宏观调控

改革开放以来，我国政府在经济特区和经济开发区的建设中通过市场机制与政府干预相结合的办法，通过适当的政策倾斜，建立了许多增长极地区，并对周边环境起到了很好的带动作用。例如，深圳经济特区、上海浦东新区本身就具备显著的区位优势和资源优势，国家设立特区和新区再给予便利的政策，二者就能够"自发地"实现经济发展与繁荣。但是，这种模式运用在雄安新区建设中则并不一定有效。

虽然雄安具备高起点、高标准开发建设的基本条件，但总体来说，目前新区区位基础条件较差、规模经济效益较差，很难完全符合增长极所需的条件，即足够多的有创新精神的企业和企业家群体、主导产业的集聚效应、良好的政策环境，所以在打造雄安新区"增长极"过程中，政府除了要加大财力集中进行经济投资，还应积极推进体制机制改革创新，采用政策性诱导为主的干预政策，加强宏观调控，一方面搭建一定的平台，营造相对有利的、吸引创新资源和创业投资的环境，逐步吸

引科技成果和创新主体进入这些区域，在促进新区自身发展的同时，通过示范和带动作用，促进河北整个区域产业的升级和创新发展；另一方面着力发展高端高新产业，积极吸纳和集聚创新要素资源，培育创新增长新动能。

### （二）合理控制极化效应和扩散效应对雄安新区经济发展的影响

世界上有许多国家直接把"增长极"理论作为制订区域发展计划的理论依据，用来指导区域经济开发实践，积极发挥增长极的扩散效应，弱化增长极的极化效应。日本在二战后为恢复经济的发展，合理规划区域发展战略，确立了大阪、东京、名古屋为增长极的中心城市，成功实现3个地区经济的突破性增长。日本在东京发展规划设计之初就注意到了防止过度聚集所带来的负面效应，所以日本政府以法律的形式限制大东京的规模，同时设置卫星城分担其功能，严格控制东京的过度极化，充分发挥其扩散效应，带动周边地区共同发展❶。

作为增长极的雄安新区，应该发挥其强有力的经济发动机作用，积极推动京津冀地区的合作，给区域内各地区提供适当有效的发展机会和空间，减少弱化极化效应，缩小周边地区与增长极的"经济落差"，从而促进一体化发展，提升区域整体竞争力。在雄安新区的早期建设阶段，可集中优势资源实施大规模建设；而待雄安新区建设达到一定规模之后，发挥雄安新区的引领、辐射、带动作用，提升周边发展水平，逐步形成更广区域的融合发展。

### （三）培育雄安新区的推进型产业和中心城市

从区域规划的角度来说，增长极理论的核心问题之一在于主导产业的确定。第一，增长极的形成必须拥有创新能力强的主导部门或产业，这些创新能力强的部门或产业将推动集区位经济、规模经济和外部经济于一身的增长极的形成。第二，中心城市是区域经济活动的中心和增长极的载体，东部地区的快速发展得益于上海、深圳等大城市的极化效应和扩散效应。雄安新区在承接北京产业转移的同时，还应积极培育自身产业，打造经济增长点，增强经济动力，从创新载体、运行机制、发展环境等方面营造良好创新氛围，吸引高端创新人才和团队，努力打造创新高地和科技新城。

### （四）加强雄安新区基础设施的建设

增长极以城市为依托，其极化效应和扩散效应的发挥离不开以发达的交通网络

---

❶张晓虎.增长极理论对区域经济发展的启示[J].内蒙古民族大学学报(社会科学版),2015(5).

为代表的基础设施的支持。增长极与周边地区之间经济、文化的紧密联系，是关系发展战略成功与否的关键因素。雄安新区定位是中国创新驱动发展的新引擎和增长极，为了实现创新产业的聚集，必须完善投资环境，既要完善投资的软环境，也要完善投资的硬环境。雄安新区区位优势明显、交通便捷通畅，现有多条高速公路、铁路，可比较快地基本形成与北京、天津、石家庄半小时的通勤圈；生态环境优良、资源环境承载力较强，拥有华北平原最大的淡水湖白洋淀等；水资源比较丰富，可满足区域生态用水需求；现有开发程度较低，发展空间比较充裕，具备高起点、高标准开发建设的基本条件。雄安新区要继续加大基础设施投资，只有交通更加便捷、设施更加完善、生态环境更好，各方面综合来看都比北京好，才可能吸引创新型的企业和企业家。

### （五）全面及超前的城市战略规划

马克思主义科学发展观对雄安新区的规划和建设具有重要指导和引领意义。新区的战略规划要紧紧把握科学发展观的第一要义，把创新发展作为新区的着力点；紧紧抓住科学发展观的核心，把新区的发展确立在以人为本的基石上；遵循科学发展观的基本要求，注重新区经济建设中的统筹兼顾，促进新区经济全面协调可持续发展。在世界级城市群的建设过程中，基本上都是具有超前规划理念的中心城市规划先行，根据城市的实际情况和发展，不断地进行修正，并实现城市间协调发展。1958年，日本东京政府颁布了《第一次首都圈基本计划》，此后经过5次规划调整，促成并确定了目前的圈层式的规划结构，为保证规划的实施性，制定了相关政策，建立有效的规划机构，协调多方的利益，从而保证城市规划的顺利实施。

建设雄安新区的号角已经吹响，作为千年大计，中央对新区的建设特别要求要尊重城市建设规律、保持历史耐心，要先谋后动、规划引领。目前，雄安新区筹委会已明确提出了"1+N"规划体系，正在精心编制。同时，首次明确提出了计划将30平方公里启动区的控制性详规和城市设计，以生态文明引导雄安新区规划，面向全球招标。

经济增长极反映在政策层面就是执行以点带面、点面结合的非均衡协调发展的区域经济发展政策和战略。建设雄安新区这一增长极，有利于调整优化京津冀城市布局和空间结构，通过增长极的极化效应和扩散效应带动整个区域的经济发展，进而以点带面，推动中国未来创新驱动型经济的发展。

# 第三节　场景理论视域下的雄安新区内生发展动力

2017年4月1日，中共中央、国务院决定设立雄安新区，明确表示要将雄安新区建设成"绿色生态宜居新城区、创新驱动发展引领区、协调发展示范区和开放发展先行区以及创新发展示范区"，成为中国新的增长极和未来的增长引擎。雄安新区高起点、高定位，要将雄安新区打造成创新引领驱动的示范区，吸纳和集聚创新要素资源，必须摆脱中国区域经济发展的传统逻辑，由传统的劳动密集型、资源密集型的模式，向依托知识、技术、人才等创新资源的发展模式转变。创新的动力源于一个富有活力和创新精神的高知识人群。雄安新区未来的发展，要重视文化对城市经济发展的作用，建设城市文化场景，营造创新氛围，吸引高端人才集聚，以高级人力资本促进全面创新，增强创新发展的内生动力。

## 一、高级人力资本是雄安新区的内生发展动力

### （一）当前城市发展动力发生转换

当前中国城市发展面临着深刻的转型，由工业主导的经济发展模式正在向服务业为主导的发展模式转型。在此转型过程中，驱动城市经济增长的动力也在逐步发生变化。传统工业社会，土地、劳动力、资金、管理等生产要素是城市经济增长的主要驱动力，随着部分城市的功能由以生产为主向以消费为主转型，传统的生产要素对城市经济增长的作用已有所减弱，基于劳动者的知识和技能的人力资本在经济增长中起着越来越重要的作用。

20世纪60年代以来，以舒尔茨、阿罗、罗默、卢卡斯为代表的一批经济学家在反思新古典经济增长理论的基础上，关注以知识为基础的新经济现象，提出了以内生经济增长为特征的新增长理论，即内生经济增长理论。这一理论强调知识积累与人力资本对经济增长的贡献，认为人力资本能够产生递增效益，又可以扭转资本和劳动力要素边际收益递减的趋向，从而保持经济增长。

20世纪以来，人们越来越清楚地认识到，资本不仅体现在土地和机器中，它更多地体现在人的知识和技能之中，人力资本的重要性在经济学界已成共识。但除了知识和技能外，人们与他人联系交往的能力也非常重要。这种交往能力取决于共同

体对准则和价值观念的普遍认可程度。例如，由信任、互惠形成的道德约束能够促进人们的交易，推动经济发展。在当今社会，以信任为核心的社会资本，其重要性丝毫不亚于物质资本。社会资本理论强调社会潜在资源及信任、互惠性规范等组成的网络关系是经济增长的动力。

传统模式和人力资本模式主要是用生产的观点去解释消费和居住，人力资本主要是用来分析工作和就业。这样的研究对传统工业社会的秩序和现象有着较强的解释力。社会资本的分析框架为我们的研究提供了新的视野，进一步丰富了人力资本理论内涵，引起了人们对政治、经济以外的非制度性因素的重视。

随着全球化、信息化与文化消费需求的增长，创意产业越来越成为更多欧美国家的支柱性产业，有关城市发展影响因素的探讨，正从传统的"硬性"区位要素，如区位、交通和技术基础设施等逐渐转向对美学和文化便利设施、社会宽容度等"软性"区位要素的关注，佛罗里达的"创意阶层"理论是这一理论范式的典型代表。佛罗里达认为，推动城市经济增长和繁荣的决定动力是创意阶层。他将创意阶层界定为工作中包含较多创造性成分的群体，主要由"超级创意核心"和"专业创意"这两类群体组成。❶如何吸引这些创意阶层到城市中来？佛罗里达对美国的实证研究发现，除了物质因素的吸引力之外，创意阶层对职业和居住空间的选择更注重城市的某些特质，如宽松、多样的环境以及坚实的技术基础等，并将其归结为人才、技术、宽容（即3Ts）三要素。

从传统资本增长模式到人力资本模式、社会资本模式以及创意阶层模式，驱动城市发展的动力逐渐由"物"转向"人"。人力资本模式注重人的知识和技能对经济增长的作用，社会资本模式则更加注重人的信念、价值观等文化因素构成的社会网络对经济增长的作用，创意阶层从本质上来说仍然属于人力资本的范畴，只不过佛罗里达主要解释的是以消费为主的城市形态，创意阶层更多指的是高级人力资本。2013年，中国产业结构出现历史性的变化——2013年我国第三产业（服务业）增加值占GDP比重达46.1%，首次超过第二产业，2015年，第三产业增加值占GDP比重首次突破50%，服务业已经成为中国经济发展的主要引擎。在未来中国城市经济的发展中，服务业将发挥越来越重要的作用，而高素质的人力资本则是推动我国城市经济转型升级的关键因素。

❶［美］理查德·佛罗里达.创意阶层的崛起［M］.司徒爱勤，译.北京：中信出版社，2010.

### （二）高级人力资本是雄安新区成功的根本

人力资本对经济增长的重要作用已被越来越多的成功案例所证实。根据美国经济学家丹尼森和美国劳工部对1948—1989年间美国经济增长源泉的估算，教育和知识进步对经济增长的贡献率达到了42%，超过物质资本37%的贡献率，若把投入生产力的贡献也加进去的话，人力资本对经济增长的贡献率高达65%。据世界银行的报告，当前世界财富的64%是由人力资本构成的。❶

以硅谷为例，硅谷作为高技术产业聚集的代名词，其成功与高素质人才的集聚密不可分。硅谷地区从业人员较高的教育水平是硅谷形成创新思想，制造创新产品，提高创新服务的宝贵资产。硅谷地区人口整体受教育年限要高于加州和全美。按密度计算，是全世界具有高等学历的人才最集中的地带，硅谷地区人口中48%为本科、研究生或专业研究生学位，相比之下加州为32%，❷7000多名博士，占加州博士总数的1/6，而加州是美国受过高等教育国民密度最大的州。目前，该地区有近1/4诺贝尔奖金获得者，有20多万来自世界各地的优秀工程师。❸人才优势和创造性的劳动，使奇迹在这里层出不穷。

硅谷人才的集聚得益于三个方面的因素。第一，美国十分重视人才引进与培养。美国通过降低对移民的限制，并增加外国技术人员赴美工作的签证名额、引进外国专家来补充其人才队伍，同时还通过留学生教育政策将外国留美学生作为其人才的后备力量。数据显示，硅谷地区出生在国外的人口比重为37.4%，而且如果从就业人口中出生在国外的人口比重来看就更高了，在25~44岁的就业人口中占到50%，在特定职业领域比重更高。比如，硅谷地区计算机和数学相关就业人口中年龄介于25~44岁之间的有74%是出生在国外的。❹第二，市场化机制对人才的配置起基础性作用。硅谷的工作流动性很强，跳槽非常频繁。据有人估计，硅谷每年的工作变动率将近50%。变动率最高的是生产线操作工、插件工和组装工人。工程师和经理人员的工作变动率低一点，每年大约是30%。工作的变动一方面意味着工资的增加，另一方面流动性也加速了创意的产生。创意阶层拥有波希米亚人崇尚自由的天性，他们喜欢体验丰富的迁移，并在流动中启迪新创意。第三，斯坦福大学的产

❶邱永明，朱莲华.人才强国战略的历史和现实依据[J].上海大学学报，2004(6).

❷数据来源：《2016年硅谷指数报告》。

❸孙婧，等.硅谷的成功对青岛高新区发展的启示[J].经济前沿，2005(1).

❹数据来源：《2016年硅谷指数报告》。

业——大学模式对科研成果的转化起到了很好的人才激励作用。斯坦福大学和工业界签订了长期的"学位合作计划"和"工业联盟计划"。斯坦福大学为公司雇员提供再教育深造的机会，公司则通过"工业联盟计划"引进斯坦福大学基础研究和应用研究的尖端技术及人才。这一方面为大学筹得了丰厚的办学资金，另一方面不断地从大学吸收新思想、新成果，获得高科技人才，由此带动一批相关产业的成长。据统计，与斯坦福大学有关的企业即斯坦福的师生和校友创办的创业的产值就占硅谷产值的50%~60%。斯坦福大学成了硅谷最深厚的底蕴，为硅谷的持续兴盛提供了用之不竭的创造力源泉。

雄安新区定位为绿色生态宜居新城区、创新驱动发展引领区、协调发展示范区和开放发展先行区以及贯彻落实新发展理念的创新发展示范区，未来将发展高端高新产业，积极吸纳和集聚创新要素资源。作为北京非首都功能疏解集中承载地，雄安新区承载的使命就是创新。未来，北京地区的教育行业、医疗行业、商贸行业、总部经济行业等非首都功能将会向雄安新区疏解，雄安的发展规格将高于浦东新区和深圳经济特区，"坚持世界眼光、国际标准、中国特色、高点定位"。为此，雄安新区的建设将瞄准世界一流水准迈进。硅谷的成功对雄安新区的发展具有一定的启发、借鉴意义。未来，雄安新区的发展必将摆脱传统的劳动密集型、资源密集型的模式，依托知识、技术、人才等创新资源寻求新的发展道路。从产业布局的高端定位到新区建设的新理念，要求必须集聚高素质人才群体，充分发挥高级人力资本对现代经济的内生增长作用。为此，雄安新区建设管理者必须创新人才引进路径，优化人才培养模式，加强人才激励机制。第一，雄安新区在未来要合理布局产业结构，营造益于创新的产业氛围，吸引高端人力资本集聚；第二，选择与高科技创新关系密切、和新区产业高度相关的院校迁入，服务于当地产业发展的需要，为未来雄安新区的发展储存后备人才力量；第三，引进国际人才，通过留学教育和国外专家的引入来补充人才队伍。

## 二、城市品质是雄安新区吸引人力资本的关键

雄安新区距北京110公里，基本杜绝了通勤的可能。天津与雄安的距离也是110公里，也不能通勤。遍查东京、纽约、巴黎等超大型城市的通勤距离，50公里是极限了，故而雄安的选址绝不是卫星城的概念，而是一个完全独立的城市。这样一座

新城如何吸引京津乃至全国的高级人力资本集聚，将是雄安新区面临的一个重要课题。

### （一）城市便利设施是吸引人才的重要因素

是什么因素影响着人力资本的集聚？传统的理论认为优质的就业和高收入是吸引人才集聚的重要因素。这一理论至今仍然有很强的解释力，经济因素永远是吸引人才的重要原因。解释人才集聚的第二个范式是便利设施模式。埃比尼泽·霍华德在110多年前就提出了建设田园城市的构想，认为城镇的建设要以"提高所有阶层忠实劳动者的健康和舒适水平"为指向。

爱德华·格莱泽对便利设施模式的阐述影响最为深远。20世纪90年代，格莱泽等学者就发现美国部分大城市的功能由生产导向转变为消费导向。即便承受高昂的生活费用，美国人也愿意回归大都市生活，很重要的一个原因就是大都市的舒适性和便利性得到极大的提高。随着美国人教育水平和购买力的普遍提升，人们对城市独有的文化、创意和休闲娱乐设施的需求更大，而对日常通勤所带来的时间成本更为敏感，博物馆、艺术馆、歌剧院和高档消费场所等文化、创意和休闲娱乐设施成为人们更愿意在内城居住的原因之一。格莱泽将城市生活文化设施分为4类：一是丰富多样的服务与消费品。研究表明，在伦敦、巴黎，城市发展的步伐与城市生活文化设施有密切关系，发展越快的城市，其拥有的设施越多。这些设施包括餐馆、剧院、影院、图书馆、博物馆、酒吧、咖啡馆以及各种活动等。从20世纪20年代开始，大批受过高等教育的人群向城市集聚，接着城市房屋租金的上涨速度超过了工资的上涨速度。格莱泽认为，随着生产力的提高和高级人力资本的不断增加，个体选择一个城市，不仅仅是为了获得一份参与劳动生产的工作，而且还考虑到这个城市是否能够提供优质的生活和与其兴趣相匹配的消费体验。二是美学与物理设施。城市建筑无疑能够增加城市魅力，这种魅力不仅体现在其美学价值上，当然也体现了在其内在便利性上。此外，生态环境也会影响城市的舒适性。如空气质量、湿度等会影响到城市的人口流动和租金的变化。三是优质的公共服务。良好的教育资源、健全的医疗、社会保障和社区服务以及良好的社会治安在吸引高级人力资本方面发挥着重要作用。第四，生活文化设施的内容还包括速度。在社会快速发展的时代，交通成本和时间成本是高素质人才考虑的重要因素。格莱泽通过对纽约的研究表明，从1980年开始，距离华尔街比较近的区域出奇的成功，经济与高素质人群的增长尤为明显。但是离华尔街较远的区域，在过去的几十年中，经济一直处于低迷状态，人口在不断减少。相反，类似于底特律、亚特兰大这样的缺乏城市便利设施的老工业城市则出现了衰退的现象。

### （二）文化价值观是高级人力资本集聚的内在力量

佛罗里达将格莱泽的观点又推进了一步。在佛罗里达看来，在后工业化社会中要实现城市的发展，与其依照传统方式减免税收来吸引企业投资，倒不如通过建设城市便利设施来吸引创意阶层。当然，不同的城市便利设施发挥着不同的功效。例如，酒吧、咖啡、特色餐馆可能更多吸引艺术类、创意类人才；大剧院、博物馆、图书馆可能更多吸引科技类、发明类人才。他认为，创造型人才的集聚与其所具有的兴趣、爱好息息相关，并最终以"亚文化"团体的形式在城市集聚。佛罗里达认为，创意阶层在选择工作时，除了对工资的关注以外，还特别重视工作的意义、特定的生活方式和价值观。在佛罗里达看来，创意阶层集聚而形成的"创意中心"将拥有更高的创新比例、更多的初创高科技企业、更强的岗位创造能力和更为持久的经济增长，这些地区的繁荣并非依托自然资源、交通基础设施及税收优惠这些传统的"商业氛围"，而是依赖吸引创意阶层的"人文环境"———因为企业，特别是创新型和初创型企业会跟随创意阶层迁徙。

佛罗里达创意阶层的价值观与美国社会学家英格尔哈特早年提出的"后物质主义"价值观有相似之处。英格尔哈特从1970年开始对欧洲6个国家进行了价值观念的调查，1977年他正式提出了后物质主义概念。他认为，强调经济和人身安全的价值取向是物质主义价值观，而强调自我表现、生活质量胜过经济和人身安全的价值观被称为后物质主义价值观。根据英格尔哈特的研究，在欧洲发达的工业化国家，年轻一代开始出现后物质主义价值观，例如强调自我表达与个人自由。在发达国家，人们对经济成长的关心已逐渐被对生活方式以及自我价值实现等其他关心所取代。这些价值观会大大解放个人的创造性，从而成为后工业时期资本主义经济成长的新的推动力。❶"世界价值观调查项目"已经覆盖了世界上90%以上的人口，包括对中国的研究。英格尔哈特认为，中国正处于快速转型期，从目前来看，中国的物质主义程度还比较高，尤其是老年群体中物质主义者超过后物质主义者的程度非常之高，但在年轻群体中，这种比例开始降低，也就是说物质主义者的数量开始逐

---

❶ Ingelhart, Ronald. (1990). Cultural Shiftin Advanced Society[M]. Princeton University Press.

渐下降，而后物质主义者的数量开始逐渐上升。

从西方发达国家的后工业转型来看，物质因素已不再是吸引高级人力资本的决定性因素，城市生活文化设施的便利性、特定的生活方式和价值观等文化因素以及其他因素所综合形成的城市品质将成为集聚高级人力资本的重要因素。雄安新区未来如何"筑巢引凤"，新区的品质将是非常重要的因素。品质不仅意味着良好的就业岗位、较高的收入、优质的教育资源和医疗服务，还意味着城市美学功能的彰显、文化便利设施的配套和现代价值观的碰撞。

## 三、建设文化场景是雄安新区培育内生发展动力的内在要求

作为城市管理者、建设者，政府部门如何制定恰当的公共政策来提升雄安新区的品质？芝加哥大学的克拉克教授在综合格莱泽、佛罗里达观点的基础上提出了场景理论，为雄安新区如何提升品质吸引高级人力资本提供了理论参考。

### （一）场景理论的提出

"场景"一词来源于英文scenes，它作为后工业社会文化及区域发展研究的新分析框架，主要探讨的就是遍布城市区域的且与人们日常生活、娱乐活动密切相关的各类场所及其所承载的行为及价值观对城市经济增长和城市社会结构可能发生的影响。城市文化支撑着城市的发展，城市文化的魅力则散布在城市的场景中。"场景"的重要社会意义在于，它不仅是一个传统的工作和居住场所，而且推动了一个能够彰显一定价值观维度的新社会消费场所的产生。❶

克拉克提出的场景理论在继承和发展前人理论成果的基础上，把城市空间的研究从自然与社会属性层面拓展到区位文化的消费实践层面，提出了分析城市发展的5个要素：邻里、生活文化设施、多样性人群，文化活动以及生活方式与价值观。在特定空间内，生活文化设施的不同组合及多样化的活动，会形成不同的区位"场景"，不同的区位场景蕴含着特定的文化价值因素，文化价值观因素又吸引着不同群体，从而催生并形成高级人力资本与新兴产业的聚集，进而推动着城市更新与发展。当然，公共政策对城市发展的作用不容忽视。

---

❶徐晓林，赵铁，［美］特里·克拉克.场景理论：区域发展文化动力的探索及启示［J］.国外社会科学：学科流派，2015(6).

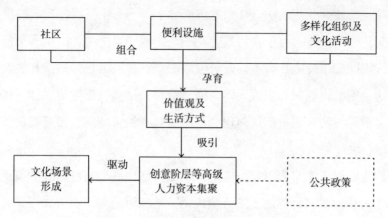

**图4-2　城市文化场景形成的动力模型**

邻里（neighborhood）或社区，是一个具有城市地理学、城市规划学及城市社会学等多种学科元素的空间概念，作为一种在空间上地缘相邻并构成互动的一个社会关系，具有互动关系明显、认同感较强、具备潜在的社会组织功能等特征。

"场景"存在于一定的地理区域之中，需要依赖一定的物质载体并具有各种物质表现形式。鉴于定义场景的一个出发点是基于人的活动，因此在场景中所指的一是生活文化便利设施，如电影院、图书馆、剧院、体育设施、主题公园、咖啡馆等；二是社会经济多样性便利，如教育、就业、社会的包容度等。与以往孤立的讨论生活文化设施不同，场景理论强调文化设施与社区、文化实践活动、人群的协同和互动，生活文化设施只有在互动中才能最大限度地实现其价值。

不同种族、阶层、性别、教育背景的多样化人群是场景中的主体，也是场景具备存在价值的根本所在。多样化人群与佛罗里达提出的创意阶层本质上没有区别。活动则是场景中联结人群与便利设施的中间枢纽。没有活动，多样化人群就不会参与其中，城市文化设施也将失去其意义。场景理论中所指的活动，既包含文化艺术活动，也包括咖啡、体育运动、社区活动等内容。多种多样的活动一方面可直接促进当地的消费，另一方面可对他们的择居、就业产生一定影响。而不同人群对活动参与的偏好则受其教育背景和收入水平的影响。

在场景中，价值观是具有不同价值取向的社会成员集聚在一起的内在力量。与此前佛罗里达和英格尔哈特就价值观对城市经济的增长作用所作的阐述不同，克拉克的独到之处在于其研究体系是建立在主观认识和客观结构两大体系上。在主观认识上，克拉克将文化价值观分为3个主维度和15个子维度。[1]客观结构指研究区域中的生活文化便利设施。由于价值观存在于一定的场景之中，而场景又依附一定的都市设施，不同都市设施具有不同的价值取向，比如酒吧趋向刺激开放、俱乐部趋向自我表达、图书馆趋向知识进取等。通过给相关便利设施赋值、计算特定区域价值观维度系数等方法来测量区域内便利设施所蕴含的价值观，便可观测该场景价值观与经济增长之间的关系。

场景理论以城市消费为语境，在追求城市社区便利性与舒适性的前提下，集中研究附着于消费性物质载体之上的价值内涵、情感诉求与生活方式意义，将城市文化设施、多样化人群、消费活动等因素及其共同营造的生活空间视为汇聚各种多元价值符号的文化综合体，强调其所承载的行为及价值观对社会成员消费、择业等行为的影响，乃至对城市经济增长和城市社会结构产生重要影响。这使得城市经济增长研究从经济因素分析转变到文化消费及生活方式的研究，探索和建立以价值观为核心，以文化动力为主要特征，这为雄安新区公共政策的制定与区域经济社会的发展提供了理论参考。[2]

### （二）对雄安新区建设的启示

第一，重视社区营造。场景存在于一定的空间范围内，构筑在空间上地缘相邻的社区，有助于营造认同感强、信任度高的互动氛围。雄安新区社区的打造，一方面要贴近居民需求和本地区特点，缩短工作地点与生活区域的通勤时间，提供更多的生活便利，使生产、生活、生态统筹发展，打造优美的生态环境，构建蓝绿交织、清新明亮、水城共融的生态城市。另一方面要突出中国特色。不论是社区的规划布局还是建筑的修建，都要体现传统文化与现代文化的交融，避免"千城一面"。

第二，合理建设新区文化便利设施。放眼全球，20世纪末是一个文化设施繁荣发展的时期，博物馆、图书馆、主题公园、剧院、体育馆等城市文化设施的兴建在城市经济发展和环境重生的过程中扮演了非常重要的角色。例如，西班牙毕尔巴鄂市通过古根海姆博物馆和一系列重要项目的建设，使一个日渐衰败的港口城市发展

---

[1]主维度分别是"真实性""合法性"和"戏剧性"。真实性包括5个子维度，即理性、本土、国家、社团和种族。合法性这一维度细分为传统主义、自我表现、实用主义、超凡魅力和平等主义5个子维度。戏剧性分为亲善、正式、展示、时尚和违规5个子维度。

[2]徐晓林，赵铁，特里·克拉克. 场景理论：区域发展文化动力的探索及启示[J]. 国外社会科学：学科流派，2015(6)：101-106.

成为文化旅游的重要目的地。迪斯尼乐园对上海旅游业等相关产业的发展起到了带动作用，方特欢乐世界对芜湖市旅游业的发展也起到了积极影响。但是应当注意，场景不是简单的物质设施的堆积或混搭，而是孕育着特殊文化价值的都市休闲娱乐设施与市民组织的混合体。重视建设城市文化便利设施，并不意味着高大上文化项目的盲目兴建。底特律的失败为我们敲响了警钟。作为曾经辉煌的工业发达城市，底特律汽车业衰落以后，底特律市把城市复兴战略确定为重点发展文化娱乐业，努力通过修建大型体育场、剧院、博物馆、休闲广场、赌场等文化（娱乐）设施摆脱困境。政府投入了大量资金来建设大型文化设施，但并没能阻止2013年底特律城市破产的进程。因此，雄安新区一方面要通过修建城市文化设施来吸引不同文化价值观的高素质人群集聚，为其提供互动的空间和场所，未来，雄安新区文化设施、文化项目的建设一定要与新区产业的经济水平、产业状况、生活需求和文化偏好以及人口密度相适应，但同时要防止盲目兴建。另一方面还要注意到，除了大型文化设施在城市经济发展中起重要作用，作为社区组成部分的生活性文化设施对城市经济的促进作用也不容小觑。例如，咖啡馆作为孵化项目、思想碰撞、创新创业的场所，是中关村创业大街最重要的生活文化设施，在促进中关村创业大街创业氛围形成中起到了至关重要的作用。[1]提高雄安新区的品质，除了建设高端的城市文化设施，也要注重建设与社区生活紧密联系的大众化文化设施，提高社区质量，打造宜居、人文的品质社区，以吸引高素质群体来居住和工作、活动。

第三，举办文化活动增强新区吸引力。举办多样化文化活动通常意味着城市形象的增强，意味着城市知名度与地位的提高，意味着吸引更多的投资和人才，从而促进城市经济的发展。奥运会、世博会对城市发展的促进作用有目共睹。欧洲文化城市计划即是这样一个推进欧洲城市文化发展，促进文化旅游的重要项目。文化城市计划的成功举办使得很多欧洲城市得到复兴，例如哥拉斯加、鹿特丹、都柏林等都通过举办该活动促进了城市的发展，成功地从衰败的工业城市转变为吸引旅游者前往的文化城市。[2]雄安新区要吸引多样化人群的集聚，不论是举办着眼于提升新区形象的大型文化活动，还是组织为特定阶层提供生活便利、满足文化需求、表达不同文化价值观的活动将必不可少。

---

[1]祁述裕.建设文化场景 培育城市发展内生动力——以生活文化设施为视角[J].东岳论丛,2017(1).

[2]袁园.西方文化政策视角下的城市更新:模式、案例与启示:全面深化改革与城市文化建设[M].北京:中国社会科学出版社,2014.

第四，培育现代价值观和发展观，集聚高级人力资本。作为经济发展的动力，文化以态度、信念和价值观为主要形式，通过改变、传播和巩固发展观的途径实现着对经济发展的影响。在场景中，价值观是具有不同价值取向的社会成员集聚在一起的内在力量。场景中15个子维度之间的不同组合对经济发展的作用也将不同。通过对人口、收入、租金和工作岗位的增长、专利数以及大学毕业生和研究生增长数量的测量发现，首先，自我表达性场景可以提升地方经济中科技集聚的影响。当选址更加鼓励自我表达的场景中时，生产创新产品（比如高科技）的企业与经济增长的关联性更强；当选址反对自我表达的场景中时，企业与经济增长的关联性更弱。其次，雷诺阿包厢场景可以提升艺术红利。当艺术家处于更加注重自我表达的、具有光彩照人的魅力的，以及富有领袖气质的场景中时，一般经济增长，以及广义上的创意阶层的增长都会更强；但如果处在相反的场景中时，增长会弱。在鼓励自我表达，富有魅力的场景中，不仅租金，许多其他的经济增长指标也会上升更多。❶因此，雄安新区的发展，一来要重视文化对经济发展的重要作用，注重引导和培育有益于经济发展的现代价值观、态度和信念，秉持正确的发展观来促进雄安新区的经济社会发展；二来要善于营造易于自我表达、个性化和时尚的文化场景，促进创新性企业和创造性人才的集聚。

雄安新区的成败，人才是关键。培育和打造文化场景，引导不同文化价值观的人才集聚，以高级人力资本促进全面创新，增强创新发展的内生动力，形成人才集聚效应，这是雄安着眼未来，吸纳和集聚创新要素资源，建设创新驱动发展引领区的重要路径。

## 第四节　特色小镇培育思路下雄安新区动力创新

从2015年12月习总书记作出号召全国学习浙江建设特色小镇经验的批示，到各项相关文件的出台，全国掀起了一股特色小镇建设的热潮。在河北省公布的首批特色小镇创建和培育类名单中，有10多个特色小镇位于刚刚设立的雄安新区范围内。承载着特殊历史使命的雄安新区应当把握好这一发展契机，打造出具有全国乃至全球影响力的特色小镇。

---

❶Terry N. Clark, Scenes Scape. University of Chicago Press, 2016.

## 一、特色小镇概述

### （一）特色小镇内涵

对于特色小镇的概念，目前并无明确、统一的界定。《住房城乡建设部、国家发展改革委、财政部关于开展特色小镇培育工作的通知》（以下简称《通知》）在指导思想的部分提出培育"特色鲜明、产业发展、绿色生态、美丽宜居"的特色小镇。河北省政府则在《关于建设特色小镇的指导意见》（以下简称《意见》）中将特色小镇定义为"按照创新、协调、绿色、开放、共享的发展理念打造，具有明确产业定位、科技元素、文化内涵、生态特色、旅游业态和一定社区功能的发展空间平台"。

结合政府文件和学界的各种观点，笔者认为特色小镇可以理解为：以特色资源和特色产业为基础，具有丰富文化内涵和鲜明风格特征，"产、城、人、文"四位一体，生产、生活、生态融合发展的地域空间形态。特色小镇"超越了行政区划的范畴，也超越了通常意义上产业发展的范畴，其本质上是对特定空间内各类生产要素、制度要素、文化要素的重新整合和高效利用"[1]。

### （二）国内特色小镇发展概况

2016年7月，《通知》提出，到2020年，培育1000个左右各具特色、富有活力的休闲旅游、商贸物流、现代制造、教育科技、传统文化、美丽宜居等特色小镇；10月，住建部公布了第一批中国特色小镇名单，127个小镇榜上有名。此外，《关于加快美丽特色小（城）镇建设的指导意见》《关于深入推进新型城镇化建设的若干意见》以及《国民经济和社会发展第十三个五年规划纲要》等文件均对特色小镇的建设和发展作出了要求和部署，为小镇培育工作提供了政策保障。

在特色小镇建设的实践中，浙江省走在了全国前列，涌现出一批综合效益好、特色鲜明的案例，形成了具有代表性的"浙江经验"，成为全国各地学习的对象。其他地区也纷纷对特色小镇进行了探索：上海市提出，力争到"十三五"末，初步培育形成一个产业特色鲜明、体制机制灵活、人文气息浓厚、生态环境优美、多种功能叠加的上海特色小镇群落；河北省则在《意见》中明确了特色小镇建设的重要

❶周鲁耀,周功满.从开发区到特色小镇:区域开发模式的新变化[J].城市发展研究,2017(1).

意义、总体要求、创建程序、政策措施和组织领导；北京、天津、广州、福建、四川等地也出台了相关指导意见和实施方案。从全国范围来看，特色小镇建设仍然处于起步、探索阶段，大部分地区成效并不显著，其中有很大一部分仅仅将"特色小镇"作为小城镇战略的升级版，仍然以建制镇行政边界为基础，定位不明确、思路和模式缺乏创新。

## 二、雄安新区特色小镇发展环境分析

在河北省公布的首批82个特色小镇创建和培育类名单中，白洋淀温泉小镇、保定市的白沟特色商贸小镇、定兴县非遗小镇、雄县京南花谷小镇、清苑区好梦林水小镇、廊坊市的霸州市足球运动小镇、文安县鲁能生态健康小镇、沧州市的肃宁县华斯裘皮小镇、任丘市中医文化小镇、任丘市白洋淀水乡风情小镇等均在雄安新区辐射范围内。

### （一）资源状况

从总体上看，雄安新区拥有广阔的水域面积和丰富的地热资源，形成了以白洋淀生态文化资源为核心的资源体系，其中包括水系、温泉等自然资源，宋辽古战道、瓦桥关遗址、晾马台遗址等历史文化资源以及其他相关旅游资源。白洋淀景区是"国家5A级景区"，其独特的自然地理构造"使得多功能混合、密路网、小街区的宜人生活空间组织成为现实可能"❶，这与特色小镇的发展模式和发展理念十分契合。

从资源分布的具体情况来看，雄县京南花谷小镇、清苑区好梦林水小镇、任丘市白洋淀水乡风情小镇以包括白洋淀湿地在内的自然生态和休闲旅游资源为基础；定兴县非遗小镇、任丘市中医文化小镇主要依托当地的非遗等历史文化资源；白沟特色商贸小镇、沧州肃宁县华斯裘皮小镇则是产业资源比较丰富。其中，"京南花谷"以观花海、体验休闲农业为特色，白洋淀温泉小镇有着丰富的地热温泉资源，任丘市中医文化小镇则是我国古代医学家扁鹊的故里。一方面，各个小镇都有自己的优势特色资源，定位比较明确；另一方面，以白洋淀为中心的生态文化和休闲旅游资源是整个小镇群共享的核心资源，白洋淀的绿化工程和生态建设对其辐射范围内的小镇将产生普遍的积极效应。

---

❶言之有范. 巡礼雄安：白洋淀文化创意产业新格局[EB/OL]. (2017-04-14)[2017-04-22]. http://mt. so-hu. com/20170414/n488447040. shtml.

### （二）区位条件

雄安新区地处北京、天津、保定腹地，与北京、天津形成了战略三角，将成为京津冀世界级城市群中的新一极，区位优势明显。其一，新区距北京120公里左右，距离适中、发展空间充裕，既可以享受北京资源和产业集聚带来的好处，又能避免过度集聚造成的弊端，同时可以享受河北省相应的政策优惠。其二，新区处在北京和天津的经济、文化辐射圈内，可以共享京、津的创新资源、智力成果和巨大的市场空间，建成后的特色小镇很有可能成为京、津两地居民节假日周边游的主要旅游目的地之一。在规划建设的10余个特色小镇中，雄县京南花谷小镇在雄安新区三角地带核心，其余相对均匀地分布在西、南、西北和东北部，空间布局比较合理。

### （三）交通情况

雄县依托大广高速、保津高速这两条纵贯县境的主干线，融入了京津城市大交通框架，到北京只需45分钟，津保铁路通车后，到天津红桥区只需15分钟。容县有京广铁路、京昆高速、京港澳高速等重要交通干线经过，1小时可达北京、天津，正在建设的京石客运专线（高速铁路）和津保城际铁路（高速铁路）将实现30分钟到北京、40分钟到天津的公交化联络。安新县周边也形成了多条高速互通连接的高速外环。从整体上看，雄安新区交通条件良好，在未来的规划建设中也必将不断完善和升级交通运输网络，提高实际运载能力和运输效率。在此基础上，特色小镇内部、小镇与小镇以及小镇与周边市镇之间的交通网络建设和道路升级必须跟上节奏，且符合绿色、生态、共享的发展理念和现代生活方式。

### （四）产业基础

从经济发展水平来看，目前雄安新区综合GDP大约200亿元人民币，还不到北京2016年GDP的1%[1]，无论从经济基础、开发程度还是社会资本实力的角度来看，都远不具备浙江省那样的条件，但另一方面也说明发展空间巨大。从产业类型来看，部分小镇以箱包、服装、皮革生产等传统制造业为基础，其他则重点开发历史文化资源和休闲旅游资源。白沟新城是京津外溢商贸产业的承接地，白沟特色商贸小镇未来将以此为基础，重点规划发展商贸、物流、电子商务和旅游购物四大产业。华斯裘皮小镇所在的肃宁县被称为"中国裘皮之都"，已形成从珍稀毛皮动物

[1] 中国网.雄安新区如何建？不妨取经梦想小镇[EB/OL].(2017-04-10)[2017-04-22]. http://tsxz.zjol.com.cn/system/2017/04/10/021487238.shtml.

养殖、市场集散、原皮硝染、裘皮服装加工到研发设计和内外贸易的产业链。白洋淀温泉小镇依托白洋淀旅游资源，已经形成了一定的产业基础。定兴县有着金台陈村九曲黄河灯阵、小朱庄珐琅工艺、肖村戏曲盔头服装道具制作工艺等省市级非遗保护项目10多项，未来将着力将文化资源优势转化成文旅产业优势。雄安新区范围内的特色小镇，在产业发展方面，总体上存在着规模小、产品低端、模式传统等缺陷，亟待重新规划、调整升级。

### （五）政策条件

首先，雄安新区作为国家级新区，在京津冀协同发展的战略背景和"一地五区"的发展定位之下，尤其要发挥疏解北京非首都功能的作用，具有特殊的战略地位和战略意义，也将直接影响特色小镇建设的进程。其次，"打造优美生态环境，构建蓝绿交织、清新明亮、水城共融的生态城市；发展高端高新产业，积极吸纳和集聚创新要素资源；提供优质公共服务，建设优质公共设施，创建城市管理新样板；构建快捷高效交通网，打造绿色交通体系"等新区发展的重点任务，与特色小镇的建设方向和培育要求高度一致。最后，除了《通知》和《意见》等指导小镇建设的纲领性文件以外，《京津冀协同发展规划纲要》《京津冀协同发展交通一体化规划》《京津冀三地文化领域协同发展战略框架协议》《白洋淀生态保护及环境提升三年行动方案（2015—2017年）》等都将从不同的层面、角度为小镇建设明确思路、提供支持，为小镇发展保驾护航。

## 三、国内外特色小镇建设经验分析

### （一）特色鲜明、差别定位

纵观国内外特色小镇的成功案例，最突出的共性就是定位清晰、特色鲜明、小镇风貌辨识度高。无论是中国的乌镇，还是法国的普罗旺斯，都已经和它们的主题特色紧紧捆绑在一起。美国的好时小镇（Hershey）是由巧克力工厂、演示作坊、巧克力世界博物馆及好时乐园等共同构成的巧克力主题旅游小镇；法国薇姿小镇（Vichy）则以温泉疗养和旅游度假闻名，镇上分布着温泉博物馆、法式药妆店、温泉疗养院等。❶小镇特色也体现在空间格局和建筑风貌上——海伊旧书小镇（Hay）被誉

---

❶ 张银银，丁元. 国外特色小镇对浙江特色小镇建设的借鉴[J]. 小城镇建设，2016(11).

为"天下旧书之都",书店建筑风貌各异,有的依山而建,书架就镶嵌在山石上;有的在户外,只设置收钱箱,游客可以自助取书。❶特色小镇只有主题突出、形象鲜明,才能给人留下最深刻的印象,并形成良好的品牌效应。

对于分布在同一区域内的小镇群落,除了每个小镇的主题和特色,小镇之间的错位竞争也很重要。浙江在特色小镇规划中,强调每个历史经典产业原则上只建一个特色小镇,并根据每个特色小镇功能定位实行分类指导。例如,云栖小镇、梦想小镇都是信息经济特色小镇,但前者以发展大数据、云计算为特色,而后者则将重点放在"互联网创业+风险投资"上。这种差别定位避免了重复建设、资源浪费和同质竞争,使每个小镇都具有自己的突出优势,各具特色,百花齐放。

### (二)产业优势突出、产镇一体

特色小镇必须以特色产业为支撑。在特色小镇的产业布局上,浙江以信息经济、环保、健康、旅游、时尚、金融、高端装备制造等支撑浙江未来发展的7大产业为重点,兼顾茶叶、丝绸、黄酒、中药、青瓷、木雕、根雕、石雕、文房等具有浓厚浙江特色的历史经典产业,且每个小镇的特色产业原则上不重复。瑞士格拉斯香水小镇(Grasse)以香水产业为基础,不仅有香水实验室、香水工厂和香水作坊,还有香水博物馆和各式商店,兼具生产、展示和销售功能,产业优势十分突出。由此可以看出,在特色产业的选择上,既要结合资源优势和产业基础,突出特色,又要定位高端产业和产业高端,具有一定的前瞻性;在整体的产业布局中,要避免"百镇一面",即便是以相同或相近产业为主的小镇,也要"差异定位、细分领域、错位发展,不能丧失独特性"❷。

小镇的产业格局还应该与其功能和空间布局有机融合。以农产小镇为例,其运营模式是以"特色农产品+文化附加值+体验式消费"为核心,带动农产品销售、特色餐饮、休闲农业、原生态体验、养生养老等的发展,实现了以销带产、以体验促产、以生活消费整合产城一体化。一个成熟的特色小镇只有以产业优势为基础,聚合产业、文化、生态、旅游、社区等功能,形成一套完整的生产生活方式,才能真正实现产镇一体。

---

❶刘淑玲. 英伦访书记——从查令十字街到 海伊小镇[J]. 书屋,2012(4).

❷凤凰房产综合. 全方位解读什么是中国特色小镇建设[EB/OL]. (2017-03-23)[2017-04-23]. http://hz. house. ifeng. com/detail/2017_03_23/51037471_0. shtml.

### （三）公共服务和配套设施齐备

欧洲、美国之所以聚集了很多有全球影响力的特色小镇，甚至很多企业选择将总部设在这些小镇而不是大城市，其中一个很重要的原因就是小镇完善的功能和公共服务设施。符合城市标准的交通、通信条件以及基础设施和配套服务将大大降低物流和生活成本，同时缩小城乡差距，吸引人口和企业向小城镇集中；完善的商业服务体系和高效的服务平台则是企业集聚、资源整合和产业发展的支撑；优质的教育和医疗资源也将提升小镇对外来人口的吸引力，是引进人才、留住人才的关键。

浙江省在特色小镇的建设上，力求提供完善的公共服务、商业配套设施和高品质的人居环境，要求建有公共服务 App，提供创业服务、商务商贸、文化展示等综合功能的小镇客厅。贵州安顺西秀区旧州古镇率先探索实践城镇基础设施"8+×"项目建设模式，完善了交通运输、污水处理、垃圾清运等基础设施，优化了教育、医疗、文化、体育、便民服务等公共服务设施。可见，完善公共服务和配套设施不仅需要"达标"，更需要优化和创新，借助互联网和数字化技术的便利条件，建立起从衣食住行、金融商贸到创新创业的，高效、优质的公共服务体系。

### （四）体制机制和运作方式创新

特色小镇是新型城镇化背景下对于城镇建设新理念、新模式的实践和探索，不能沿用老思路、老办法，必须在体制机制和运作方式上有所创新，同时制定科学有效的政策。浙江省在指导意见中明确，坚持政府引导、企业主体、市场化运作，一方面凸显企业主体地位，强调以企业为主推进项目建设，充分发挥市场在资源配置中的决定性作用；另一方面加强政府在规划编制、基础设施配套、资源要素保障、文化内涵挖掘传承、生态环境保护等方面的引导和服务保障职能。

在特色小镇的创建过程中，浙江省采用省、市二级联动、分级分批梯度创建的方式，成熟一个认定一个；在监督机制上采用"日常动态监查+年度考核+验收命名"的方式；在土地使用上，奖惩明确，对如期完成年度规划目标任务的特色小镇给予配套奖励，对3年内未达规划目标者，加倍倒扣奖励指标；同时，鼓励各主体建设单位充分利用低丘缓坡、滩涂资源和存量建设用地，盘活存量资源，充分适应供给侧改革的战略背景和现实需求。特色小镇建设不是一个简单的房地产开发项目，而是涵盖多主体、多层次、多元素的综合开发体系，既需要合理的土地规划，也需要健全的管理和监督机制，更需要土地、税收、资金、人才等各项配套政策的支持和保障。

## 四、特色小镇实践中的问题与反思

### (一) 主题不鲜明、特色不突出

部分特色小镇在创建时就缺乏清晰的定位，盲目建设，导致核心区块不明确，主题形象辨识度低。有的小镇在申报时，并没有充分结合小镇最具有竞争力的自然、文化或产业资源对小镇作出明确的定位，只有概念性的规划，无法突出小镇特色；在建设的过程中，过于注重形式建设而忽视内容培育，没有深度挖掘小镇的历史文化内涵，或是简单地将零散的历史文化遗迹和博物馆、图书馆等硬件设施进行堆叠、拼凑，缺乏精神内核。人们到特色小镇来，不仅仅是为了观光，更是为了深度的体验、参与和交流，甚至长期地工作和生活下去。因此，要讲好小镇故事，提升小镇的核心吸引力和竞争力，必须做到"形神兼备"，将小镇的建筑、景观、整体风貌同小镇的历史、文化、生活方式有机结合起来，不能徒有其表。

### (二) 规划设计不到位

有些特色小镇在建设之初，没有对小镇的经济水平、产业基础、历史条件等做深入细致的考虑，缺乏科学、合理的统筹规划。例如，有的小镇"寄希望于商贸综合体的重新整合包装，或者建一个'高大上'的创意中心、时尚中心，尽管改善了小镇的形象面貌，但与本地根植性的产业结合不紧密"[1]；有的在园区内造一两幢所谓的"人才公寓"，或是将现有空间简单改造，并冠以"众创空间""孵化空间"等名目，配套政策和服务设施严重缺位。另外，小镇的空间设计也存在明显的不足，导致外观上整体形象不突出、风格不统一。特色小镇不等于地产开发，也不是单纯的景区建设，不能"见物不见人"、割裂"产城人文"四位一体，而是要做到小而美、小而精，在有限的范围和适度的规模之内使资源和要素高度集中、高效配置，产业布局、空间规划和功能服务相协调、相融合。

## 五、雄安新区特色小镇培育思路与建议

### (一) 以特色为核心

"特色"是特色小镇的内核。一方面，每个小镇都应该结合自身的特色资源，

---

❶朱莹莹.浙江省特色小镇建设的现状与对策研究——以嘉兴市为例[J].嘉兴学院学报,2016(2).

形成明确的定位和突出的主题形象。首先，特色不是标语，也不是噱头，应当在充分评估各项资源的基础上，进行定位和整体规划。其次，特色是内涵和形式的有机统一，不仅要从街道、建筑、景观上塑造小镇的风格、风貌，更要追溯历史文化根脉，展现小镇的人文底蕴和独特的民俗、民风，二者要和谐相融。对于政府来说，特色小镇的认定要设置一定的门槛及合理的考核标准，避免盲目跟风造成资源浪费。

另一方面，同一规划区域范围内的不同小镇之间，既要差别定位、避免同质竞争，又不能简单地各自为战，而是要合理规划、整体布局，使整个小镇群作为共同体，形成一个多层次、多类型、多功能的完整体系，小镇之间彼此补充、共享公共资源和品牌效应。雄安新区特色小镇既要依托各自的资源优势，打好"温泉牌""运动牌""非遗牌"等，还要与新区整体的"生态、创新、水城共融"的形象相协调、相统一。

### （二）以产业为基础

产业是特色小镇的基础，也是小镇生态系统的有机组成部分。只有"生活+生产"才能构成小镇的完整图景，才能保留小镇原汁原味的生活方式；也只有产业发展才能提高当地居民的收入水平和生活质量，与新型城镇化建设保持步调一致。特色小镇不是开发区、产业集聚区，产业定位要"特而强"，强调"单兵突进"而非"集团作战"，关键是突出优势产业，而不是形成面面俱到的全产业体系。

具体来说，在特色产业的选择和培育过程中，必须综合考量小镇的区位条件、资源禀赋、环境承载力、产业特色和优势、产业关联度、技术创新能力、经济带动性和市场需求等因素，选择最具竞争力、最能突出小镇特色且与小镇未来发展相适应的产业。既要保留具有特色的经典产业，又必须调整产业结构，融入科技和创意设计，实现产业转型升级，同时积极布局新兴、高端产业和产业链的高端环节。例如，白沟特色商贸小镇可以充分利用互联网技术的便利条件，创新产品内容、服务形式和营销方式，打造数字化、一体化的信息和交易平台，实现从商贸、旅游到生活的智能化。定兴非遗小镇则要突破传统的发展模式，将传统文化、非遗工艺和时尚审美、现代化的传播和消费方式相结合。

### （三）以服务为支撑

公共服务体系是特色小镇发展的重要支撑。这里的"服务"有三个层面的意思。一是保障基本生活权益的基础性服务和配套设施，如交通、通信、教育、医疗等；二是丰富精神文化生活的公共文化服务，如图书馆、博物馆、群众文艺活动等；三是支撑产业发展的商业服务体系，如招商、投融资、资源交易、人才服务、互联网（智慧）服务等。如果说小镇是一个有机体，那么公共服务体系就像它的"血管"，如果"血管"堵塞，小镇将黯然失色，各项功能也无法实现。因此，必须不断提高服务效率、优化服务品质、完善服务网络，"硬"设施与"软"配套相结合，推进职住平衡。此外，还要做好规划设计，通过产业带动就业，就业集聚人口，实现产业发展和城市建设并驾齐驱。特色小镇不是"产业园＋风景区＋文化馆＋商住区"的"大拼盘"，小镇的各项功能之间也不是机械的叠加。只有使产业、文化、生态、旅游、社区等功能有机融合，才能实现"产、城、人、文"四位一体的目标。

### （四）以制度为保障

最后，制度设计是特色小镇发展的坚实保障。一方面，要创新体制和发展模式。在小镇建设的过程中，要坚持政府引导，企业主体，市场化运作。政府重点发挥在制度构建、环境营造、配套设施建设和完善、服务平台搭建及引导和监管方面的作用；企业则作为投资建设的主体，进行市场化运营和资源整合，参与项目建设、基础设施建设和配套工程建设等。另一方面，要创新机制和管理方式，形成"更加灵活、更加符合市场规律、更加契合创业需求的政策和服务体系"❶。这既包括土地、税收、资金、人才等各项配套政策的完善，也包括监管机制的健全，及各项工作标准的优化和流程、手续的简化。在此基础上，还要充分利用互联网技术和平台，实现数字化管理和服务，提升效率。

## 六、特色小镇培育中需要注意的问题

### （一）处理好政府、市场与社会之间的关系

特色小镇是"聚合政府、市场与社会资源的空间与平台"❷。小镇建设不是政府的独角戏，必须转变政府职能，处理好政府、市场与社会三者之间的关系。这既符合国家顶层设计和相关政策文件的精神，也是推进特色小镇建设和新型城镇化的

---

❶苏斯彬,张旭亮.浙江特色小镇在新型城镇化中的实践模式探析[J].宏观经济管理,2016(10).
❷周鲁耀,周功满.从开发区到特色小镇:区域开发模式的新变化[J].城市发展研究,2017(1).

现实需求。因此，必须持续推动"放管服"改革，"以政府审批权力的'减法'去换市场活力的'加法'"[1]。PPP模式就是一个很好的尝试：让企业成为小镇建设的"主角"，社会资本的参与可以弥补政府在资金投入上的不足；政府则作为方向引领者、规则的制定者和维护者以及服务提供者，为不同主体以多种方式参与建设搭建桥梁。当然，受现实条件所限，雄安不具备像浙江那样强大的社会资本实力，所以政府在建设初期的担子更重一些，一方面可以考虑引进资金，另一方面也要重视机制的建构，逐步培养起一个具有自主运行能力的创新创业生态体系。

### （二）坚持"以人为本"

人是特色小镇的"细胞"，要打造品质一流、充满活力的特色小镇，必须坚持以人为本。这里的"人"指的不仅是人才，也包括本地居民和外地游客。人才，尤其是创意人才是推动产业发展的关键，人才区位决定产业区位，而地方品质决定人才区位。因此，必须建立健全人才培养和引进机制，营造良好的创业创新氛围，完善服务设施和平台，同时提供丰富的文化活动和休闲娱乐方式，构建宜居、宜业的生态环境，不仅要吸引人，还要留住人。此外，小镇的设施和服务要做到便利、友好、人性化，给游客营造亲切、舒适的氛围。但是，特色小镇不只是旅游景点，小镇居民也不仅仅是建设者和服务提供者，而更应该成为小镇发展成果和相关福利的受益者。所以，无论是小镇的定位还是具体政策的制定，都不能单方面地从产品和服务提供者的角度出发，仅仅考虑游客的需求，更不能以牺牲本地居民的利益为代价换取建设成果。

## 七、结语

设立雄安新区作为一项"千年大计"，其历史背景和战略地位不同于深圳和浦东。雄安不仅是国家级新区，更代表了一种实现新型城镇化和城乡统筹、促进区域协调发展、推进供给侧结构性改革以及推动产业转型升级和经济增长方式转变的新思路、新理念、新的发展模式和体制机制。因此，雄安新区特色小镇建设不能"为小镇而小镇"，而是要从更高的战略高度和全局观念出发，更加全面、系统、科学地制定小镇发展规划。既要学习借鉴，又不能盲目照搬，必须在充分考虑地域性以及经济、社会发展方面的特殊性、差异性的前提下，结合自身特点、条件和现实需

---

[1] 苏斯彬,张旭亮.浙江特色小镇在新型城镇化中的实践模式探析[J].宏观经济管理,2016(10).

求，解放思路、创新理念、因地制宜，探索、总结具有本地特色的发展模式。特色小镇的定位决定了其不能大搞开发，而是要精耕细作。比起数量上的增长，质量上的提升显得更为重要，在发展目标的制定上应当兼顾硬性、显性的数字指标和软性、隐性的整体品质感受，实现资源的高效配置和全要素集约式发展，真正做到"小而精"。

# 第五节　世界级城市群背景下的雄安新区发展路径研究

## 一、战略定位：京津冀世界级城市群的重要支点

伴随经济全球化和区域一体化的发展，城市群作为一种区域发展的高级形式，日益成为各个国家参与全球竞争的主要空间形态。党的十八大以来，我国从培育新型城镇化政策作用区的角度出发，拟打造19个城市群，目前已先后批复6个国家级城市群，建设城市群已成为我国区域战略阶段性重任。

2017年4月，中共中央、国务院决定设立雄安新区，是比肩深圳经济特区和上海浦东新区的具有全国意义的新区，是千年大计、国家大事。雄安新区以打造优美生态环境，构建蓝绿交织、清新明亮、水城共融的国际一流和现代智慧城市为目标，既有利于深入推进京津冀协同发展战略，探索人口经济密集地区优化开发新模式，也有利于调整优化京津冀城市布局和空间结构，促进生产要素的自由流动和优化配置，培育创新驱动发展新引擎，打造具有极强竞争力的世界级城市群。

## 二、对标国际：世界级城市群的核心特征

世界级城市群是以具有国际影响力的世界城市为中心，以城市群作为基本组织形式，集聚国内国际经济、社会要素，在国际经济、社会发展中占据主导地位和具有世界影响力的大型城市群❶。城市群的出现是生产力发展、生产要素逐步优化组合的产物，每个城市群一般以一个或两个经济比较发达、具有较强辐射带动功能的中心城市为核心，由若干个空间距离较近、经济联系密切、功能互补、等级有序的

---

❶戈特曼,李浩,陈晓燕. 大城市连绵区：美国东北海岸的城市[J]. 国际城市规划,2007(5).

周边城市共同组成。

目前在全球范围内公认的大型世界级城市群有5个，分别是以纽约为中心的美国东北部大西洋沿岸城市群、以芝加哥为中心的北美五大湖城市群、以东京为中心的日本太平洋沿岸城市群、以伦敦为中心的英伦城市群和以巴黎为中心的欧洲西北部城市群。1976年，戈特曼依据人口规模和密度将以上海为中心的长江三角洲列为世界第六大城市群。下文以世界级城市群为样本，基于发展模式、协同经验和基础设施等进行归纳，概括为以下共性特征。

## （一）以世界城市为核心

作为世界级城市群的核心，中心城市的要素集聚度通常高于、甚至远远高于周边城市，是城市群的生命力所在，其等级、影响力和竞争力决定着城市群的竞争力，对城市群具有一定的支配作用。

世界五大城市群的中心城市不仅是所在国家的中心城市，也是世界中心城市。以纽约为例，它既是波士顿城市群的中心城市，也是美国第一大城市，集合政治、经济和金融功能于一身，既是美国和国际大公司总部集中地，也是联合国的常设机构地，其金融、证券和外汇在世界市场上影响最大，包括广告、法律、税收、媒体、艺术等在内的各种专业管理和服务机构应有尽有，形成了控制美国、影响世界的世界城市中心。

## （二）发挥全球中枢功能

在全球化的经济发展格局中，世界级城市群既是一个影响其所在国家经济命脉的发展中枢，也是联系世界的经济纽带，其创新能力是国家的生命力所在，是体现"枢纽"和"孵化器"功能的主导力量，发挥着全球中枢职能的作用，在全球层面承担着政治、经济、文化、中心的角色。

以日本太平洋沿岸城市群为例，其中心城市东京是日本的政治、经济、金融、文化、管理中心，城市群集现代化产业、国际交流合作、商贸服务、金融中心、科技引领、文化先导等功能于一身，发挥着引领亚洲乃至全球经济社会发展的中枢作用。

## （三）分工明确的现代产业体系

世界级城市群建设的关键，在于完善的现代产业体系，既要有面向世界、通联世界、居于全球价值链高端环节的产业体系，具有较强的国际竞争力，同时城市群内部各城市分工严密、优势互补、补位发展，通过分工的不断优化和要素的自由流动，加之密切的社会、经济和文化联系，形成系统化的整体，使得城市群实现了单个城市N次方的综合功能。

以日本东海道城市群为例，其域内城市产业分工明确，构成了特色鲜明、错位发展、优势互补的城市群整体效益和综合竞争力。东京港6个港湾，其中最大的千叶港口，以原料输入为主；横滨港口主要负责对外贸易，重点发展重化工业和精密制造业；东京集中于内贸，重点发展信息和金融产业；川崎港口专为企业输送原材料和制成品，以钢铁、石化和船舶制造业为主。各城市间形成了一种产业分工连锁关系，在更大空间范围内进行资源的合理配置，实现了城市规模效应。

### （四）高度发达的城际交通网络

交通运输技术和信息通信技术是世界城市群发展的动力所在。交通技术的发展增强了城市群域内各城市间的经济联系，通信技术的发展则降低了世界级城市群内外部经济联系的成本，使得城市之间的联系更为密切、便捷，经济发展呈现融为一体的趋势。

世界级城市群主要沿海、沿河或沿湖而分布，同时拥有着高速公路、高速铁路、城市轨道、航空、港口以及运输管道等组成的复合交通网络，成为其所在国联系内外的重要窗口。美国波士顿城市群拥有着全美国最为繁忙的公路和铁路，最大的港口群体以及航线和架次最多的机场，交通方式不仅多样，且通达性强；基础设施配套不仅齐全且内部分工明确。

### （五）健全的城市群协调机制

为保障城市群在经济、社会、文化等方面的高效运行，打破行政壁垒，实现一体化发展，进而提高城市群的全球竞争力，世界级城市群都在积极建立各种科学、合理和有效的协调机制，以期破除行政体制分割导致的城市群发展瓶颈，实现产业分工、基础设施、教育医疗、环境保护的高效供给和分配，为以社会经济的高效联系为基础的城市群提供保障。

目前，世界五大城市群都根据自身发展需要，建立了包括区域协调机构、强有力的政府规划、独立完善的司法体系、完善的利益补偿机制等在内的区域一体化协调机制。例如北美五大湖城市群，在2003年，由51个城市共同成立了一个区域协调委员会，定期商讨，以解决一些跨区域的公共问题等。

## 三、解剖雄安：聚焦困境，打造世界级城市群增长极

### （一）雄安新区具备高起点高标准开发基本条件

雄安新区规划范围涉及河北省雄县、容城、安新3县及周边部分区域，地处北京、天津、保定腹地，区位优势明显、交通便捷通畅、生态环境优良、资源环境承载能力较强，现有开发程度较低，发展空间充裕，具备高起点高标准开发建设的基本条件。

**1. 交通便利，区位优势明显**

雄安新区地处华北平原腹地，北距北京120公里，依托大广高速、保津高速两条纵贯县境的主干线，雄县已经融入了京津城市大交通框架；容县有京广铁路、京昆高速、京港澳高速等重要交通干线经过，正在建设的京石高铁和津保高铁线路将实现30分钟到北京、40分钟到天津的公交化联络；安新县周边也形成了多条高速互通连接的高速外环。总体来看，雄安新区地理位置距离适中、发展空间充裕，既可以享受京津高端要素资源和产业集聚带来的好处，又能避免过度集聚造成的弊端，同时可以享受京津冀协同发展的战略机遇，从全国城市群布局上看，构成与南部"珠三角"、中部"长三角"相呼应的北部"京三角"。

**2. 自然资源丰富，文化底蕴深厚**

从总体上看，雄安新区拥有广阔的水域面积和丰富的地热资源，形成了以白洋淀生态文化资源为核心的自然资源体系，区域内漕河、南瀑河、萍河、南拒马河等多条河流交汇，清水绿波、苇荡荷塘的自然风光优美绵延；雄安新区历史文化底蕴深厚、层次丰富，有宋辽古战道、瓦桥关遗址、晾马台遗址在内的历史文化遗址，有雄州古乐、鹰爪翻子拳等国家级非物质文化遗产，也有中国北方最大的古玩交易市场，还有独具魅力的抗战文化。

**3. 城市化水平低，发展空间广阔**

雄安新区城市化水平较低，新区内人力资源、土地资源相对充足，坐拥华北平原最大的淡水湖泊——白洋淀，拥有良好的发展潜力和市场空间。从经济发展水平

看，雄安新区综合GDP大约200亿元人民币，还不到北京2016年GDP的1%[1]，经济基础、产业开发、城市建设等各方面都具有广阔发展空间。

### （二）京津冀建设世界级城市群存在的主要问题

#### 1. 北京对津冀产生"虹吸效应"

作为全国政治中心，北京是全国交通枢纽，经济以高端服务业为主，尤其在科技和信息产业具有明显优势。在硕大无朋的北京背后，是尴尬的直辖市天津，以及参差不齐的传统制造业城市与幅员辽阔的农村地区[2]。凭借区位优势，北京非但没有对津冀产生强力辐射带动作用，反而汇聚了越来越多的人才、资本、科技、信息等各方资源，金融、文化等高端产业集聚，形成了"虹吸效应"，制约了京津冀区域协同发展。究其根本，城市群域内公共服务的严重失衡直接造成区位价值的差异，难以实现要素资源的疏散和流动。

#### 2. 城市群域的城市空间结构不合理

京津冀世界级城市群地区分属北京、天津、河北两直辖市一省，在资源利用、生产要素配置、产业布局上都存在各自为政的情况，虽然京津冀城市群各城市之间的文化、历史、区位、资源条件存在一定的相似性，但长期以来行政区划的行政分割成为合理调整城市群域各城市规模等级的重要制约瓶颈，导致城市群域内存在城市空间结构不合理，城市功能定位与分工不明晰的矛盾，特别是冀中南地区，缺乏有足够实力和较强带动力、辐射力的城市。

#### 3. 城市群域产业布局仍属粗放型经济

从目前来看，以河北地区重工业为主导，环保压力巨大，产业结构转型受困。经济粗放型增长，基本依赖于资源高消耗。在群域产业中，一些产业结构重，物质消耗量多、对能源依赖性强或污染严重的行业仍然占较大比重。以雄安新区最为知名的自然景观白洋淀为例，由于气候变化和人类活动的影响，加之大量城镇生活污水、工业废水和农药化肥流入淀泊，更为严重的是白洋淀上游及周边乡镇密布高能耗、高污染的造纸业、羽绒业、毛纺印染业、皮革制造业工厂，白洋淀流域生态环境岌岌可危。

---

❶ 杨云寒，胡金. 雄安新区如何建设？不妨取经杭州"梦想小镇"[EB/OL]. (2017-04-07)[2017-05-29]. http://zjnews.china.com.cn/yuanchuan/2017-04-07/123591.html.

❷ 叶檀. 京津冀一体化破解北京虹吸效应[EB/OL].(2015-05-06)[2017-05-29]. http://finance.ifeng.com/a/20150506/13685823_0.shtml.

雄安新区既有后发优势，又深入战略前沿，它既在横向上统筹了北京、天津、河北在环境、政治、经济、社会、文化等发展要素及其交互作用，又在纵向上延续历史、把握当下、前瞻未来，是系统的国家大局设计和千年城市谋划。雄安新区的建立，将集中攻克京津冀建设世界级城市群的困境，破解"空间塌陷"难题，成为带动津京冀城市群，乃至拉动中国区域经济，参与全球竞争的重要增长极。

## 四、创新改革：推进雄安新区建设的路径选择

世界级城市群作为区域的一种高级形式，已成为参与全球竞争的重要力量。京津冀城市群作为京畿重地，是我国经济最具活力、开放程度最高、创新能力最强、吸纳人口最多的地区之一，也是拉动我国经济发展的重要引擎，具备了向世界级城市群发展的基本条件。同时，其发展面临着"北京"大城市病问题突出、生态环境持续恶化、城镇体系发展失衡、区域与城乡发展差距不断扩大等突出问题。建设京津冀城市群将打破自家"一亩三分地"的思维定式，立足城市和区域的各自比较优势、立足现代产业分工要求、立足优势互补原则、立足合作共赢理念，以资源要素空间统筹规划利用为主线，从广度和深度上实现可持续发展，着力打造世界级城市群。

建立雄安新区，将成为京津冀建设世界级城市群的重要抓手，改变区域与城乡发展差距的重大举措，疏解北京非首都功能的集中承载地，在坚持世界眼光、国际标准、中国特色和高点定位的基础上，着力补齐京津冀协同发展的短板，强力推动世界级城市群建设。借鉴国内外城市群培育的先进经验，结合雄安新区的实际情况和未来规划，以打造世界级京津冀城市群为背书，推进雄安新区建设的路径选择如下。

### （一）一盘棋：凝聚共识，携手共建雄安新区

城市群建设是国家促进区域融合发展，盘活全国区域的重大战略举措。雄安新区建设更是在京津冀协同发展战略背景下的国家大事，千年大计。未来，雄安新区须从推进京津冀世界级城市群建设乃至国家战略发展的高度，认识雄安新区建设的战略意义，厘清各城市在参与世界级城市群建设中的短期利益和长远利益，个体得失和集体得失，从共同建设的全局出发、凝聚共识，调整战略重点、优化空间布局，有所为、有所不为，主动担当，努力将京津冀城市群建设为功能互补性强、产

业链协作紧密以及物流、信息、金融、人才等要素自由、便捷、低成本、畅通流动的世界级城市群。

### （二）育节点：传导"增长极"的辐射能力

从显性的空间关系看，城市群是由增长极、节点城市和次级节点城镇组成、由交通基础设施相连的点线面结构❶。目前，京津冀城市群点线面结构基本完善，但存在首位城市过强、节点城市缺失、增长及辐射力释放不充分的现象。雄安新区地处京津保腹地，既是连接北京、天津和保定的关键节点，也是京津冀协同发展的"空间塌陷"，在未来京津冀世界级城市群培育和发展中，雄安新区应积极培育自身产业，打造经济增长点，增强经济动力，从创新载体、运行机制、发展环境等方面营造良好创新氛围，吸引高端创新人才和团队，补齐短板，发挥"强辐射"带动作用，成为京津冀世界级城市群的新增长极。

在雄安新区的规划建设中，应处理好相邻城市间连接带、都市连绵区的规划建设工作，确保城市群域内各级城市彼此"相互吸引"而非"相互排斥"。从空间上看，城市群都是通过建设都市连绵区实现城市间无缝对接。雄安新区与北京、天津间的连绵区，雄县到廊坊、安新到沧州和保定等相邻城市间，都需规划建设好都市连绵区，作为相邻城市推进同城化的空间载体。

### （三）实验田：创新改革，分类别推进城市群建设

从发展基础上看，雄安新区处于起步阶段，可以把雄安新区作为城市群一体化建设的实验田，运用改革创新思维从户籍、人才、就业、社保、金融、旅游、规划、交通、教育等领域进行创新尝试，试点推进京津冀城市群一体化、同群化的重大创新举措，并以此为依据，待时机成熟扩大到整个津京冀城市群。

（1）加快区域间产业转移，优化产业分工。明确雄安新区内各城市产业发展定位，实现新区建设之初，即向高端化、服务化、集聚化、低碳化和融合化的方向发展，坚持梯度布局、错位发展、结构互补原则，以培育产业集群为核心，建立产业集聚与布局优化协调机制，实现产业资源共建共享。雄安新区未来应重点发展高新技术产业、高端制造业、战略性新兴产业、数字文化创意产业等，以及围绕这些产业发展所形成的生产性服务业。

---

❶辽宁省人民政府发展研究中心课题组.借鉴世界级城市群发展经验推进辽中南城市群建设[J].辽宁经济,2016(3).

（2）完善城市群的城镇结构体系，促进大中小城市协同发展。以建设雄安新区为契机，打造标准化政府，积极探索新区内政策联动制度，科学整合新区内的资金、人才、技术和信息等要素。各区域实现合理分工，加快提升城市等级水平。完善社会管理制度，创新社会管理方式，培育发展社会组织，探索社会问题协作管理的办法。加快完善户籍制度改革，不断提高非户籍人口城市化率，对于非户籍人口，给与城镇公共服务方面的待遇。

（3）推进基础设施共建共享一体化，加快要素自由流动。按照"政府主导、社会参与、市场运作"的原则，积极推进雄安新区基础设施建设和经营的市场化改革。全面发挥市场机制在资源配置中的作用，提高社会和民间资本参与城市建设的积极性，广泛吸引社会资本，统筹推进交通、市政、信息、能源等基础设施网络建设，初步建成网络完善、布局合理、运行高效、开放便捷和安全有序的一体化基础设施网络。由雄安新区管委会出台统一的指导性意见，积极吸引和鼓励社会资金、外国资本采取独资、合资、合作、产权转让、使用权出让、经营权转让等多种方式，参与城市基础设施建设与经营。

（4）推进公共服务均等化。按照"体系统一、无缝衔接、公平高效、共享发展"的原则，构建财政为主的多元投入机制和合理的利益平衡机制，实现城市群内部公共服务共享和标准均等化，推进资源共享与服务对接，整合公共服务的优质资源，实现医疗卫生、教育、文体等领域资源的协作共享，就业与社会保障、人才服务等领域基本实现均等化和制度并轨❶。

## （四）一股劲：建立城市群的长效合作机制

政府的政策体制创新是城市间分工与合作的保障，其关键是建立一种长效合作机制。充分发挥政府调控作用，建立雄安新区协调组织，解决京津冀城市群发展面临的群域内行政体制分割、经济建设"断崖式"差距、基础建设互不衔接、城镇化发展"大树底下不长草"、环境保护互补合作不够，以及重复建设和资源浪费等各种矛盾。

作为我国新型城镇化的有机组成部分，雄安新区在战略框架上并不需要"一切推倒重来"，应与已有的战略规划密切联系，交互设计。因此，长效合作机制的建

---

❶辽宁省人民政府发展研究中心课题组.借鉴世界级城市群发展经验推进辽中南城市群建设[J].辽宁经济,2016(3).

立是一个长期、渐进、持续更新的过程，应有效衔接现有行政管理框架，注重方案的可操作性。通过经济、法律、政策和社会等多种手段，重点发挥公共领域的协调功能，制定包括共同行为规则、跨城市基础设施建设、共有资源利用、生态环境保护等在内的城市群合作机制，全力推进服务标准、市场准则和相应法律法规等制度规范，建立一体化的市场机制和制度保障。

# 第五章　雄安新区的文化绘标

## 第一节　雄安新区的新文化使命

雄安新区，作为"千年大计"的国家级新区，应该肩负特别重要的文化责任，这份文化责任，构成雄安新区的文化使命。简单地说，雄安新区的文化使命，就是要成为中华民族新文化的创新实验区和发展引领区。

### 一、为什么需要新文化？

新文化是新经济、新政治的反映，是文化变迁和文化发展的必然规律。中华民族新文化，是中华民族文化发展的必然要求。我们强调和重视中华优秀传统文化的传承发展，核心是要处理好继承和创新的关系，重点则是如何实现中华优秀传统文化的创造性转化和创新性发展。而中华优秀传统文化的创造性转化与创新性发展的结果，一定是中华民族新文化的产生。中华民族创造了辉煌灿烂的中华文化，也一定能创造中华文化的新辉煌。没有中华民族新文化，就不可能有中华文化的新辉煌。

民族的复兴需要文化的支撑。没有文化的复兴，也就不可能有民族的真正复兴。中华民族新文化，是实现中华民族伟大复兴中国梦的客观要求。中华优秀传统文化，是中华民族的根和魂。中华文化的复兴，绝不能止于中华优秀传统文化的传承，而是要在传承的基础上发展和创新。根植于中华优秀传统文化、反映实践和人类发展新需要的中华新文化，是中华文化复兴的根本标志。

实践创造了文化，也需要文化的引领。中华民族新文化，主要是新的发展理念和新的价值观，是国内外实践发展的客观需要。从国内经济社会发展的实践需要来看，创新、协调、绿色、共享、开放作为国家新的发展理念，适应了人民群众对美好生活的新期待，核心是要造就一种新的生活方式。为什么雄安新区要建设智慧、绿色、生态的新城，这些新城是什么？说到底，就是人类新的生活方式。从国际社会发展实践来看，迫切需要新的价值观引领，以解决人类面临的环境问题、恐怖主义、贸易保护主义等全球性课题。这些全球性课题的存在表明，基于西方个人主义的价值观面临严重危机。中国倡导的命运共同体理念，以及和谐、共赢、贡献等价值观，能够为国际社会新的共享价值观的建立提供有益启示和价值观资源，中国提出的解决重大国际问题的中国方案，也是中国倡导的新价值观的实践方案。

## 二、为什么是雄安？

中华民族新文化的发展，需要有一个创新实验区和发展引领区。我国有许多备选城市，北京是全国的文化中心，上海是著名的海派文化中心，深圳是商业文化的代表性城市。为什么要选择雄安新区呢？

雄安新区作为中华民族新文化的创新实验区和发展引领区，另一个重要原因是雄安新区是北京非首都功能的集中承载地，是北京城市"两翼"中的一翼。在这一意义上，雄安新区既可以借助北京全国文化中心的优势和丰厚的文化资源，雄安新区和北京既可以错位发展，同时保持良好的互动融合，这是全国任何一个城市都不具备的优势。

雄安新区作为中华民族新文化的创新实验区和发展引领区，还有一个重要原因，这就是雄安新区的顶层设计。雄安新区的顶层设计，集中了中国传统文化、现代文化，以及国外先进文化的精华。在这一意义上，雄安新区的顶层设计和未来实践已经具备了一个新文化的所有要素。过去我们强调中国特色的时候，只是讲我们跟别人有什么不一样，其实习总书记早就强调过，所谓的中国特色，不仅仅是有中国的传统，有我们和其他国家不一样的东西，同时也要吸收人类先进文化的精华，只有这样，所谓的中国特色才是成立的。在中华民族新文化创新实验和引领发展方面，雄安新区具有其他城市无可比拟的重要优势。

## 三、雄安该如何？

虽然雄安新区是中华民族新文化创新实验区和发展引领区的理想选择，但是，要将这种可能性转化为现实性，雄安新区还需要做出艰苦的努力。雄安新区要想承担起这样的文化使命，首先需要确定城市的文化发展战略。现在中国的很多城市，包括北京在内，都没有自己的文化发展战略。文化在城市发展中的地位如何，城市的文化特色是什么，城市文化的优势何在，城市文化向什么方向发展，等等，虽然这些问题经常会在城市的文化政策中有所涉及，但是却缺乏整体的战略性的思考和设计。雄安新区在顶层设计之初，应该考虑构建自己明确的文化战略，没有明确的文化战略，不可能承担起新文化创新实验区和发展引领区的文化使命。

雄安新区要承担起中华民族新文化创新实验区和发展引领区的文化使命，还需要一个新的文化政策设计。雄安新区的文化政策，应该有利于充分发挥文化艺术在新区发展当中的作用。对一个城市来讲，发展的动力有很多方面，但是最核心、最基础的动力，一定是文化艺术。未来城市的发展，文化艺术才是持续不断的动力源泉。雄安新区的文化政策设计，应该充分考虑到这样一个基点。同时，包括政府文化部门应该怎么设计？同样也不应该沿袭现在的文化管理体制，应该有一个全新的有利于承担起其文化使命的文化管理体制。

雄安新区要承担起中华民族新文化创新实验区和发展引领区新区的文化使命，也需要有一个新的文化经济设计。雄安新区的发展一定需要经济的支撑。雄安新区的经济动力在哪里？科技肯定是一个重要的新动能，另一个就一定是文化。所以，在未来雄安新区的经济形态中，文化经济肯定是一个非常重要的经济形态。雄安新区在经济方面的顶层设计中，应该充分考虑到文化经济，以及文化经济的合理结构。

## 第二节　基于传统文化当代延续的雄安新区文化构想

"雄安新区"的设立是以习近平同志为核心的党中央作出的一项重大的历史性战略选择。在主持召开雄安新区规划建设工作座谈会上，习近平强调"四个坚持"：坚持世界眼光、国际标准、中国特色、高点定位；坚持生态优先、绿色发展；坚持以人民为中心、注重保障和改善民生；坚持保护弘扬中华优秀传统文化、延续历史文脉。

雄安新区的历史使命与高点定位，决定了文化是立区之魂。新区文化是城市文化精神以及城市景观的总体形态，并与新区市民的社会心态、行为方式、价值认同等方面息息相关。●本节正是以"四个坚持"为宗旨，以中华优秀传统文化中"天人合一""和而不同""曾点气象"和"天下大同"的文化精神为指引，试图解答如何培育与开展雄安新区的文化建设，如何理解新区规划、建设与发展中所面临的人与自然、人与社会、自文化与他文化、生活与审美、现实与超越等关系的问题。

## 一、以"天人合一"的生命精神引导新区生态文明建设

十八大报告中系统论述了生态文明建设，报告明确指出生态文明建设是关系人民福祉、关乎民族未来的长远大计，要求把生态文明建设放在突出地位，融入经济建设、政治建设、文化建设、社会建设的各方面和全过程。生态文明体现了人与自然的和谐关系。生态文明，是认识自然、尊重自然、顺应自然、保护自然、合理开发自然，是人类与自然和谐相处的文明。

中国传统文化中"天人合一"的思想，正是追求自然与人的和谐统一，强调人对自然的尊重与保护。"天人合一"是中国传统哲学、美学的终极追求，体现了古代中国独特的文化观和宇宙观。它强调了人的生命精神与自然、宇宙的同一。在天人关系中，人与自然是生命的共同体，老子言："道大，天大，地大，人亦大。域中有四大，而人居其一焉。人法地，地法天，天法道，道法自然。"人与天地自然平等的是世界中的一部分，人虽然是社会生活的主体，但不能因为人作为主体而贬低其他存在，也要尊重保护自然，又不能因为尊重保护自然而降低人的主体地位，要达到的境界是以尊重自然规律为前提的人与自然的和谐统一。庄子说："天地与我并生，万物与我为一。"荀子又提出："万物各得其和以生，各得其养以成。"这种生生不已的创化进程，是由万物在生命的活动中相互渗透、关联与统一，共同参与、携手创进而实现的。人与自然及相关的存在，是由天、地、人、我各方通过种种复杂的有机关联而生成的一种浑然一体的共命结构。●

"天人合一"的生命精神落实到城市生态文明建设中，就是以生命宇宙观引导构建一种天人相应、和谐共生的生态文明。践行绿色发展理念，为生态文明建设提供思想指引。在"天人合一"的思想体系中，人与自然不仅是共命体，也是共创体。建设城市生态文明，不仅要考虑人与自然的共命性，从而顾全生态的完整性；

●范周.雄安新区：开辟中国文化产业蓝海[EB/OL].(2017-04-22)[2017-04-29].http://mt.sohu.com/20170422/n490145408.shtml.

●袁保新.秩序与创新——从文化治疗学的角度、道家哲学的现代义涵[J].鹅湖月刊,2001.

同时也要注重人处于自然、社会中的链接作用，积极发挥人的主观能动性，沟通人与社会、连接历史传统的继承与创新。

天人合一，道法自然。建设雄安新区的第一要义就是要充分体现生态文明建设的要求，坚持生态优先、绿色发展，完善生态功能，突出"科技、生态、宜居、智能"的发展方向，创造优良的人居环境。雄安新区拥有华北平原最大的淡水湖白洋淀，漕河、南瀑河、萍河、南拒马河等多条河流在区域内交汇。要构建蓝绿交织、清新明亮、水城共融、多组团集约紧凑发展的生态城市，实现生态空间山清水秀、生活空间宜居适度、生产空间集约高效，促进人与自然和谐共处，建设天蓝地绿、山清水秀的城市生态。

在这一系列明确的生态文明建设目标中，不仅要考虑人与自然的关系，还应包括人与社会之间关系探讨。生态文明的孕育一方面需要遵循生态的完整性。要从生命共同体的角度去理解人与自然，并在此基础上建立彼此的关切和平衡。另一方面也要注重生态的连接性。要注重人与社会、传统与现代，城市文化与历史传统、继承与创新的沟通与连接，于融合中实现和谐。建立人与自然、社会、历史的互存共生与共创，引领新区的生态文明建设，实现新区的绿色可持续发展。

## 二、以"和而不同"的相处之道构建新区城市文化生态

自雄安新区规划伊始，就要求"坚持世界眼光、国际标准、中国特色、高点定位"，打造世界级新城。谋划雄安新区的千年战略构成的核心元素是中国融入世界、世界融入中国，在这个融入过程中，必然产生对于文化多样性的需求。城市文化的多样性需求反映出人类文化的多样性需求。中华传统文化所提倡的"和而不同"的相处之道，对于处理世界多样性文化关系和构建多元文化生态具有重要的启示意义。

"和而不同"意味着多元、共存，即多样性意义上的平等共处。儒、释、道三家思想体系本身相异相辅的多元共存之道就是共同奉行"和而不同"的思想主张。"百家争鸣"也是一种多元的思想生态。儒、释、道的"和而不同"，构成了中国文化的特有结构，"儒以治国，道以修身，佛以养心"。道家认为，人类各个群体的多样性同样是天然存在的。庄子主张"齐物"和"道通为一"，强调万物多元而平等。儒家同样主张万物多元是天地所赋予，各自共存而互不妨害。孔子说："君子和而不同，小人同而不和。"意见的多样也正如世界万物的多样，不能因意见不同

而产生不和。要以"和为贵"，就要在不同中求得和谐相处。要承认"不同"，承认差异，通过互济互补，在"不同"的基础上形成"和"，达到统一、和谐，才能使事物得到发展。"和而不同"作为中华传统文化的核心理念，表现了中华文化的宽容精神和包容胸怀。此外，佛教是在公元之际传到中国后，与中国文化也有一个漫长的融合过程，逐渐渗透到中国文化里，它自己也适应了中国文化，成为了中华文化重要组成部分。

"和而不同"的文化多元性创造出健康的城市文化生态。2001年11月2日在联合国教科文组织第三十一届大会上通过的《世界文化多样性宣言》中提出："文化在不同的时代和不同的地方具有各种不同的表现方式。文化多样性对人类来讲就像生物多样性对维持生物平衡那样必不可少，从这个意义上说，文化多样性是人类的共同遗产，应该从当代人和子孙后代的利益考虑予以承认和肯定。"正如地球需要保持形形色色的多种生物、物种或生物群落才能达到生物平衡一样，城市的健康发展也赖以多种文化、多种智慧的渗透。文化的多样性之间，存在着文化的共性与个性。承认共性，尊重个性，是构成"和而不同"的健康文化生态的前提。当代新儒家徐复观认为，普天下的人类具有共性，但由于每个人生活环境不同，而且人本身有其主动性和创发性，使得人除了有共性之外，还有其个性。既然人是共性与个性的统一，而"文化是由人创造的，人的共性与个性，当然会反映在其所创造的文化上，而成为文化的共性与个性。"❶因此，在文化的共性上，应该承认世界的文化共性；在文化的个性上，也应该尊重各民族国家各自的文化特性。

主张发展"和而不同"的文化生态还有另一个重要原因，即"同则不继"。现代城市文化单一性的趋同现象已比比皆是。在全球城市化的大背景下，中国城镇化进程逐步加快。然而，城镇化的过程带来了"千城一面"的现象。单一的、片面的现代工业文化、推崇经济至上的消费主义文化，对传统民族文化、地域文化、民间文化的侵蚀，令人触目惊心。在数千年文明发展过程中形成的中华传统文化、地域文化和文化多样性，在这种现代化的单一体系中被"城市"所取代。曾经丰富多彩的民族文化生态以惊人的速度在城市中衰退。许多作为地方精神空间和艺术语言的、带有浓郁地域特色的文化建筑被野蛮地拆毁或"文明"地切割迁移。因此，对于城市文化生态多样性的倡导，正当其时。

---

❶李维武.徐复观文集(第1卷)[M].武汉:湖北人民出版社,2002.

雄安新区的城市文化建设，必定不能再重蹈"千城一面"的城市文化危机，尊重城市文化演化的自然性和规律性，以中华传统文化为核心，兼容与融合世界多元文化，促进城市文化生态的多元化发展。随着高端服务业、高新产业的进驻，逐渐吸引来自全球的高端人才集聚于新区工作与生活。一方面要营造相对宽松、自由的文化环境，使那些聚集而来的各种文化能够找到自身生存与发展的空间。保卫作为每一个独立个体的市民发表不同意见的自由和属于每个人的文化与信仰空间，真正实践以人为本的文化精神。另一方面，中华优秀传统文化及其当代意义在与聚集到城市中的各种文化的接触、碰撞过程中，能够认同与汲取其他文化的精髓，又要保持自身的整体性和独立性。以和平共处、相互尊重的健康心态面对他者的文化选择。因此，雄安新区的城市多元文化生态，不仅将是中国当代文明的象征，同样也将是世界各种文化的交流与融合的典范。

## 三、以"曾点气象"的乐活精神培育新区城市生活美学

当代，面对城市中的人际疏远、世态炎凉，个体如何在日常生活中获得存在感、价值感，或者说是如何活，才不枉此生？人如何活？已然成为了一个美学问题。马克思说，人要自由而全面地发展；海德格尔讲，人要诗意地栖居。把二者结合起来就是人要自由而诗意地生活。自由而诗意地生活，是自由精神对现实物质世界的超越，体现在生活中，即日常生活的审美超越。实践美学从历史唯物论的基本原理出发，提出美学要建立心理本体的任务，要寻找感性与理性之间的一种最佳的平衡与结合之点。在现代社会里，心理本体落实为情本体。人生有情才有"味"，有情才有"趣"，有情才能"有声有色"，才能"多姿多彩"。

中国传统文化中所推崇的"曾点气象"，就是一种日常生活审美化的乐活精神。"曾点"的典故出自于《论语·先进》篇，记录了一段孔子和子路、曾皙、冉有、公西华这4个弟子"言志"的一段话。其他3位弟子各有言说，唯有曾点悠闲自得地鼓瑟咏歌，歌毕才作答，他所向往的是"暮春者，春服既成，冠者五六人，童子六七人，浴乎沂，风乎舞雩，咏而归。"他称自己最有兴趣的，是在春暖花开的时节，换上新衣，与五、六个同道好友，六、七个少年学子，沐浴于沂水之中，迎着和风游览于祭坛之下，唱着诗歌哼着小调尽兴而归。❶孔子听后喟然而叹："吾

---

❶冯达文."曾点气象"异说[J].中国哲学史,2005(4).

与点也。"曾点所向往的是理想中优游自在的太平生活，获得了孔子的赞许。曾点的言行体现出胸怀天道、天理浑然的"气象"，后人在评论与解读中逐渐形成了理学中的一个重要概念——"曾点气象"。

不论是二程亦或朱熹，对于"曾点气象"都表示出肯定与赞许的态度。程颢称："盖与圣人之志同，便是尧舜气象也"，在与自然亲和中领悟天道。程颐评："言乐而得其所也。孔子之志在于'老者安之，朋友信之，少者怀之'，使万物莫不遂其性，曾点知之。"在人际亲善交往中，突显关爱之情怀。及至朱熹，综合炼凝二程的说法，遂使"曾点气象"作为精神境界有了更圆满的解读。朱子称："曾点之学，盖有以见夫人欲尽处，天理流行，随处充满，无少欠缺。……乐其日用之常，初无舍己为人之意。而其胸次悠然，直与天地万物上下同流……"❶其中"乐其日用之常""直与天地万物上下同流"的言论，实际上是一种把人生审美化、快乐化的品质，其中道德理想与审美理想融贯统一，使人生成为真正自由的、美的人生，使人实现"自由而诗意地生存"。

"曾点气象"正是对日常生活的"审美点化"，通过现实生活中的点点滴滴来获得生活体验与审美体验，将生活的凡俗、平庸与日常转向审美化与艺术化，在这个转化过程中体会宇宙自然的生命精神，实现对现实人生的超越，追求一种真正自由的精神境界。它通过在艺术的、文化的、休闲的、娱乐的具体生活过程和细节中去品味和体察人生的真谛，把日常生活塑造为一种融生命体验与哲学思考于一体的境界。它是灵与肉、身与心、物质与精神的融合汇通的综合性结果，是一种自由的人生境界。这种对于"乐"、对于自由境界的追求，也可谓是一种"乐活"的生活美学。❷

对于城市居民来说，这种"乐活"的生活态度与审美休闲的追求则更为重要。罗素曾说，能否聪明地休闲是对文明的最终考验。城市的文明就体现于，每一个公民都能完全自由地发展和发挥他的全部才能和力量，同时拥有"生活"与"审美"的双重能力，不仅以此配置一个属于自己的更好的独立生活，同时也为城市的整体发展提供具有积极意义的良性循环。休闲不仅是寻找快乐，也是在寻找生命的意义。因此，美学不应仅是一种理论，更是一种"生活方式"，作为整体的"理想城市生活"理应得到审美的呈现与践行。这是当今美学参与城市建设所应承担的责任。

---

❶朱熹. 论语集注[M]. 北京：中华书局，1983：130.
❷徐碧辉. "曾点气象"与儒家的"乐活"精神[J]. 华文文学，2011(5).

雄安建立新区所面临的一项重要任务与挑战就是如何"从无到有""筑巢引凤"，不但吸引人才，更重要的是留住人才。然而，改变城市表征面貌相对容易，但寻找城市精神、培育城市生活美学却需要一个漫长的过程。然而，恰恰是城市的文化精神与生活品质则是当代人最为看重的。因此需要从规划源头伊始，将城市日常审美的生活化融入城市的每个角落，植入于未来居民的内心。要让未来新区生活的居民能够在任一时间、任一地点按照自己自身兴趣择取属于自己的审美场所，无论是现代化的音乐剧院，城市广场等文化设施，亦或是青山绿树环绕的城市生态，都可以感受到一种审美的精神力量。让人面对自然之美与社会之美时，可以品味生活中存在的真正的愉悦能量，感受生命内涵境界，从日常的生活升华为审美的生活、艺术的生活，最终提升城市的生活品质。

建立雄安新区就要注重这种城市生活的审美品质。通过城市生活美学的实践，构建"品质之城"，使人们可以在日常生活中，不断的提升个体的城市生活居住品质，让当代城市的气质属性更为丰富多彩。通过审美的体验与感悟激发城市居民的生活热情，个体感性认知得到全方面的释放，让心灵进入到一种审美心境。久而久之，产生对该城市的文化认同感。同时，随着生活美学的持续践行与文化认同感的增强，不仅提高人们的生活品质与精神追求，也将促进一座城市的审美建设，提高城市居民的审美能力，让审美化的生活成为一种生活态度、人生理念与追求。也正是在每一个居民对于生活美学的践行与认同中，建构起一座"美学之城"。

## 四、以"天下大同"的价值理念发展新区共享精神

根据规划要求，雄安新区建设需突出七个方面的重点任务。其中，第一条就是建设绿色智慧新城，建成国际一流、绿色、现代、智慧城市。智慧城市是运用信息和通信技术手段感测、分析、整合城市运行核心系统的各项关键信息，从而对包括民生、环保、公共安全、城市服务、工商业活动在内的各种需求做出智能响应。其实质是利用先进的信息技术，实现城市智慧式管理和运行，进而为城市中的人创造更美好的生活，促进城市的和谐、可持续成长。

在智慧城市建设过程中，"共享精神"贯穿始终。从数据共享、信息共享，到设施共享、房屋共享、生活资料共享、生产资料共享、社会保障制度共享等形式，

建设智慧城市的"共享精神"不可或缺。随着共享经济的发展模式引领全球，"共享化"生存，不仅是解决能源、生态系统、消费过剩等现实问题的必然趋势，也是我国解决社会公平的问题，让群众共享发展成果，是社会主义的本质要求，是以人为本的必然体现。

这种共享精神早在春秋时期的儒家思想典籍《礼记》中就有所体现。《礼记·礼运》"大同章"载："大道之行也，天下为公，选贤与能，讲信修睦。故人不独亲其亲，不独子其子，使老有所终，壮有所用，幼有所长，鳏、寡、孤、独、废疾者皆有所养，男有分，女有归。货恶其弃于地也，不必藏于己；力恶其不出于身也，不必为己。是故谋闭而不兴，盗窃乱贼而不作，故外户而不闭。是谓大同。"大同社会的最基本特征是"天下为公"，不私子孙，以示公心；社会财产与社会公民共同享用。这是一种建立在道德心基础上的共享理念。

十八届五中全会提出了共享发展的理念，注重解决发展中的公平正义，揭示了社会主义经济发展的出发点和落脚点。共享发展以人与人和谐共生为思想基础，提出在个人与社会关系问题上应自觉遵循人我互利共赢的原则，并最终实现人类在自由平等、相互尊重的基础上，对自己所创造的社会文明与社会发展成果的人群价值共享，从而唤醒现代人类长期沉溺于一己盲目的狭隘的功利性追求，而几近遗忘和消亡了的公共责任信念。2017年1月18日，习近平总书记在联合国日内瓦总部发表了《共同构建人类命运共同体》的演讲，为世界发展提出了中国方案："构建人类命运共同体，实现共赢共享。"其本质就是与世界人民一起共同努力，不断推动21世纪人类共享文明向前发展。共享发展的价值理想具有积极调节、优化城市社会共生关系的现实与长远意义。

雄安新区作为贯彻落实新发展理念的示范区，共享发展努力践行一种以现代社群为本位的全新的生存文化与价值理念。雄安新区将是总体上实现"蓝绿交织、清新明亮、水城共融"的、实现共享发展目标的、中国模式的"共享城市"。立足城市社会关系的现实，寻求一种相对最优化的共享机制，合理分享资源，保障经济、政治、文化等领域资源的合理分享。就城市发展的受惠主体而言，共享发展追求的是使所有人共同享受大家创造出来的福利，使社会全体成员的才能得到全面的发展。也正因为如此，共享发展的实现也是建立在每个城市公民积极参与的基础上。共享发展的共生价值理想所体现的全新的城市人文精神具有鲜明的传统文化底蕴，是中华优秀传统文化的当代延续。

综上所述，雄安新区规划的目标是实现新发展新理念的创新发展示范区。新区文化是雄安立区之本，设区之魂。建设雄安新区文化，要以中华优秀传统文化为核心，延续历史文脉，同时吸纳与融入世界文化，构建新区市民文化价值认同与新型城市文化精神，引领具有全球视野、中国特色的雄安新区城市文化发展。

## 第三节 雄安新区文化发展的战略取向

我国经济社会文化的发展在空间上表现出明显的行政区域特征，在管理上也形成了以行政区为中心的区域管理模式。一般意义上的"新区"是对原有建成区在城市发展空间上的延展、对城市资源的再分配，在管理体制的设计上从"优化配置和使用城市资源、验证和协调城市功能分区、合理拓展和挖掘城市有限容量、获取和积累城市开发资金等多个角度进行综合考虑"。❶"国家级新区"开发建设上升为国家战略，总体发展目标、发展定位等由国务院统一进行规划和审批，相关特殊优惠政策和权限由国务院直接批复，鼓励新区进行各项制度改革与创新的探索工作，在布局上更多考虑新区建设带动区域的发展，成为区域的增长极，改变整个区域的发展态势。

作为正式命名的第19个"国家级新区"，雄安新区由于"出生证明"有着中共中央、国务院的双重背书，有着"千年大计、国家大事"8个字的罕见定位，使其建设发展更具超越现有实态的想象空间。虽然与深圳经济特区和上海浦东新区同为具有全国意义的新区，雄安新区肩负集中疏解北京非首都功能、调整优化京津冀城市布局和空间结构两大职能，让雄安新区增加了些许政治意味；"坚持世界眼光、国际标准、中国特色、高点定位"的规划要求、"绿色生态宜居新城区、创新驱动发展引领区、协调发展示范区、开放发展先行区"的建设目标以及七方面的重点任务，让雄安新区更具现代新发展的未来感；"坚持保护弘扬中华优秀传统文化、延续历史文脉"的文化发展自信，让冀中平原厚重的文化积淀在历史与现代的交织中获得新的生命形态。文化建设和发展在雄安新区建设中必不可少，深圳经济特区和上海浦东新区的建设在当时历史背景下选择"改革先行、经济先行"，基本建成后文化建设后续跟进。雄安新区不同以往，它本身拥有悠久的历史文化遗存、丰富的

❶杨薇,张时正.我国城市新区开发建设管理模式研究[J].环球市场,2016(27).

非物质文化遗产、壮阔的红色文化传统和多样的民间民俗文化，在雄安新区规划建设中如何体现文化、延续文脉，在雄安新区未来发展中如何发扬光大文化、做好文化发展全方位创新不仅是新区内在发展的要求，也是在新的时代背景下我国文化发展的客观需要。正是由于雄安新区建设的特殊性，在文化发展的设计上应站在更高位置上思考其战略取向。

## 一、雄安新区规划建设中文化发展的时代站位

文化是人类在特定的社会和自然环境中产生和后天形成的一种群体性行为模式和生活方式。从社会生活属性而言，文化是现代生活不可缺少的功能性产物。作为雄安新区未来建设的重要板块，文化发展需要设计文化自身为求生存和传承壮大所采取的制度框架和政策策略，是围绕雄安新区核心建设目标，从国际文化关系、国内文化发展全局和当地文化实际出发制定的系统战略，是文化在雄安新区建设总框架下的基本站位。在建设雄安新区的探索过程中，文化发展面临着来自与外部文化博弈耦合的新形势，同时也要应对自身演进的新要求。从雄安新区独特的历史使命来看，文化发展承载的内容和任务更为丰富和厚重。

### （一）雄安新区文化发展需要树立"文化资源自信"

文化作为人类社会发展的一个重要维度，不仅改变了人类社会的生产力结构，还深刻影响着人们的精神存在方式，文化已经不再单纯成为一种意识形态和区域形象代表，更是一种新型战略资源。雄县、容城、安新三县现有白洋淀青水绿波、苇荡荷塘的优美自然风光，燕赵大地上所承载的超越千年的历史文化，冀中抗战分区波澜壮阔的爱国战事和仁人志士，浪漫的文学流派"荷花淀派"和朦胧诗派"白洋淀诗歌群落"等，文化底蕴深厚层次丰富，区域发展的文化软环境良好。雄县，历史上三次为都，三次为边界，自古即是军事重镇，境内长达65公里的宋辽古战道被誉为"地下长城"，还有著名的杨六郎镇守的瓦桥关遗址；雄县民间艺术丰富，雄州古乐、鹰爪翻子拳被列入全国非物质类文化遗产。雄县还建有中国北方最大的古玩交易市场。容城，三贤文化之乡，元代鸿儒、著名的教育家刘因、明代铮铮铁骨的一代义士杨继盛和一代正义之士孙奇逢史称"容城三杰"，文人辈出。安新，拥有白洋淀80%的水域面积，自然生态良好，文化旅游具有先发优势，除了是战国时期的兵家之地，更是抗日战争时期的抗日根据地，雁翎队的抗日事迹、以白洋淀为

背景创作的《小兵张嘎》《平原枪声》《敌后武工队》都是脍炙人口的红色文学作品，也深深印刻入了几代中国人的爱国情怀。与北京、天津的文化特征相比，雄安新区的文化天然自成、独具魅力。因此，在雄安新区区域全面升级转型、各种社会秩序重建的过程中，必须要树立"文化资源自信"的理念，守护好优秀传统文化和历史文脉，以"文化先行"的路径，将雄安特有的文化景观、文化价值、文化遗存等根植于本土的悠久历史文化和现代性的创新文化深度融合，为解决"千年之城"的规划难题作出文化贡献。

## （二）雄安新区文化发展需要发挥"文化社会价值"

目前雄安新区的整体规划和建设模式都在探索中，2017年2月23日，习近平总书记到河北雄安新区考察并主持召开座谈会时明确说到："建设雄安新区是一项历史性工程，一定要保持历史耐心，有'功成不必在我'的精神境界。"雄安新区的建设将历时几十代人，时代变迁和宏观环境的异动对传统方式提出革新挑战，需要用文化来解决历史、当下和未来面临的问题。随着雄安新区建设的推进，当地居民对于雄安新区的认识也会发生变化。中国传媒大学雄安发展研究院在对安新县核心区的村民调研中就了解到，村民对雄安新区建设从最初的兴奋，变为犹豫、疑虑和担心，进入建设实施阶段后需要当地居民对于新区在"千年大计、国家大事"本质上的理性认同，而不是简单逻辑推理。正如习近平总书记的指示——"人民对美好生活的向往就是我们的奋斗目标"，以人民为中心，做好雄安新区的搬迁、安置工作是首位，安置后的居民"离土不离乡"，用文化去留住乡愁，用当地长期积淀的文化基因去构筑新的家园，有助于建立雄安新区发展所需要的新"文化伦理"，把兴奋激动与长期的理解支持成功结合，利于雄安新区建设的整体推进。另一方面，搬迁安置后的居民也需要涵育与雄安新区未来国际高水平城市群发展相适应的思想道德观和行为规范，保护优秀传统文化，将雄安原有崇尚仁义的传统道德、尊重自然的和谐思想、勇于挑战的创新精神内化为"雄安文化"，成为雄安新市民的内心守则，发挥文化自觉的作用，才能保证雄安新区发展的长治久安。

## （三）雄安新区文化发展需要确立"转型新支点"

雄安新区的建设是全方位的重新规划和改革试行，新区现有的文化发展生态也面临全方位的转型。新区中三县发展基础各不相同，雄县为全国知名的"塑料包装生产基地"，虽然有千年的悠久历史文化和国家级非遗，但文化产业发展相对滞后，产业整体发展几乎仍处于起步阶段，文化发展的总量和质量都有待提高，文物保护亟待提上议程；容城作为"北方服装之城"，服装制造加工业十分发达，近7万名的产业工人从事服装订单的加工生产，缺乏自主品牌和自主设计，依靠人口红利虽然解决了就业问题，但在未来新区建设中服装产业如何升级也成为必然面临的问题；安新在三县中文化旅游基础最好，但产业形态单一，文化服务业滞后等瓶颈也阻碍着文化发展整体的提质增效。在未来新区建设中，现在的部分文化业态面临淘汰，部分文化业态必然要提升才能符合新区建设要求。雄安新区文化发展的转型具体而言，就是以文化产业发展为抓手优先发展现代服务业，并通过创意设计、产业融合促进传统优势产业升级；在社会领域找准多元阶层实现"社会共生"的平衡点过程中，以全民文明素质提升建设包容性社会的文化发展价值取向；在生态领域寻求以天地人和谐相处为基础，在构建环资制度的过程中，以文化为精神内容实现天人合一。

**（四）雄安新区文化发展需要形成"文化新制度"**

在雄安新区建设全面创新的基本逻辑和整体要求下，文化发展也面临着创新任务，在新区发展中形成稳定的、相对完善的基本文化制度和更强的文化生产力是要解决的根本问题，也是未来的两大主要任务。建立新的"文化制度"必须准确总结国内18个国家级新区文化建设取得的成功经验和当前文化发展中遇到的突出矛盾，重新审视宏观文化治理框架与微观文化管理手段。衡量新区建设中不同社会主体在文化建设中的身份转变与利益相关，全面分析人们文化需求的层次变动和结构变化。形成"新文化制度"的本质就是在制度层面形成文化治理、文化生产、文化消费、文化公共服务、文化市场建设等基础性环节的生成机制，形成推进核心文化价值观、公民道德、全民参与等社会意义层面全面激活文化活力的体制保障，从而确保文化制度功能目标与新区总体建设之间的协调一致，使雄安新区的文化发展在全面创新中形成富有活力和创新力的制度风貌。

## 二、雄安新区规划建设中文化发展的价值坐标

对雄安新区文化发展高度的理解，不仅要放在国家战略层面去观察，还必须结

合当下供给侧结构性改革的背景，置于传统与现代、本地文化与移民文化、不同文明之间博弈的高度去领悟，通过政策创新和体制建设进行文化价值重构。

### （一）从新区初始条件出发，提供提升文化潜在增长率的体制机制保障

雄安新区各县所处发展阶段不同，文化条件的具体表现特征也不尽相同，初始条件决定着雄安新区不同功能区内的路径选择。新区未来建设倡导的文化价值观念必须通过体制机制功能化，才能实现形成观念载体的有效工具。为了寻求在体制机制保障工具间恰当性和适配性的平衡，对于文化观念到制度安排，再到政策工具，再到社会绩效测评，都需要建立一个相对完整的文化政策作用程序。如果作为最初动力的文化观念更新后没有紧随其后的适配性制度安排，往往会导致新的文化观念难以通过制度支撑、程序化规范、合法化实施等一系列长效机制来统筹各种具体性实施工具。

### （二）从可持续增长出发，明确文化发展结构调整和转型升级的任务清单

雄安新区文化发展的过程，是释放潜力、激发活力、合成动力、打造发展新动力的转型升级过程。因此，雄安新区文化发展的主要任务就是以可持续增长的要求，倒逼结构性政策调整，加大要素投入的力度和促进相关体制机制改进。在调整文化产业内部结构、协调不同新区内外文化发展均衡化和特色化、增强文化创新能力、优化文化领域投资结构、深化文化领域全面改革等方面完成任务。

## 三、雄安新区规划建设中文化发展的着力点

首先，明确政府与市场关系的边界。加大以政府为中心的制度供给，推动雄安新区整体文化建设。在政府职能调整上，调整行政审批事项清单，精简和优化行政审批，明确规范行政职能权责和标准；要发挥"正面清单"的调节引导作用，结合雄安新区建设的七大任务，列明允许市场主体投资经营的行业、领域和业务和获取主体资格条件，确保文化宣传社会功能、阵地功能实现。在文化宏观管理上，重点强化发展战略、发展规划、产业政策和标准规范等的制定、调整和管理；在文化市场监管上，严格依法设定"红线"，确保"放得开、管得住"，对有违于道德伦理，有悖于社会主义核心价值观的文化产品和服务惩戒不怠。

其次，以"负面清单"管理为主要手段设立进入门槛。在雄安新区的文化发展

中，对于关系国家文化安全的有关行业、领域和业务；关系文化遗产传承和保护的有关行业和业务；涉及全国重大文化生产力布局的有关行业、领域和业务；涉及重大公共文化利益的有关行业、领域和业务等设立负面清单。对雄安新区内现有的文化产业业态进行摸底，结合产业结构调整目录，推动文化产业优化升级。限制工艺技术落后，不利于产业结构优化升级，需要督促改造和禁止新建的生产能力、工艺技术、装备及产品；淘汰不符合有关法律法规规定，严重浪费文化资源，需要淘汰的落后工艺技术、文化装备及产品。

第三，提高文化发展动力要素生产率水平的制度供给。通过制度供给高起点设计新区文化发展的整体框架，引导新区未来文化发展从数量扩张转向依靠知识、科技、管理等全面提升，优化劳动力、资本、土地、技术、管理等要素配置。为新区的文化自主创新活动创造宽松、激烈的制度环境，激发创新创业活力，让每个人都成为优秀文化的创造者。

第四，文化产业结构转型升级的宏观蓝图。在分析和把握国家文化改革发展环境、背景的基础上，勾画雄安新区发展中产业结构、产业组织、产业技术、产业布局变动的长期性大趋势，展示主要产业业态的市场、技术、产业规模的发展前景，明确产业发展的优先次序、产业政策的基础框架和政策方向。培育新型文化产业业态，尤其是互联网生态和基础设施与文化产业的融合，大力发展数字创意产业。不局限于文化产品和服务转型升级的制度支撑，还包括鼓励新服务平台、交易方式、消费群体、融资方式等的制度安排。

第五，做好公共文化生活的增量。重点围绕公共文化中管理体制机制、供给主体、供给均衡、供给有效性进行制度安排。加强新区内公共文化生活空间的广度，公共生活方式的深度以及公共文化利益的均等化程度。加强并落实政府在基本公共文化服务的主导责任，促进雄安新区新城市中公共文化资源的有序流动，最大程度保障群众文化权益，形成全民文化共享的新常态。促进公共文化参与主体的多元化，有效汇集社会力量参与公共文化建设，加大公共文化产品和服务的供给总量，提高公共文化服务的针对性和有效性，同时兼顾群众基本文化需求和个人性文化需求。优化公共文化服务的平台和载体，加强数字化网络建设。

第六，优化文化投资结构。结合雄安新区未来产业发展方向，推动文化资本向文化领域发展战略重点转变。在传统文化产业领域，重点通过资本纽带，鼓励跨行业和跨领域资源充足，提高规模效率和质量，培育战略投资者；在新兴文化业态领域，重点注重文化科技融合催生的新业态，鼓励新媒体内容生产和传播、文化信息消费、移动互联网文化产品和服务，以及基于物联网和云技术平台上的文化产业协同平台建设。

第七，促进文化消费模式转型。基于新区建成后城乡居民文化消费自主性提高的趋势，推动文化消费从供给消费到自主选择消费的转变。围绕文化消费者的自主选择权，探索构建文化消费社会评价机制，改变政府对公共文化的投入方式，提高公共文化产品的供给效率和质量；设计合理的文化消费配比制度，建立文化消费的激励、评级机制。鼓励并引导现代数字信息技术环境下的文化消费信息评价反馈和消费者自主选择机制，提高产品和服务的精准性，加快文化产品和服务的流通速度，提高整体供给效率。

# 第四节　雄安新区建设与城市文化遗产发展

雄安新区建设既要符合其未来发展的战略定位和城市格局，同时也不能割裂它原有的历史逻辑和城市记忆。新区所在地既有着悠久的历史和辉煌的过去，也有着宝贵的资源和璀璨的文明。如何保留传统的文化肌理，传承城市的历史文脉，展现独特的地域风貌，这应当是思考和谋划雄安新区规划建设的题中之义。

## 一、雄安新区的历史文化资源构成要素分析

### （一）雄安新区的地理区位概况

#### 1. 京畿要地，国都咽喉

雄安新区地处华北平原腹地，北京以南120公里，西邻保定市倚靠太行山脉，东越天津市以达渤海，加上北部拒马河与南部唐河的水域分割，使得此地天然形成一个区域整体，自古就是京畿要地，国都咽喉，军事重镇。雄安新区所在地在战国时期属燕国辖地，建制历代久远，雄县与容县始于汉代设县，安新县设县史亦可追溯到宋代，三县在历年朝代更迭中与周边县域多次归并拆分，但长期属于重要的边防堡垒，战略位置显要。

五代前后，雄县正处辽国边境线上，此地的瓦桥关正是抵御契丹南侵的重要关

口。契丹骑兵彪悍，宋太宗期间，中原两度北伐辽国惨败，被迫弃攻防守。雄县周边虽无天然的山川地形防御屏障，但有东注渤海的河流末梢密布，形成众多沼泽湖泊，可"陂泽之地，潴水为塞"。在大将何承矩建议下，北宋朝廷合河流、改造淀泊，构筑"水长城"防御体系，"凡八百里悉为潴潦，阔者有及六十里者，至今倚为藩篱"❶。这道深不可渡、浅不可涉的水上屏障有效拦截了契丹铁骑进攻，也将雄县区域变成更为重要的国防重地。

与"水长城"相得映彰的是同期存在、更为壮观的"地下长城"宋辽边关古战道。据《雄县志》记载，此地道从雄县通向东北部的霸州城，两城相距35公里。地道为青砖结构，内有迷魂洞、藏兵洞、通气孔、掩体、翻板等军事防御设施。宋辽时期此地虽战事频繁，但由于古战道这一持久防御工事的存在，也为抵挡辽国南侵、守护宋国领土立下汗马功劳。

2.首都新翼，冀中新极

雄安新区地处京津保腹地，区位优势明显，交通便捷通畅，生态环境优良，资源环境承载力较强，现有开发程度较低，发展空间充裕，具备高起点、高标准开发建设的基本条件。其设立初衷是为了深入推进京津冀协同发展战略、承接北京非首都功能疏解和人口转移，也为培育全国创新驱动发展的新引擎做好充分准备。

新区选址地位于首都西南方向，与北京、天津正好形成"黄金三角"，从全国城市群布局上看，构成与南部"珠三角"、中部"长三角"相呼应的北部"京三角"。作为非首都功能集中承载地的雄安新区，又与作为北京城市副中心的通州一起形成首都两翼，将有效缓解北京的"大城市病"问题，在更大范围、更宽领域、更深层次上提高开放型经济水平。

与此同时，位于河北中心位置的雄安新区还是推动该省低端污染产业转型升级、培育高端绿色产业形态、探索经济发展新模式和体制机制改革创新的试验区。长久以来，由于自然生态条件相对恶劣，以及首都优势资源过于集中而造成的"虹吸效应"和"政策致贫"，导致一连串国家级贫困县环绕北京周边，极大制约了京津冀三地的协同发展。在首都超饱和负载、三地贫富差距悬殊的形势下，雄安新区的设立将是打造冀中南区域经济新增长极、破解"环北京贫困带"难题的战略方案，为探索世界级城市群建设迈出关键的一步。

---

❶沈括.梦溪笔谈(卷十三)[M].北京:中华书局,1957.

### （二）雄安新区的自然资源禀赋

#### 1.九河下梢，水田泽国

今天，雄安新区所在的河北省是全国水资源最贫乏的省份之一，但在亿万年前此地曾是汪洋泽国，后经过数次地壳运动而逐渐形成平原地带；发源于太行山、燕山的几条大的古河系，则在山前形成了冲积扇群，扇与扇之间出现了积水洼地和湖成平原。[1]这些洼地和湖泊呈不连续的带状分布，白洋淀就是其间之一，流传至今，成为当前雄安新区最负盛名的自然生态景观。

出于军事战争防御需要，宋军在宋辽边界开始了大规模的修堤筑埝、开塘泊蓄水工程，形成一条东起沧州、西至保定的塘泊防线，其中，有两段即在今天安新县域内的白洋淀。由于唐宋年间河北连年战乱，百姓逃难导致土地荒芜，驻守边防的士兵粮饷多靠南粮北运。处于九河下梢汇流之地的"水长城"，在作为军事防御工事之余，还发挥屯田养兵之利，仅保州（今保定市）一州，就有屯田百万顷。"顺安以东濒海，广袤数百里，悉为稻田"[2]，不仅解决了宋军粮食问题，还改变了过去农田区域分布中"南稻北粟"的种植习惯，华北平原也开始种植江东早熟稻谷。及至明代，白洋淀区域仍水量充沛，有诗云"白洋大湖浪拍天，苍茫万顷无高田"，淀水汪洋浩淼、势连天际的景象让人叹为观止。

#### 2.淀泊湿地，华北江南

从古至今，白洋淀地区时而水量滔天，时而干涸见底。据史料记载，这种满溢与枯竭的状态在不同年代间反复出现，《宋史·河渠志·塘泺》最早命名了"白羊淀"，就是因风卷波浪似奔跑羊群而得名；但明代淀水又曾几度干竭，弘治元年（1488年）曾淤积为平地，百姓可在淀内耕种，官府甚至在淀中央办过牧马场，到正德年间才引河入淀，形成今天的规模。明清时期，白洋淀碧波连天，荷开十里，翠色满湖，烟波浩渺，景色秀美如华北江南，加之水中生物种类丰富，康熙和乾隆皇帝还曾修建四座行宫，时常在此水上围猎、赏景赋诗。

今天，白洋淀依然是华北平原最大的淡水浅湖型湿地，不仅是重要的淡水产品生产基地，还是大清河河系中重要的蓄水枢纽，承担着缓洪、治涝、蓄水灌溉的重要任务，对于维持华北平原生态平衡具有重要意义。但近些年来，由于气候变化和

---

[1]白洋淀原是古代军事防线[N].中国城市报,2017-04-17.

[2]脱脱.宋史·列传三十四[M].北京:中华书局,1977.

人类活动的双重作用，白洋淀面临着水资源短缺和水质恶化的严峻问题，20世纪80年代后干淀频繁出现，经过多次上游水库补水，并启动"引岳济淀"和"引黄补淀"工程，一定程度上缓解了白洋淀的水资源危机，但由于地表水资源减少与地下水超采严重，要再现"水到白洋阔连天，暮云浮笔画峰峦"的盛景，"华北之肾"白洋淀还亟待大规模的生态环境整治。

### （三）雄安新区的文明变迁历程

#### 1.上古文明，人类遗址

华北中原地带是东方文明发祥地之一，新石器时代文化遗址多在此地发掘。雄安新区下辖的容城县所发现的磁山遗址，突破了新石器时代仰韶文明的年代上限，将中原地区人类文明曙光上推至7300年前，在学术发展史上具有极高的意义。

磁山文明所出土的北方旱作谷子文化与河姆渡文明所出土的南方水稻文化是研究中国古代农业起源的重要文化脉络。粟的发现使中国黄河流域被明确为世界植粟最早的地区；胡桃的发现打破了由汉代张骞引自西域的说法；家鸡遗骸的发现将印度出土的历史向前推进了3300年，被考古学家确认为是世界上最早的家鸡饲养；●此外，大量石制镰、铲、刀、斧、磨等生活工具和陶器、网梭、鱼鳔等的出土，更是还原了先民们结束游牧生活、开始聚落定居、以种粟、采集、渔猎为生的人类文明发展风貌。作为磁山文化分布区之一，容城县的考古挖掘发现既为当地地域文明的源头确立历史依据，也为世界人类文明的溯源、断代和流变提供历史参照。

雄安新区所辖另一个县城安新县则是仰韶文明遗存地，安新县境内的梁庄遗址和留村遗址见证了黄河中下游地区的彩陶文化。由于地理空间的邻近和考古断代的相连，安新县的遗址发现既显示了上古文明间的传承与递进，同时也为研究中国历史与华夏文明提供了不可多得的文化考古证据。

#### 2.宋辽纷争，抗战传奇

雄安新区正处历史上的宋辽国境线，此地历史上风起云涌，战事频繁。辽国立国初期两国曾相安无事，辽国接受汉文明，进入高度汉化过程，"至于典章文物，饮食服玩之盛，尽习汉风"❷，使宋辽一度处于礼尚往来的和睦阶段。但很快宋辽就进入征伐状态，契丹骑兵挑衅边境觊觎中原，北宋抗击抵御被动坚守，两国战争

❶乔登云,刘勇.河北考古大发现:磁山文化[M].石家庄:花山文艺出版社,2006.

❷吕祖谦.皇朝文鉴[M].北京:中华书局,1992.

持续数十年，终究不堪重负达成和解，结成澶渊之盟。作为早期地缘政治的产物，盟约达成后，宋辽结束战乱，并在雄州、霸州等地设置榷场，两国开放交易，促成民间的贸易往来与文化交流，也为中原与北部边疆经济文化交往创造了有利条件，开启了新的历史文明进程。

及至20世纪抗战年间，曾作为古代防御工事的白洋淀又一次发挥了重要的军事作用，淀泊三分陆地、七分水域，芦苇遍布、河道交错，成为开展游击战的天然好战场，一支土生土长、熟悉水性的游击队"雁翎队"就是利用白洋淀淀泊相连、苇壕纵横的地理优势，发挥冀中渔民的勇敢智慧，或截获军火，或巧夺岗楼，或伏击敌船，或突袭据点，成为日寇闻风丧胆的水上精兵。而白洋淀的优美和芦苇荡的辽阔，又孕育出一种浪漫主义的革命情怀，河北籍作家孙犁以一部《白洋淀纪事》再现淀区人民英勇抗战、乐观斗争的历史场景，以清新朴实、情感真挚的笔触开创了抗日文学的诗意小说流派"荷花淀派"，成为中国文学史上的经典。

## 二、新区建设与文化遗产对接所面临的问题

### （一）文化底蕴在历史发展中正逐渐淡化

经济的落后极大地掣肘了城市的文化发展。地处环首都贫困带周边的新区三县，经济状况长期在低位徘徊，以农业和劳动密集型制造业为主的低端产业结构，使得这片区域的大部分地区尚处于工业化初中期阶段。产值不高，污染严重，城市规模过小，土地利用粗放，基础设施投入不足，社会服务设施也不够完善，严重制约了城市建设的均衡发展，城市文化底蕴也在历史发展中逐渐淡化。

在古代曾经作为军事重镇的雄县区域，在今天的和平时代已不再承担国防重任，燕赵大地的慷慨苍凉如今难觅寻踪；宋辽边关关隘地带的荒芜寂寥很难让人联想旧时两国对垒长年拉锯的沙场阵势，军民两用、功不可没的"水长城"和"古战道"也几乎成了古书里的历史传奇；安新与容城的上古遗址发掘只是标记了人类文明在历史长河里的时代坐标，却还尚未与后世文明展开更为深刻的交流对话；白洋淀的绮丽风光曾经吸引文人骚客留下大量诗文翰墨，而今天景区里时有出现的拉客黑船和低俗表演却难以复刻往日"四时风浪舒心颜，撑得虚舟心自闲"的怡然惬意。至于县城里的日常文化，由于重视不够、投入不足、引导不当，年轻人的文化娱乐空间大抵只剩贫瘠的KTV和网吧，而图书馆和文化馆等公共文化基础设施则近

乎荒废。冀中南地区悠久的历史文明、独特的自然生态、丰富的文化资源并未得到合理的开发和保护，淡漠的文化传承意识成为当前最急需转变的观念之一。

### （二）文化资源在现有条件下开发难度大

白洋淀是目前雄安新区所在区域最为知名的自然景观，也是最具开发潜力的文化资源。但由于气候变化和人类活动的影响，近几十年来入淀径流减少，白洋淀的湿地面积不断减小，破碎化程度不断增加，甚至多次面临干淀威胁。相关研究长期跟踪数据显示，从1974年到2007年，白洋淀湿地面积从249.4平方公里下降到182.6平方公里，优势景观类型湿地对整个景观的控制作用正在日趋下降。❶另一方面，上游水资源开发、植被覆盖和水土流失也对白洋淀湿地系统产生直接影响，目前正面临着富营养化和沼泽化的威胁，许多淀区已经发生中度和重度沼泽化过程。❷更为严重的是，大量城镇生活污水、工业废水和农药化肥流入淀泊，造成水质严重污染。多重因素共同作用，白洋淀流域生态环境岌岌可危。

对白洋淀的治理已经启动40余年了，但收效并不显著。由于缺乏天然水补给，今天的白洋淀已不再是当年"九河下梢"的天然淀泊，而成为一个失去自净和循环能力的死湖，"引水济淀"不仅治标不治本，还可能带来新的水体污染。白洋淀上游及周边乡镇密布高能耗、高污染的造纸业、羽绒业、毛纺印染业、皮革制造业工厂，超出保定市污水处理能力的大量工业废水直接流入淀区，正在加速白洋淀的死亡。治理白洋淀，不仅需要壮士断腕的决心，还需要付出高昂的代价。2017年保定市已计划投入将近250亿元用于加强白洋淀水域的综合整治，有机构预测，这项重大工程至少需要超千亿的投资。❸

### （三）文化建设在新区规划中的权重较低

承接非首都功能疏解是设立雄安新区的首要任务，对此，新区建设需要开展战略性、整体性的全方位规划。根据中央意见，目前在对专项规划实施、重大项目布局和资金统筹安排上，优先支持新区建设中与交通、生态、水利、能源、公共服务等相关的重大项目，文化建设在新区规划中的权重相对较低。城市规划建设需要融入文化规划理念，文化生态的保护和改善、文化遗产的传承和发展、文化产业的布

❶庄长伟,等.近33年白洋淀景观动态变化[J].生态学报,2011(3).

❷白军红,等.白洋淀湖沼湿地系统景观格局演变及其驱动力分析[J].地理研究,2013(9).

❸雄安新区带来新生机 白洋淀治理市场或超千亿[N].21世纪经济报道,2017-04-20.

局和谋划与城市的长远发展息息相关，同样需要引起高度重视。

在最近数十年的中国城市发展和新型城镇化建设过程中，城市规划滞后于文化发展的实际需求、产业布局唯经济效益马首是瞻、城市建设只重视物质性和功能性而忽视人文价值和精神内涵、"千城一面"的模板化复刻、丧失了对城市文化特色的空间想象……这种类似的经验和教训已经屡见不鲜，由此带来的是历史和传统的毁灭、人文和情感的消失、物质与精神的失衡。雄安新区的发展不能再重蹈覆辙，打造独特的城市文化品位、突出和谐的人居生态特色、保留可延续的历史文脉传承、谋划前瞻性的文化发展定位，是雄安新区制定和实施城市发展规划所应予以考虑的重要内容。

### （四）非遗传承与新区建设的步调不一致

雄安新区所辖三县悠久的历史文化积淀造就了一大批非物质文化遗产，慷慨激昂的雄县古乐、中华传统武术瑰宝之一的雄县鹰爪翻子拳、完整保留明清古老曲目和表演方式的安新县圈头村音乐会、精细独特做工精良的安新芦苇画等传承年代久远、地域文化色彩突出的中华非遗也是雄安新区的宝贵财富。不过，与其他很多地方在开展非遗保护工作时所遇到的问题类似，目前冀中南城乡地区也面临着非遗传承资金投入不足、经济效益产出低下、缺乏专业指导、业务基础薄弱以及传承人老龄化、继承人断代化等普遍性问题。

另一方面，根据雄安新区的发展定位和建设预期，这座坚持创新引领的国家级新区将积极吸纳和集聚京津及全国创新要素资源，集中发展高端高新产业，打造具有世界影响力、国内领先的科技新城。在这一构想下，新区所辖区域内的本土村民居民也势必成为需要配合新区建设而被疏解的移民，许多乡土文化和非遗文化将由此失去了可以依附和生存的土壤。如何在搬迁与异地安置中保护好非遗文脉，如何在城乡现代化建设中创意活化古老艺术，将成为新区在传承传统文化时所需要思考的又一问题。

## 三、传承城市文脉推动新区建设的发展思路

### （一）凸显特色，塑造城市文化风貌

#### 1.借鉴传统，展现中华建筑美学

"雄安新区"的横空出世，为新区三县带来了千载难逢、全方位的发展契机，城乡村落即将迎来一场脱胎换骨的更新再造。"世界眼光、国际标准、中国特色、

高点定位"16字理念，为雄安新区规划确定了引领未来的建设要求，而其中的"中国特色"则暗含着对于城市建设风格的文化想象。

建设一个怎样的雄安新区，一千人心目中有一千个设计方案。国家发改委主任何立峰在接受媒体采访时表示，新区"在建筑上要充分体现中华文化的元素，在建设过程当中要精雕细琢，以工匠精神打造百年建筑，留下千年传承"❶，为我们指明一种城市规划的美学可能。中国建筑讲究天人合一、自然圆融，重视房屋与周围环境的浑然一体、情景交融，注重对称、平衡、和谐、匀称，或用梁柱椽拱勾勒建筑线条，或用亭台楼阁营造灵动气韵，既有讲究大气庄严的庙宇宫殿，也有彰显伦理秩序的传统庭院，更有追求意境诗情的山水园林。雄安新区建设或可借鉴中式传统建筑理念，于匀称自然间传达文化价值观念，于东方写意中展现中华建筑美学。

2. 以水定城，建设宜居灵动新区

自古以来，人类逐水而居，城市依水而建。对一个城市而言，有水则灵，有水则美，因水而兴。由于白洋淀淀泊群的存在，雄安新区建设多了几分灵动优美的想象空间，同时也多了几道依照资源环境承载力调节甚至约束城市发展规模的规划红线。雄安新区的建设应当以水定城，根据可利用的水资源总量确定城市人口规模，畅通河道、湿地、淀泊等城市水系和绿地、花园、耕地等城市配套，优化城市给排水系统，形成完整流动的自然循环生态系统。城市空间布局既要考虑水文景观，营造宜居宜业、水城共融的城市风貌，更要考虑绿色先导、节水节能的产业结构规划，明确量水发展、因水而居的建设理念，把水资源可利用量、水环境容量作为城市发展的刚性约束，引导城市生产力空间布局、经济结构、发展方式以及生活方式与水资源禀赋条件、水环境承载能力相适应，打造一座水脉穿行、淀泊点缀的灵动新城。

**（二）以人为本，优化文化基础设施**

1. 加大投入，提高文化配套标准

文化基础设施建设是一个地区、一个城市文明程度的重要体现，是构建公共文化服务体系的重要支撑，也是塑造城乡形象、提升城乡品位、满足城乡民众文化需求的重要手段。目前，雄县、安新、容城等几个乡县的文化基础设施还比较薄弱，数量少、规模小、水平低、文化投入力度相对不足，文化设施的使用和服务效能比较低下，文化产品的数量和质量亟待提升。

---

❶习近平.规划建设雄安新区是具有重大意义的战略选择[N].新华社,2017-04-13.

《文化部"十三五"文化改革发展规划》指出，"十三五"期间要"全面推进基本公共文化服务标准化均等化，提高公共文化服务效能"。雄安新区要发展公共文化服务，既要对标文化部基本要求，统筹规划，合理布局，以群众基本文化需求为导向，促进公共文化资源合理配置，加强文化服务能力，提升文化服务质量；同时，还应对标雄安新区的建设目标，确立公共文化服务的高起点和高标准，将优化文化基础设施与"建设绿色智慧新城""提供优质公共服务"统筹考虑，积极运用物联网、云计算、大数据、空间地理信息集成等新一代信息技术，通过智能化系统和大数据实现城市文化领域的全面监测、实时记录和整合分析，提升政府对公共文化服务配送和供给的精准度，提高公共文化服务的多元性、便利性、可及性、科技性、有效性，实现公共文化服务体系建设由数字化向智慧化转型。

### 2. 机制创新，激发社会参与热情

探索体制机制创新，加大公益性文化事业单位改革力度，建立公共文化服务长效机制，是提高公共文化服务体系运行活力、提升市民对文化活动和服务参与度和满意度的必由之路。作为创新驱动发展引领区，雄安新区应在公共文化服务的社会化发展方向上先行先试，创新文化社会组织管理与培育机制，创新文化供给手段，健全政府购买公共文化服务机制，实现公共文化服务筹措购买资金的多元化和购买方式的多样化。

与此同时，应积极引入市场竞争，充分激发社会活力。实施政策倾斜，加大资金扶持，吸引社会力量投入公共文化服务领域。或探索设立公共文化服务基金，实施文化社会组织孵化工程，以资助、贴息、奖励等方式扶持文化社会组织。

另一方面，可将雄安新区作为试点，完善公共文化服务评价工作机制，改变过去供给主体唯上不唯下的判断逻辑，建立群众评价与反馈机制，探索建立公共文化服务第三方评价机制，增强公共文化服务评价的科学性。同时，改变以往公共文化"重建设轻服务"的发展思路，坚持以人为本，重点关注人民群众最关心、最直接、最现实和最薄弱的文化需要，提供"超市式"供给、"菜单化"服务等新模式，真正做到文化惠民、文化乐民、文化为民。

### （三）跨界融合，优质转化文化资源

#### 1. 产业升级，推进全域旅游发展

雄安新区所辖地区及其周边有着丰富的文化旅游资源。以雄县为例，这座被国

土资源部命名为"中国温泉之乡"的冀中县城有着丰富的地热水储量，温泉水埋藏浅、储量大、水温高、水质优，又有"华北地热之冠"之称。为进一步发挥珍贵的自然资源禀赋，带动旅游产业优化升级，雄县可将温泉作为核心优势，积极盘活区域内的经济社会资源，带动生态环境、公共服务、体制机制、政策法规、文明素质等全方位、系统化提升，探索开发以温泉+康体运动（如休闲型、挑战型运动项目）、温泉+度假养生（如高端民宿酒店）、温泉+美丽乡村（如精品采摘捕食）、温泉+主题景观（如特色花卉、艺术采风）、温泉+特色景区（如宋辽古战道）、温泉+创意产业（如温泉产品）等跨界产业，同时优化旅游基础设施和公共配套设施的建设水平，实行旅游监管全覆盖，从粗放低效旅游向精细高效旅游转变，从封闭旅游自循环向开放"旅游+"融合发展方式转变，推动区域资源有机整合、产业融合发展、社会共建共享，在国家级新区腹地开辟一片集生态涵养、休闲娱乐、产业共融等于一体的全域旅游实验区。

### 2.讲好故事，打造优秀文化精品

如何利用好雄安新区丰厚的历史文化素材，讲好雄安故事，塑造雄安形象，展现雄安风格，打造雄安文化精品，是推动雄安新区文化建设的重要任务。白洋淀的雁翎队、小兵张嘎、"神八路"杨铁、板家窝战斗等耳熟能详的革命故事已经凝结为雄安地区的红色基因，是创作艺术剧目、拍摄影视作品、设计文创产品的不竭源泉；20世纪四五十年代的"荷花淀派"在抗战时期用清新的笔触呈现了革命的乐观和浪漫，用别样的情感记录历史的真实，20世纪七八十年代的"白洋淀诗群"创作了一批现代主义风格的新诗，书写了知识青年关于一个时代的思索和感悟。站在雄安新区的起点上，当代文学史上的经典为后人提供了一种艺术对话的可能；碧波荡漾的白洋淀、辽阔宽广的芦苇荡，乃至神秘幽深的古战道，则为旅游演艺精品创作提供了实景演出的表现空间，利用这些独特的山水实景、人文景观，因地制宜打造独创性的观赏环境，借助高科技的声光化电和舞台技术，艺术化地讲述雄安新区的历史与未来。

### （四）创意驱动，活化开发文化遗产

#### 1.虚实相生，合理保护开发文物

雄安新区所在地历史久远，目前已考古挖掘出的文物遗址就包括容城磁山文化遗址、晾马台遗址（商周时期）、南阳遗址（春秋战国时期）、安新梁庄遗址（新石

器时代）、留村遗址（仰韶文化）、雄县瓦桥关遗址（唐宋时期）等。这些遗址大多已被确定为国家级和省级文物保护单位，但仍处于保护性、限制性开发中，尚未完成全面挖掘整理工作，各个遗址点也仍处零散分布状态，尚未完成系统性的梳理，也未建成可供展示参观的文物遗址博物馆。目前雄安新区正在开展整体规划，应把科学谋划新区的文物保护和展示利用纳入规划范畴，有序摸清文物资源的准确情况，科学设计几大文物遗址的串联展示，积极利用现代数字化、三维图形图像、虚拟现实、互动娱乐、数字典藏等高新前沿技术，使文物遗址实体展示与虚拟呈现相辅相成。同时，鼓励文博单位开展博物馆文创产业，通过IP授权、创意设计开发各类体现地域历史文化特色的文创产品，借助博物馆与文物艺术衍生品，做好雄安新区的城市名片展示与历史文化传播。

### 2. 活态传承，创新非遗保护模式

非物质文化遗产植根中华传统文化的深厚沃土，是人类文明的记忆载体、文化多样的鲜活样本，更是当代生活的底蕴和滋养。非遗不能束之高阁或归于馆藏，其生命力来源于不断演化创新，其生长点依赖于活态传承。雄安新区的战略性规划，可能将极大地改变数百上千年来的乡村发展面貌，使非遗文化失去赖以生存的文化土壤。在这样的背景下，非遗保护工作更需要加强对代表性项目传承人的重视和扶持，对濒危非遗项目做好抢救性文字、音像采集保存，加大对非遗教育、培训和发展的资金投入力度，鼓励非遗走进校园，开展民间文化艺术交流活动。同时，在保留非遗完整性和真实性的前提下，积极创新保护和传承模式，如以政府购买形式扶持非遗地方剧种的公益性演出、以市场化形式开办特色武术教学、以产业化形式打造传统手工艺制品上下游产业、以跨界创意形式在当代艺术表演表现中呈现传统非遗精髓等，推动非物质文化遗产"活起来""走出去"，使之具有更为长久的生命力和更为广泛的影响力。

## 第五节  雄安新区文化产业发展的多维驱动

雄安新区不仅属于滨水类新区，而且开发程度较低，如同一张白纸，且具备完整的色笔支撑体系，多维发展空间充裕，具备高起点和高标准开发建设的基本条件。白洋淀作为维护雄安新区生态系统平衡的"华北明珠"，不仅具有重要的自然

生态意义，而且还具有创新文化生态的战略意义。其中，智库将为雄安新区的顶层设计、自然生态建设、创意产业发展等提供科学系统的数据、咨询等智力支持；"一张白纸画蓝图"，雄安新区滨水空间的低开发度及良好的地理区位为创意公共空间的规划提供了空间基础，有助于为雄安新区的开发建设形成创意集聚的文化场景，吸引创意人才、创新文化生产、促进文化交易，释放文化创意动能；雄安新区作为"千年大计、国家大事"，在"美学资本"的驱动下，极有可能形成"雄安美学"IP产业链，推动雄安新区文化产业IP产业链的形成和集聚；雄安新区的旅游产业在京津冀协同发展的战略规划及新区建设带动下，通过转型升级，将为雄安新区经济、文化、创意发展提供流动人口基数和市场前景；传承历史文脉是雄安新区发展的既定要求，也是新区发展的文化基因，雄安新区传统文化在国际化背景下的中国式表达将为文化产业发展提供新桥梁；雄安新区周边的特色城镇建设在新区战略规划支撑下，通过提升产业内涵，有助于形成新的区域文化品牌和品牌文化，从而促进雄安新区品牌文化社群生态链的形成。因此，多维驱动为雄安新区的文化产业发展带来转型升级的新动力。同时，雄安新区文化产业的多维发展，也势必从文化产业供给侧端为雄安新区产业经济发展带来新动能。

## 一、智库驱动：文化创意发展新保障

文化产业作为京津冀地区共同扶持和发展的战略性产业，在调整产业结构、促进产业升级等方面发挥着举足轻重的作用。文化产业的发展离不开政策的驱动，政策的科学制定离不开智库的力量。"智库"（Think Tank）作为一种稳定的相对独立的政策研究机构，其研究人员运用科学的研究方法对广泛的政策问题进行跨学科的研究，在与政府、企业和公众密切相关的政策问题上提出咨询。其工作目标是影响公共政策，同时具有独立性、非营利性、多学科性和多专业领域、多类型等特征❶。面对"千年大计、国家大事"的雄安新区的高标准、高起点与高定位，智库更应该发挥"着眼全局，运筹帷幄"的智慧力量，为雄安新区的建设提供精准服务。❷雄安新区的建设既是一项长期实施的系统工程，又是我国在转型发展时期最重要的规划类新区建设项目，对未来城市发展、产业布局、生态环境、文化传承都

---

❶Dickson P. Think Tanks [M]. New York: Atheneum, 1971.

❷范周, 蔡晓璐. 聚焦智库建设, 看"第三方"智慧如何奏响文化乐章[EB/OL]. (2017-05-16)[2017-05-22]. http://mp. weixin. qq. com/s/JZfmNxjg0mTXvA7ZTmrfzg.

会产生重大而深远的影响。因此要发挥智库作用，建设好雄安新区智库联盟和新型合作网络，在文化创意等领域通过顶层设计，提升产业升级、创新发展模式、推动文化项目建设。

目前，从《京津冀三地文化领域协同发展战略框架协议》的签署，到《京津冀文创园区协同发展备忘录》的发布，京津冀地区的文化协同发展具备了顶层设计的战略部署。雄安新区的设立，为京津冀文化产业的创新发展提供了战略高地。高端文化创意产业链的发展离不开良好的自然生态环境、产业链基础、政策支持、智库支持。在国家发改委、国家旅游局联合印发的《全国生态旅游发展规划（2016—2025）》中，白洋淀位列全国200个重点生态旅游目的地，在京津冀协同发展成为国家战略之后保护白洋淀生态环境成为当地发展的"一号工程"。《白洋淀生态保护及环境提升三年行动方案（2015—2017）》《安新县白洋淀旅游区旅游发展总体规划（2009—2020）》等文件的出台，对白洋淀地区生态环境、文化创意产业发展提供了良好的战略基础。在河北省委、省政府编制的《白洋淀环境综合整治和生态修复计划（2015—2020）》《河北省白洋淀和衡水湖综合整治专项行动方案》中，提出实施村镇综合整治、区域产业转型等任务，为全面提升白洋淀生态文化质量、发展文化创意产业和京津冀文化生态协同发展提供有力支撑。国家发改委等11个部、委（局）印发的《关于印发生态保护与建设示范区实施意见的通知》，国家起草的《京津冀协同发展生态环境保护规划》，河北省《安新县生态保护与建设示范区建设方案》以及《保定市建设全国新型城镇化和城乡统筹示范区总体思路框架》等政策，为雄安新区的文旅产业、生态环境、文化产业的发展打下了坚实的政策基础。❶系列配套政策的出台与实施，将为雄安新区文化产业的可持续性发展带来新动能，雄安新区的成立，也将从各个方面深化影响这些政策的实施。

雄安新区是构建承载非首都功能的中国式方案，对于文化产业的升级发展来说也是一场全新的实践，需要有全局性和前瞻性的总体布局。雄安新区的文化发展要通过智库的介入，发挥"思想"生产的核心功能，为雄安新区文化建设的可持续发展提供智力支持。智库通过为雄安新区文化建设提供前瞻性研究，发挥规划先行的功能，为雄安新区文化产业的科学发展建言献策；通过研究报告、论坛等方式为新

---

❶ 高飞. 巡礼雄安：白洋淀文化创意产业新格局［EB/OL］.（2017-04-14）［2017-04-22］. http：//mt. sohu. com/20170414/n488447040. shtml.

区建设汇聚数据支持及理论支持；通过围绕文化政策沟通、公共文化设施建设、文化市场贸易等方面，持续加强对雄安新区文化产业建设的方案和路径研究，在文化规划对接、文化政策协调、文化机制设计上做好当地政府的参谋和助手。同时，智库之间通过开展丰富多样的关于雄安新区的文化联合研究、举办文化论坛，加深各方信息的沟通与了解。还可以通过加强智库合作平台和网络建设，构建雄安新区文化产业理论体系和话语体系，开展雄安新区文化建设决策咨询研究；通过针对雄安新区的文化产业发展理论假设、检验和方案模拟，为雄安新区文化建设提出具有可行性的具体措施；智库可以向雄安新区顶层设计和战略规划及执行等相关政府项目适度倾斜，为政府的决策制定提供咨询论证；智库还可以为雄安新区与国际文化的交流提供新渠道，补充和深化雄安新区与国际社会的多维度沟通。最后，智库还能够成为雄安新区政、产、学、研的交汇地带，汇聚人才，为雄安新区文化发展积蓄和供应文化创意人才。

## 二、空间驱动：文化创意发展新场景

"一张白纸画蓝图"，雄安新区滨水空间的低开发度及良好的地理区位为创意公共空间的规划提供了空间基础，有助于为雄安新区的开发建设形成创意集聚的文化场景，吸引创意人才、创新文化生产、促进文化交易，释放文化创意动能。雄安新区的公共空间将为未来的居民提供创意集聚、精神文化交流的场所和平台，因此，要在初步规划建设时考虑到未来居民知识结构、产业发展、公共建筑内部空间构造、外部空间形式塑造等公共空间的规划前瞻性。雄安新区起步区的目前正处于严格规划的阶段，其公共空间的塑造应该注重以文化场景的基础，从公共空间中的建筑形式层面、建筑结构层面进行创意营造，为未来雄安新区公共空间基础设置、文化创意活动带来良好的创意场景氛围。从而形成良好的文化场景，吸引具有共同价值观的创意人才集聚、交流，形成文化认同感、价值安全感，进而提升产业创造能力。

雄安新区"公共空间"较一般城市空间更突出的社会价值属性，因为雄安新区还肩负着七方面的主要任务：要建设成为绿色智慧新城，建成国际一流、绿色、现代、智慧城市；打造优美生态环境，构建蓝绿交织、清新明亮、水城共融的生态城市；发展高端高新产业，积极吸纳和集聚创新要素资源，培育新动能；提供优质公共服务，建设优质公共设施，创建城市管理新样板；构建快捷高效交通网，打造绿色交通体系；推进体制机制改革，发挥市场在资源配置中的决定性作用和更好发挥政府作用，激发市场活力；扩大全方位对外开放，打造扩大开放新高地和对外合作新平台。❶所以，雄安新区起步区的公共空间创意营造在建设规划就要以此进行全篇布局、战略谋划。对未来的电影院、图书馆、文化馆、博物馆、剧院、体育设施、公园湿地、众创空间等公共领域进行前瞻性规划。雄安新区要建设成国际一流、绿色、现代、智慧城市，打造扩大开放新高地和对外合作新平台，就要思考如何吸纳和集聚创新要素资源，如何提升公共空间的国际交流功能。比如，在博物馆建设方面，可以参考类似古根海姆等国际连锁型的"博物馆群"，"博物馆群"与传统定义上的博物馆不同，其经营方式具有全球性，通过提供国际化的公共文化服务，进而从公共设施建设和服务模式上提升雄安新区公共空间的国际联动性，营造良好的国际性开放空间，提升国际艺术文化交流，提升公共空间的国际化氛围。

同时，雄安新区起步区属于滨水类新区，滨水区域的公共空间创意营造可以用奇美的造型、特异的结构和崭新的材料，打造未来的公共文化建筑，用前瞻性的公共空间语言融合自然与城市公共建筑的文化场景。绿色生态宜居新城区是雄安新区的一个功能定位，水域面积达366平方公里的白洋淀作为公共水域空间，将为构建蓝绿交织、清新明亮、水城共融的新型城市提供良好的公共环境。因此雄安新区的公共空间规划建设要开好局、起好步，就要突出公共空间的生态优先和绿色发展理念，形成新的文化场景，进而在公共空间中聚合创意，吸引创意人才，培育创意动能，带动文化创意产业的创新发展。

### 三、美学驱动：文化创意IP产业链开发新视角

雄安新区作为"千年大计、国家大事"，从文化产业发展的角度看，在未来很有可能会形成以"雄安美学"为体系的IP产业链。文化产业的创意资本同样具有美学意义，其美学意义附于文化产业自身的知识属性、艺术属性和审美内涵之中，这种美学意义是基于美学价值、美学经济及美学体系判断而形成的。随着文化产业的

---

❶中共中央、国务院决定设立河北雄安新区［EB/OL］. (2017-04-1)［2017-05-05］. http://politics. people. com. cn/GB/n1/2017/0401/c1001-29185929. html.

发展，创意资本逐渐嬗变为"美学资本"，"美学资本"是实现知识、思想与资本的直接结合体，它使新知识、新思想、审美理念转化为审美生产力，带动内容产业链的创新发展。"美学资本"与"日常生活审美化"、数字技术、互联网技术、IP开发及文化产业投融资机制的相互融合，促使具有高经济价值的碎片IP，以资本集聚的方式构建系统性的IP产业链，构建起相对完整的"资本美学"（Capital Aesthetics）体系。"资本美学"的内涵不是以货币、票房、投资效益等为主要评判标准，而是在投入或者创作的起始阶段就融入基于IP产业链开发的"美学资本"，并对文化产业链的生态系统产生质的影响。"资本美学"正是在对创意主体、制作主体、营销主体、服务主体和延伸主体的渗透中改变着创意研发、创意制造、产品推销、审美体验、反馈及改造规划等职能，对公共空间、公共文化服务、广播电视电影、系统设计、广告会展、视觉传达、文化旅游、非物质文化遗产、新闻出版等具体业态形成宏观的美学影响。

　　文化创意产业作为链条经济，具有独特的产业生产链，随着雄安新区的建设，雄安的文化产业会产生结构性升级，极有可能形成"雄安美学"IP产业链。因此，有必要从"资本美学"的角度去认识未来雄安新区的文化产业发展新格局。同时，资本市场的完善和发展，使得资本在雄安新区文化创意产业领域将会创新流动，其流动所伴随的文化资源配置效应的变化对雄安新区各文化创意产业领域的创新活动产生重要影响。此外，"美学资本"的美学思维介入影响了资本的"趋利性"特征，"美学资本"从文化创意开发水平较低、文化内涵较低的项目流向文化创意水平高、文化内涵丰富极具美学价值意义的项目中，"美学资本"在文化产业领域的自由流动可以扩大具体文化产业领域或者具体文化创意项目创新的差距，也促使文化产业各领域淘汰掉美学理念落后、文化内涵较低的文化项目，将资源投向具有更高价值和美学意义的文化创新生产活动中去。因此，未来雄安新区的文化产业发展的资本注入，不再单单是具有市场效应的资本，更多的是具有社会价值、艺术价值的"美学资本"，从而为"雄安美学"IP产业链的形成创造前提。

## 四、旅游驱动：文化创意实践新沃土

　　国家5A级旅游景区白洋淀，地处京、津、石腹地，总面积达366平方公里，位于雄安新区内，是华北地区最大的淡水湖泊，著名的湿地自然保护区。广义或大白洋淀是以狭义白洋淀为主体的、周围淀泊的总称，现有大小淀泊143个，平均年份蓄水量13.2亿立方米。雄安新区成立后，白洋淀景区的吸引力将明显提高，白洋淀荷花大观园、白洋淀文化苑、异国风情岛"红色文化"的嘎子印象等景区，丰富了游客的选择。雄安新区的战略定位将使白洋淀成为河北旅游产业转型发展、文化产业升级发展的领头羊，成为历史与现代交融的全域旅游之城、文化创意之都，成为京津冀区域文化创意产业融合发展的新磁极。

目前，京津冀区域大部分生态旅游目的地分布在河北，包括辽河源、坝上草原、崇礼、赤城、衡水湖、京西百渡、雾灵山、白洋淀等。这些目的地未来也将在雄安新区带动下实现全域旅游的转型升级，形成河北全域旅游的众星拱月态势，并与北京和天津形成呼应和联动。雄安新区将依托白洋淀景区的旅游产业、温泉资源、湿地资源、传统文化资源、生态度假资源、艺术品交易等资源创新发展文化创意产业，形成京津冀综合性文化旅游品牌目的地。首先，雄安新区可以通过文化创意与旅游资源、特色文化嫁接的新模式，发展新区—景区—乡村—小镇的文旅联动发展模式，培育以文化旅游业为动力产业，对接休闲旅游时代的文化创意产业新链条，构建新区—景区—乡村—小镇结合的文化创意体验主题型项目组团，培育新型文化创意产业、旅游产业集群，带动淀区经济文化跨越式发展。其次，通过以白洋淀温泉休闲聚集区的、旅游景区及当地特产，创建以文化品牌为核心的品牌景区，构建创意型、集群型旅游产业体系，成为环北京旅游圈的重要组成部分。再次，充分发掘汪洋泽国、渔乡水镇、苇海荷风水乳交融的资源特质，把雄安新区建设成为休闲度假旅游胜地、会议度假基地，促进文化创意信息的积聚与创新。❶最后，充分保护并运用雄安新区的湿地生态，构筑人类湿地旅游可持续发展的典范。

雄安新区的成立将消解过去条块分割的制度机制，各产业之间的融合也将会加速，各种市场要素的配置也将更加高效。聚焦到全域旅游、文化创意产业发展的角度，白洋淀没有传统观光旅游业态形成的历史包袱和机制顽疾，❷可以站在文化创意产业的高起点上打造全新的旅游文化业态系统，形成基于文化创意产业链的系统性创新范式，为我国旅游产业转型升级探索出全新的路径。

❶高飞.巡礼雄安:白洋淀文化创意产业新格局[EB/OL].(2017-04-14)[2017-04-22].http://mt.sohu.com/20170414/n488447040.shtml.

❷雄安新区:助推河北文化、旅游产业转型升级的新引擎[EB/OL].(2017-04-10)[2017-05-11].http://www.xinhuabei.com/news/china/hebei/51593.html.

### 五、文化驱动：创意产业发展新桥梁

雄安新区，历史上是中国北方重要的茶马互市、边境贸易的重要节点。把雄安新区作为疏解北京非首都功能的承载地，也是缘于其位于京津冀协同发展的枢纽地带和"一带一路"支撑点的核心位置。雄安新区的战略位置，便于京津冀三地产业联动和资源整合，促进京津冀协同发展与"一带一路"战略对接。进而从经济、文化、创意等更多产业领域，吸引京津地区资金、信息和人文汇聚，也有助于欧亚大陆桥与渤海海上丝绸之路对接。我国主办的"一带一路"国际合作高峰论坛于2017年5月14日在北京召开，在雄安新区建设的任务中就有"扩大全方位对外开放，打造扩大开放新高地和对外合作新平台"，这也为雄安新区在"一带一路"中的经济定位、文化定位发展留下极大的想象空间。同时，新区物流、人流、信息流和文化资源的聚集，必然迅速促进白洋淀地区文化资源的优化和要素升级。

雄安新区有着水陆两大自然生态系统，并且这两大生态系统又互相交叉影响，复合成一个水陆交汇的自然生态系统。如何将传统文化元素融入到新区的自然生态中、新区建设中，形成雄安新区对传统文化的国际式传承和表达是我们值得思考的。中国的优秀传统文化与山水文化总是息息相关，"仁者乐山，智者乐水"，雄安新区拥有丰富的渔乡水镇文化、大清水围文化、雁翎队抗战文化、温泉养生文化、湿地休闲文化，这些文化均与水资源相关，同时雄安新区还拥有古地道、古建筑、人文遗址等历史文化遗址资源。如何将优秀传统文化元素与雄安新区的水文化交汇融合，为未来雄安新区创意集聚、文旅环境打造提供中国式的意境？比如目前雄安新区内就有温泉宾馆，规划馆外墙采用白色涂料，主次馆采用黑、白、灰等色调及大面积的留白，形成抽象而简洁的中国传统文化语汇，在公共文化精神和气质层面上，再现了中国传统山水画的优美意境，成为承载历史意义的公共文化创意空间。对雄安新区的历史文化的理解还要从其地域性本身做理解：通过对雄安新区传统文化的尊重及对周边自然环境的应答，表达雄安新区的历史与传统文化主题，体现出文化精神和秩序的延续性。因此，要通过文化自身发展的角度，保护并弘扬雄安新区内中华优秀传统文化，延续历史文脉。还要以雄安新区自身的文化资源为文化驱动，构建雄安新区的特色文化体系，带动雄安新区文化资源向产业化、国际化方向发展。

## 六、品牌驱动：特色城镇建设新样板

在区域自身不断成为品牌的时代，区域文化品牌作为有机组织成为链接区域文化社群的最具活力的因子，这也让我们重新认识体验价值、形象价值、情感价值与雄安新区文化品牌的关系。区域文化品牌从只专注于优惠政策、税收减负等发展成为系统的城市品牌生态系统，区域品牌以产业驱动与自然文化、人文环境、生活方式产生相对稳定的交互模式，构建成为区域文化的独特品牌体系。白洋淀的自然地理特点将使得雄安新区的建设摈弃单纯功能布局和宽马路、大广场的形式，使得多功能混合，密路网、小街区的宜人生活空间组织成为现实可能。从城市布局上防止"摊大饼"，克服"大城市病"，降低对生态环境的冲击，提高新区发展的灵活度、应变性将成为现实。目前，河北省正在推进白洋淀绿美生态走廊、环白洋淀生态景观绿化带、白洋淀连片美丽乡村绿化工程等林业生态建设，构建生态绿色屏障。2000平方公里的地域范围内将形成以白洋淀为核心的优良的自然生态环境，形成以新区起步区、发展区和雄县、安新、容城三个县城构成的组团式新区，打造优美生态环境，构建蓝绿交织、清新明亮、水城共融的生态城镇，这将为中国新时期的城市发展和城镇化走出一条全新的道路。这些自然生态、城市布局的优势与传统文脉、品牌要素、符号设计、文化产业等形成城市系统软实力，促进雄安新区文化品牌的形成。

以特色小镇的建设为例，在河北省公布的82个首批特色小镇创建和培育类名单中，白洋淀温泉小镇、雄县京南花谷小镇、白沟特色商贸小镇、定兴县非遗小镇、清苑区好梦林水小镇；廊坊市霸州市足球运动小镇、文安县鲁能生态健康小镇；任丘市中医文化小镇、任丘市白洋淀水乡风情小镇等基本都在雄安新区的辐射范围内，这十余个特色小镇未来将点缀在雄安新区其间，形成独特的雄安新区文化品牌，为文化创意产业的发展提供了良好的品牌营造。从文化产业发展角度看，雄安新区周边的特色小镇以产业类、文化类和旅游休闲类占主导。比如，白洋淀温泉小镇有着丰富的地热温泉资源，已经形成了一定的产业基础；定兴县有着金台陈村九曲黄河灯阵、小朱庄珐琅工艺、肖村戏曲盔头服装道具制作工艺等省市级非遗保护项目10多项，非遗小镇将引导非遗文化向创意产业、文化旅游业发展转型；雄县京南花谷小镇、清苑区好梦林水小镇、任丘市白洋淀水乡风情小镇将利用白洋淀湿地等休闲旅游资源打旅游牌。●随着雄安新区的开发，这些特色小镇的定位极可能将重新调整、升级。届时，产业定位升级后的特色小镇将成为雄安新区文化品牌，带动文化产业资源的集聚并形成产业发展驱动力，带动当地文化资源的创新发展、区域文化品牌的提升。区域品牌文化不只是有意识的直觉努力，也不只是单单就区域品牌社群的构建。雄安新区的文化品牌设计更多的要构建有意义的文化秩序而将具体文化创意项目进行生态交互，因此雄安新区的文化品牌设计离不开对特色小镇、公共文化空间、历史文化遗产本身的文化系统进行战略文化生态规划。雄安新区的品牌文化设计也应该尝试超越人们对以往所认知的美学与风格，以对城市文化品牌的实验开放精神，进行创新尝试。通过对单个特色小镇自身的品牌设计到对整个雄安新区品牌种群系统进行全面的、多层次、多方位的总体设计，形成特色文化品牌社群，同时要对雄安新区的文化品牌社群结构和功能进行广义的优化，形成系统性的雄安新区品牌文化。

创新驱动作为雄安新区发展的根本动力，雄安新区的文化产业也因此迎来创新发展的新机遇。数字创意产业被纳入《十三五国家战略新兴产业发展规划》，到2020年，我国将形成文化引领、技术先进、链条完整的数字创意产业发展格局，相关行业产值规模将达到8万亿元。随着互联网的发展，公共文化服务、文化产业与数字网络技术不断深度融合，图书馆、博物馆、文化馆、美术馆等公共文化的建设也会通过结合文化创意、大数据、物联网、云计算、无人技术等国际前沿的产业和技术，将生态环境、公共文化服务、高新产业融入到雄安新区的建设中。通过创建公共文化空间新样板，形成包容、智慧、开放的文化软环境，提高雄安新区的文化软实力，使其成为吸引高端创新人才的高地，促进雄安新区成为文化创新的新高地。

---

❶高飞.巡礼雄安：白洋淀文化创意产业新格局［EB/OL］. (2017-04-14)［2017-04-22］. http://mt.sohu.com/20170414/n488447040. shtml.

# 第六章  雄安新区的治理创新

## 第一节  雄安新区服务型政府建设与现代治理体系构建

2017年4月，雄安新区正式设立。作为非首都功能疏解集中承载地，雄安新区以创新驱动为发展基点，建设绿色智慧城市、打造优美生态环境、发展高端高新产业、提供优质公共服务、构建高效交通网络，成为与上海浦东同样重要的国际级新区，是"千年大计、国家大事"。

雄安新区地跨河北省雄县、容城、安新3县及周边部分区域，地处北京、天津、保定腹地，区位优势明显、交通便捷通畅、生态环境优良、资源环境承载能力较强，现有开发程度较低，发展空间充裕，具备高起点、高标准开发建设的基本条件。但是雄安新区建设目标能否达成，不仅依靠区位等"硬实力"，更依赖体制机制设计标准、公共治理水平等"软实力"。特别是，党的十八届三中全会提出国家治理能力和治理体系现代化，要求转变政府职能，深化行政体制改革，创新行政管理方式，增强政府公信力和执行力，建设法治政府和服务型政府后，[1]如何合理界定政府角色、提升社会治理水平、构建现代治理体系，成为雄安能否保持发挥其国家秩序优势、原始秩序优势，实现新区稳健、可持续发展的关键问题。

朱江涛、卢向虎（2016）将新区行政管理体制划分为政府型、管委会型和政区合一型三种类型。[2]徐勇（2015）总结了国家级新区行政管理体制的改革经验，认为新区初期强有力的领导体制、经济职能与社会职能之间的界定、激励机制和精简

---

❶中共中央关于深化改革若干重大问题的决定[EB/OL]. (2013-11-15)[2017-04-28]. http://www.gov. cn/jrzg/2013-11/15/content_2528179.

❷朱江涛,卢向虎.国家级新区行政管理体制比较研究[J].行政管理改革,2016(11):19-23.

政府是新区成功的关键因素。❶郁建兴、徐越倩（2012）探索浙江政府建设时发现，政府定位由"发展型政府"向"服务型政府"转变，公共服务由"单一供给模式"向"复合供给模式"转变，是其屡获政府创新奖的成功经验。❷因此，雄安新区成功实现战略规划和发展目标，需提升政府治理能力、建设服务型政府，构建良好的制度基础和政策环境。本节以服务型政府为分析视角，借助新公共管理、新公共服务和治理理论，探讨服务型政府的内涵及标准，总结已有典型新区建设经验，为雄安新区服务型政府建设和现代治理体系构建提供可行路径。

## 一、服务型政府的内涵及标准

新制度经济学家诺斯曾言："政府的存在是经济增长的关键，然而政府又是人为经济衰退的根源。"❸政府在国家治理中的角色与定位成为关系国家发展、推动现代化进程的重要问题。社会契约论主张，公民让渡自身权利建立政府、订立契约，形成人民与政府间的委托—代理关系。由此衍生出主权在民原则，"行政权力的受任者绝不是人民的主人，而只是人民的官吏"，政府应当为人民服务，形成服务型政府。

### （一）服务型政府的内涵

服务型政府的概念来自于"服务行政"。"服务行政"一词最早出现在德国行政法学家厄斯特·福斯多夫（Ernst Forsthoff）1938年发表的题为"作为服务主体的行政"一文中，后经台湾学者陈新民在《公法学札记》一书中介绍，引入大陆逐渐得到阐释。

随着1998年大部制改革，中国学者开始日渐关注机构改革的目的、方向和途径，关于服务型政府的思考与论著日渐丰富。总体来看，关于服务型政府的界定可基于以下几个维度。第一，政府与公民关系。服务型政府与传统管理型政府有所区别，提倡以"公民为导向"，摒弃官本位和权力本位，认为服务型政府是"在公民本位、社会本位理念指导下，在整个社会民主秩序的框架下，通过法定程序，按照

❶徐勇.国家级新区行政管理体制改革经验及对江北新区的启示[J].中共南京市委党校学报,2015(3):107-112.

❷郁建兴,徐越倩.服务型政府建设的浙江经验[J].中国行政管理,2012(2):82-86.

❸道格拉斯·C.诺思.经济史上的结构和变革[M].厉以平,译.北京:商务印书馆,1992:21.

公民意志组建起来的以为公民服务为宗旨并承担服务责任的政府"。❶第二，政府职能调整。服务型政府的根本职能是提供公共服务、实现公共利益。需尊重市场在资源配置中的基础作用，适当纠正市场失灵；提供保障社会良性发展的安全、民主、平等的制度环境。第三，行政机构改革。通过创新政府服务方式、整合政府服务资源、简化行政审批程序，提高行政效能、更好服务公众。综合上述维度，服务型政府是指公民本位、社会本位理念指导下，在民主制度框架内，把服务作为社会治理价值体系核心和政府职能结构重心的一种政府模式。❷

### （二）服务型政府的标准

"服务型政府"概念的提出，实际是对新公共管理、新公共服务和治理理论的有效回应。作为对传统政府模式的根本变革，"服务型政府"标志着社会治理模式进入新阶段。构建服务型政府有以下具体标准和诉求。

第一，价值取向方面，以公民为导向，提倡公民参与。为公民服务是政府存在的合法性基础。正如新公共服务理论学家们在明斯布鲁克会议上所倡导的，政府公共服务应当服务公民、帮助公民表达和满足他们的共同利益需求、重塑宪法法律、民主公平等价值观念，实现公民利益。为达成上述目标，需加大政府信息公开力度、提升公民参与程度，确保公民利益和意志在公共管理中具有决定地位，鼓励公民参与公共政策执行，并把公民是否满意作为评估政府绩效的最终标准。

第二，政府职能方面，以公共服务为政府职能重心，实现公共利益。传统政府模式下，政府的主要职能是维持政治统治、稳定统治秩序、争取政治合法性。20世纪80年代，英国新公共管理改革兴起后，主张"重塑政府"，将私营部门的有益做法引入政府部门中，探讨政府"划桨"、企业"掌舵"的社会服务供给方式。为公众提供公共服务选择的权力和可选择资源。服务型政府通过制定和执行社会发展政策，借助合同、外包、公私合作等多种形式供给社会服务，维护社会正义与公平、实现社会均衡发展。

第三，服务供给方面，以新科学技术为手段，构建政府与公民之间的平等新型互动关系。随着互联网等新兴技术的发展，公民作为一元治理主体参与到政府决策和社会服务中，改变传统政府管理型模式，过渡到治理理论所主张的主体多元、治

---

❶刘熙瑞. 服务型政府————经济全球化背景下中国政府改革的目标选择[J]. 中国行政管理,2002(7):5.

❷施雪华."服务型政府"的基本涵义、理论基础和构建条件[J]. 社会科学,2010(2):3-11.

理互动和手段多样的形态。在新型治理关系中，国家与社会、政府与公民的合作超越以往公私之间的界限，日益紧密，形成相互依赖的关系。

## 二、典型新区服务型政府建设的主要做法及经验

截至2017年4月，我国已成立了包括雄安新区在内的19个国家级新区。例如上海浦东新区、天津滨海新区、重庆两江新区、广东南沙新区、浙江舟山群岛新区、湖南湘江新区等。这些国家级新区肩负引领地区发展、实现改革创新的战略任务，在服务型政府建设的价值取向、职能界定和服务供给方式方面进行了有益探索，可供雄安新区参考借鉴。

### （一）天津滨海新区：以公民为导向，改革行政审批制度

2014年，天津市滨海新区设立行政审批局。行政审批改革获得李克强总理批示，走在全国前列。审批局的设立初衷是为了回应公民对公共服务便利化的需求，改变原有体制机制"政出多门、多门一事、互为前置、批不担责"的弊端，进而以公民为导向，改革行政审批制度。

具体来说，滨海新区行政审批制度改革包括以下几点：第一，通过实现一枚印章审批引领体制改革。滨海新区全面启动审批与监管分离，整合原有体制，实现一部门一站式审批，形成政府、分中心、功能区"1+2+5"的审批服务架构；第二，以一个窗口流转为目标，实现机制创新。通过实现企业办事事项100%现场审批、简单事项立等审批等目标，让数据和信息多跑路，企业和群众少跑腿；第三，简政放权最大化释放简政放权红利。通过公布权利清单，审批流程再造，审批操作规范化、透明化，全程绩效跟踪考核等方式，使得审批流程简化，减少了行政干预的空间。

经过两年多的运行，滨海新区审批制度改革成效显著。审批机构、行政审批事项、行政运行成本大幅减少，审批效率大幅提升。特别是109枚审批公章被永久封存，成为了历史，引起了社会的良好反响。

### （二）重庆两江新区：以公共服务为重心，构建多元治理模式

重庆两江新区成立后，发展迅速，特别是2010—2015年GDP年均增长17.5%，2178个项目落地，129家世界五百强企业入驻，快速发展的成就背后，离不开两江新区政府对公共服务特别是企业服务的重视和多元治理模式的构建。

两江新区通过搭建"生态圈"实现了服务方式的整合。两江新区互联网产业园经过短时间的发展,先后经历了提供土地支持的1.0版本"房东"模式、以便利性政策服务和金融支持的2.0版本"管家"模式、以通过企业相互交流和合作的3.0版本"朋友圈"模式和重视企业全方位生态环境的4.0版本"生态圈"模式。不仅实现了平台搭建、政策引领,还围绕着互联网企业的生命周期,融合了金融、法务、审批等全服务链,真正实现了服务整合。

同时,两江新区重视多元治理。以科技型企业为例,两江新区通过政策疏导,提供了大量的鼓励性、便利性政策,促使企业与高校、社会成立物联网产学研联合实验室,自主研发、相互合作,政府充当指导和监督的"元治理"角色。

### (三) 上海浦东新区: 以互联网为依托, 建立新型互动关系

上海浦东新区以公民为导向,通过"互联网+政务服务"的基本形式实施"三全工程"。即企业市场准入"全网通办"、个人社区事务"全区通办"、政府政务信息"全域共享",解决企业和市民"办事难、办事繁、效率低"的问题。计划利用3年时间实现浦东新区政务信息资源全域共享,建设开放、协同、高效的服务型政府。

"全网通办"企业市场准入,104个审批事项可在网上办理,其中74个事项实现"网上全程一次办成",30个事项实现"网上申报只跑一次"。经快递服务,实现申请企业足不出户就可完成审批事项。"全区通办",针对浦东新区区域广、人口多、户籍地和居住地分离较多的现实情况,170项个人社区事务均可通过网上社区事务受理平台受理,可以选择任何一家街镇社区事务受理中心进行办理,协助市民享受便捷服务。"全域共享"政府政务信息,升级政务云数据中心,综合企业信用评估、金融监管风控、城市运行综合管理等平台信息,打破政府"跨层级资源集成难、跨部门信息共享难、跨领域业务协同难"的现象,实现政府部门协同、提高办事效率、更好地提供服务。

## 三、雄安新区服务型政府建设的可行路径

雄安新区发展具有阶段性,经起步、中期、远期3个阶段,控制区域分别达到100、200、2000平方公里。建设周期长、协调主体多,需要通过引入公共管理新型理念、借鉴国内新区建设经验,提升治理水平,建设服务型政府和构建现代治理体

系，助力实现"千年大计"。

### （一）坚持服务型政府建设的基本理念

公民对于政府来说不仅是"顾客"，而且是"所有者""雇主"。因此，建立服务型政府是政府内在属性的基本要求，必须树立主权在民、以人为本、顾客至上、有限政府、依法行政、民主开放、高效廉洁、公正平等和诚信守责9大基本理念。雄安新区建设需坚持服务型政府建设的基本理念，理顺不同政府层级和部门间的权责分配，推动构建以提高公民参与为核心的发展性社会政策体系。

可根据雄安建设现实需求，探讨以公民需求为导向、以公民参与为途径的政府绩效评估体系。在政务公开的基础上，提供公众反馈渠道和模式，将政府一般年度计划和进度向公众公开；赋予公众在政府绩效考评中更多的话语权、将社会公众的满意度作为评估政府部门工作的重要指标；引入第三方评估，引入独立、专业的调查机构，真实反映政府工作情况和政策执行问题，帮助雄安建设过程中及时发现问题、调整方向。

### （二）完善多元参与治理体系

行政区划初期规划和建设方案对新区后期发展具有决定性的作用。雄安新区建设伊始，应避免"一言堂""拍脑袋"决策，政府一元治理。鼓励多元参与，适时吸纳非政府非营利组织、政府间组织、各种社会团体甚至私人部门在内的多元主体进入治理体系，拓展公共服务治理主体，适应市民社会的要求。满足企业、社会经济型公共服务需求，做好宏观经济调控和管理、严格规范市场监管、建设基本公共服务设施；化解社会矛盾，在雄安新区提供均等化的公共教育、公共医疗和社会保障体系；健全现代产权制度，特别是颁布设立雄安新区决定后兴起的"炒房闹剧"，迫切需要制度性的公共服务，如合理的产权制度设计、金融制度设计保证雄安新区建设良性、可持续发展。

当然，治理理论所提倡的多元治理并不意味着忽视政府作用，反而应更加尊重政府的"元治理"角色，政府承担指导和确立行为准则的责任。雄安新区政府应作为主要制度供给者完善法制建设，依照法治政府建设要求理顺行政执法体制和规范行政执法行为，注重政府信息公开、强化对行政行为的监督机制，提高公务员的依法行政观念和能力。

### （三）创新政府服务方式

服务型政府要求政府治理主体借助各类技术手段，创新政府服务方式，提升整体公共服务水平。例如上海"三全工程"、政府政务微博等，都是"互联网+政务服务"的典型实践。2016年《国务院关于加快推进"互联网+政务服务"工作的指导意见》中提出，要"优化服务流程，创新服务方式，推进数据共享，打通信息孤岛，推行公开透明服务，降低制度性交易成本。"

雄安新区建设过程中也可考虑利用信息技术，以公众需求为中心，推进政府向智慧化、综合服务化转变，让"企业和群众少跑腿、办好事、不添堵"。首先，建立一体化网上政务服务平台，全民公开政务服务事项。做到流程清晰、时限明确，"同一事项、同一编码、同一标准"。其次，优化互联网服务流程，整合办理环节、简化办理流程、明确时间限制，保质、保量、准时完成行政事务。最后，创新网上服务模式。利用微信等工具，开展公众号、企业号及时服务，实现远程办理、跨层级联动和跨部门协同。

# 第二节　雄安新区未来公共文化服务体系构建

习近平总书记指出：雄安新区不同于一般意义上的新区，其定位首先是疏解北京非首都功能集中承载地，●此外，习近平总书记还强调：规划建设雄安新区要突出7个方面的重点任务，其中"提供优质公共服务，建设优质公共设施，创建城市管理新样板"为重点任务之一。由此可见，优质的公共服务将成为雄安新区有效吸引北京人口和功能疏解转移的重要利器，而公共文化服务体系作为现代化国家治理体系的组成部分，作为国家治理能力现代化的必备要素，同时作为政府基本公共服务的重要组成部分，未来将在雄安新区如何构建呢？

## 一、战略地位、构建理念与规划总目标

公共文化服务是指在政府主导下，以公共财政为支撑，以公益性文化单位为骨干，联合基金会、企业、非政府组织、社区向社会公众提供公共文化设施、产品、

●张高丽就设立雄安新区接受新华社记者采访[EB/OL]. (2017-04-14)[2017-04-15]. http://politics. people. com. cn/n1/2017/0414/c1024-29212445. html.

服务，以平等的实现公民的基本文化权利和满足公民的基本文化需求。❶而公共文化服务体系指由生产、运营和保障公共文化服务的相关系统（部门）构成的有机整体，这些系统包括公共文化内容、基础设施、运营组织、人力资源、资金保障、政策理论等方面。❷由此可知，公共文化服务体系构建本身是一个由政府主导、社会力量参与的庞大工程，雄安新区作为中国"千年大计"的伟大业绩，在构建公共文化服务体系时，应当首先明确其战略地位、构建理念与规划总目标。

### （一）战略地位

从整体战略定位来看，未来雄安新区的公共文化服务体系建设将与整个新区的构建保持一致，将围绕中央部署的"四个坚持"展开，即坚持世界眼光、国际标准、中国特色、高点定位；坚持生态优先、绿色发展；坚持以人民为中心、注重保障和改善民生；坚持保护弘扬中华优秀传统文化、延续历史文脉。❸因此，雄安新区未来公共文化服务也应紧紧围绕"人"这个核心谋篇布局，致力于充分提高基本公共文化服务水平，以提高对疏解北京非首都功能高端人才的文化吸引力和文化凝聚力。

### （二）构建理念

未来，雄安新区将采用"国际一流"的最先进理念和水准进行规划设计，因此，雄安新区未来公共文化服务体系建设也应首先秉持"国际一流"的重要理念，积极借鉴西方发达国家成熟的公共文化服务理念，不断增强市民文化获得感和文化幸福感，保障雄安新区公民的文化权益。此外，未来雄安新区的公共文化服务体系构建还应当围绕"创新驱动"的理念，从深化文化行政体制改革，到发挥市场在公共文化资源配置中的决定性作用和更好发挥政府作用；从创建城市公共文化管理新样板，到发挥社会力量打造公共文化社区服务平台；从政府依法行政到公共文化政策的法治化，都需要转变政府公共文化行政职能理念，积极探索公共文化管理模式创新，构建公共文化服务新格局，创建京津冀公共文化体制机制新高地和协同创新重要平台，并为中国实现公共文化服务区域协同发展提供可复制、可推广的经验。

---

❶于群,李国新. 中国公共文化服务发展报告2012[M]. 北京:社会科学文献出版社,2013.

❷公共文化立法课题组. 创新驱动公共文化服务体系现代化探析[J]. 现代传播,2015(5).

❸高起点建设雄安新区——访京津冀协同发展专家咨询委员会委员谢克昌院士[EB/OL]. (2017-04-08) [2017-04-15]. http://news. xinhuanet. com/politics/2017-04/08/c_1120773203. htm.

### （三）规划总目标

未来，雄安新区公共文化服务应当有以下两个总体规划目标：第一，党的十八届三中全会提出推进国家治理体系和治理能力现代化，明确提出构建现代公共文化服务体系的目标和任务。可以说，公共文化服务已经成为党中央全面深化改革战略部署中的重要战略任务，未来雄安新区作为疏解北京非首都功能集中承载区，也应当按照十八届三中全会的战略目标，将公共文化服务体系建设作为推进文化体制机制创新的一项重要内容。第二，中国作为世界第二大经济体，经济发展即将步入新常态，在这样的大时代背景下，实现京津冀协同发展，成为在中国北方打造新增长极的迫切需要，因此，实现京津冀公共文化服务协同发展也应成为重要一环加以推进，雄安新区在承载首都非核心功能时应当承载更多的公共文化服务建设。

## 二、他山之石——域外公共文化服务体系构建借鉴

未来，雄安新区将采用"国际一流"的最先进理念和水准进行规划设计，那么，发达国家公共文化服务体系建设对雄安新区有何借鉴呢？本节将挑选伦敦东区和韩国世宗市为例，来看看这些国家在规划设计疏解首都功能的区域时如何构建其公共文化服务体系。

### （一）伦敦东区公共文化服务体系构建

20世纪末，随着英国"创意产业"新概念的提出，历史上曾经为贫民窟的伦敦东区终于迎来了新生。原来工人阶层聚居地被改造为文化创意产业基地，成片的工厂建筑被改造为开放式工作室和时髦的公寓，肖尔迪奇（Shoreditch）还是最受欢迎的伦敦时尚聚集地的代名词，东伦敦科技城则是继旧金山和纽约市之后世界第三大技术创业集群。伦敦东区的公共文化服务体系建设与中国不同，美术馆、博物馆和图书馆大多是私人性质的，仅有的公共文化设施则特别注重与公民的社区生活结合在一起。例如，伦敦第一家公共资助的美术馆——白教堂美术馆在东区开设了一系列富有浓郁东区艺术家团体特色的展览，同时还将美术馆日常的运营与在伦敦东区生活和工作的人们联系在一起，在一系列工作坊和艺术家项目中，让当地居民体验新区的文化身份归属感，使得白教堂美术馆作为文化地标和伦敦东区文化持续发展的关键核心，在伦敦东区乃至整个伦敦的现当代美术馆界扮演了独特的角色。再

如，V&A童年博物馆作为世界上最大的国家儿童博物馆，收集了英国孩童的童年收藏品，同时用充满童年回忆的物质文化品来吸引观众，此外，该博物馆在东区还实施了SEN（特殊孩童教育服务计划），以确保具有特殊教育需求的儿童能获得学习机会。为了加强和社区居民的联系，该博物馆自2002年开始推行社区计划、推行社区项目服务，并致力于反映伦敦东区的文化多元化，并开展节日表演、文化活动、文化展览及合作伙伴计划等广泛的外展计划。

### （二）韩国世宗市公共文化服务体系构建

2002年，韩国前总统卢武铉提出在世宗市建立"新都"。2011年，韩国政府开始在世宗市修建"大总统记录馆"，该馆占地面积达2.8万平方米，预计将于2014年完工。这一向公众展示韩国历届总统工作和生活情况的博物馆成为世宗市与首尔市竞争的文化资本，有网友戏称："首尔有宗庙，世宗有大总统纪录馆。"此外，在世宗市还兴建了电子文化遗产博物馆、国立图书馆、湖水公园，与美国史密森博物馆群媲美的博物馆群等大规模文化设施的建设方案也陆续通过。2012年初，韩国文化体育观光部提出在世宗市建立"韩国文化主题公园"的方案。7月3日，韩国文化体育观光部与国土海洋部签署合作协议，旨在将"韩屋"以及具有韩国特色的建筑空间作为具有国家代表性的品牌文化进行推广，协议中明确指出将通力合作在世宗市建设韩国文化村，打造以新式韩屋为中心的世宗市文化品牌。

世宗市的数字文化网络系统非常的发达，现代化的学校、医院、公寓、办公楼和高级文化设施一应俱全，此外，社区、医院、公司和政府机构将实现全方位信息共享；数字技术深入住户房屋、街道和办公大楼，像一张无形的大网把城市支端末节连为一体。只需一张智能卡，居民就能轻松完成付款，查询医疗记录和开门等一系列琐事，人们的生活将变得非常便利。"这里的所有空间都会用网络和高科技控制系统联系起来。在这里将有智能家，智能商店，智能学校，医院和银行。所有的日常杂事都能依靠高科技IT技术帮你自动完成。"U-city 概念，即数字无处不在的城市，公共或私人的服务可以在任何时间任何地点被传输或服务于任何人。可以说，世宗市打算构建世界上第一个完全采用U概念的城市，采用基于电子信息平台的较为完整的服务系统，连接社区、公司、政府机构与个人，实现了全方位信息共享。总之，世宗市作为一片处女地，在文化设施系统性的开发和建设上拥有极大潜力，其优美的自然风光加上"亲环境文化圈"正在试图吸引众多韩国国内以及国外的艺术机构和艺术家前往。

## 三、雄安新区公共文化服务体系构建面临的困境及挑战

雄安新区公共文化服务体系构建面临来自以下三个方面的困境和挑战。

第一，十八届四中全会通过的《中共中央关于全面推进依法治国若干重大问题的决定》开启了中国法治建设的新时代。目前，我国公共文化事业发展迅速，然而受政府行政理念、经济发展水平等多因素影响，尚缺乏较为成熟、完备、法律效力彰显的公共文化法律制度体系，以保障公共文化服务持续稳定发展。《中华人民共和国公共文化服务保障法》虽然填补了我国在文化领域缺乏基本法律的空白，但是距离成为一部能"能对行政决定的合法性进行严格的审查，能在个人因公共利益遭受损失的情况下有更广泛的归责体系，且能够平衡急剧增长的行政权"的法律还有很长的路要走，这也同时导致雄安新区未来公共文化服务体系的建设也面临法治薄弱的窘境，因而迫切需要在法治环境的加强方面走出一条创新之路。

第二，从宏观来看，目前我国公共文化服务体系的构建工作仍处于起步阶段，在结构上尚存严重缺陷，例如公共文化服务运行的整个链条有明显缺环；从为公共文化服务体系有效运行提供的各类保障来看——哺乳制度、机制、法律保障等方面仍有重大缺失。❶此外，从文化供给侧改革来看，公民的公共文化需求与政府提供的公共文化服务之间存在脱轨或脱节现象：一方面，公民的公共文化服务需求表达通道不畅，另一方面，传统的公共文化服务设施和内容的提供基本局限在政府行政系统所涉及的范围，而在城市居民生活的最基层的社区和农民生活的自然村落等非行政区域内，却缺乏有政府保障的基本公共文化服务，加之人们接受文化信息的地点和渠道已经不再局限于政府主导的各类传播平台，也进一步导致公共文化提供和公共文化消费之间进一步错轨。

第三，雄安新区的一个重要功能在于疏解北京非首都功能，而京津冀协同发展将为雄安新区未来公共文化服务体系构建带来挑战。如果将京津冀地区视为一个整体来看的话，公共文化服务建设方面的资金、人才、基础文化设施向北京单项聚集，而河北省与北京市、天津市之间的差距悬殊，公共文化服务水平不仅落差大而且分布极为不合理，造成公共文化服务供过于求和供不应求的现象在京津冀区域内

---

❶张楠.纵横结构的公共文化服务体系模型建构[J].浙江社会科学,2012(3).

同时出现。曾经由北京所承担的公共文化服务职能未来将不可避免地需要由河北政府来衔接，但是京津冀三地政府在公共文化服务建设中仍处于磨合期，同时，合作意识的缺乏也可能在未来加重文化供给方式较为单一的局面，导致无法满足群众多样化、多层次的公共文化服务需求。可以说，公共文化服务体系建设是全国区域发展不平衡、不协调的典型缩影，未来很有可能成为京津冀协同发展亟待破解的难题之一。

## 四、雄安新区未来公共文化服务体系构建内涵

以罗伯特·B.登哈特（RobertB.Denhardt）和珍妮特·V.登哈特（JanetV.Denhardt）为代表的新公共服务理论主张将公共服务、民主治理和公民参与共同置于公共治理系统的中心地位，新公共服务理论从公民权利、社会资本、公共对话三个维度确立了检验现代公共行政发展的标尺，从理论上构建了政府与公民平等对话，沟通协商与互动合作的公共管理新模式。❶雄安新区未来公共文化服务体系的建设如果以"坚持世界眼光、国际标准、中国特色、高点定位"为宗旨的话，就需要直面以上困境和挑战，借鉴国际发达国家公共文化服务体系建设，采纳新公共服务理论理念，将雄安新区公共文化服务体系建设成为公共文化服务法治保障示范区、公共文化服务体制机制改革先行区和数字公共文化服务引领区。

### （一）公共文化服务法治保障示范区

2017年3月1日，《中华人民共和国公共文化服务保障法》正式实施，但是综观全国公共文化服务体系建设，仍存在政府主导责任不够明确、公益性文化事业单位与政府行政部门职能混淆、公共文化服务体系建设不够均衡化和标准化的薄弱局面。在公共文化服务法治基础比较薄弱的大背景下，雄安新区作为"重大的历史性战略工程和具有全国意义的新区"，加之基本是在一篇白纸的基础上重新规划，因此在公共文化服务体系构建上，理应成为中国"公共文化服务法治保障示范区"。

从均等化来看，雄安新区将主要承接北京非首都功能及与之相配套的部分优质公共服务功能，而京津冀三地之间公共文化服务差距明显，因此，雄安新区应当通过集中承接北京非首都功能，提升文化产业层次和公共文化服务创新能力水平，缩

---

❶珍妮特·V.丹哈特，罗伯特·B.丹哈特.新公共服务:服务而不是掌舵[M].北京:中国人民大学出版社，2004.

小与京津两市的公共文化服务差距，以京津冀一体化发展为前提，构建政策、资金投入、公共文化设施、共文化服务供给、公共文化服务队伍和公共文化效能督导考核评估的6个公共文化服务体系，不仅要做到公共文化服务供给结果的均等，还要做到公共服务供给机会和过程的均等。从标准化来看，政府作为供给主体已经成为各界的共识，在雄安新区要重点解决政府保障标准化，明确政府必须保障的民众基本文化权益，从而将政府提供的公共文化服务量化和标准化。

总之，雄安新区应当摒弃传统公共文化的诸多弊端，将服务的理念深入到政府公共文化行政部门当中，解决好政府与公共文化服务领域各当事人的权利责任分配和社会公共文化资源的高效分配，以基本公共文化服务均等化、标准化为重点，厘清公益性文化事业单位与政府行政职能的区别，完善雄安新区现代公共文化服务体系的立法框架，把握新区公共文化服务立法的内涵和原则，探寻构建现代公共文化服务法律体系的路向，完善公共文化服务评估标准体系，让法制为雄安新区的现代公共文化服务体系建设保驾护航，让雄安新区率先成为国内公共文化服务法治保障示范区。

### （二）公共文化服务体制机制改革先行区

雄安新区未来空间布局形式将为探索人口与经济密集地区的优化开发模式作出示范，将采用多功能混合、密路网、小街区的宜人生活空间组织，❶如果采用这样的新区空间布局，那么雄安新区在公共文化服务方面应当借鉴发达国家公共文化服务方式，以社区为基本细胞单位进行构建。因为社区将是公民组成的最基本的社会组织，在这个社区中，公民最了解自己需要什么样的公共文化服务方式，也更方便进入和直接参与本社区提供的公共文化设施和服务内容，所以，如果雄安新区未来采取以社会组织为基本细胞单位进行构建的公共文化服务模式，那么，公民或公民结成的社区组织可以积极有效地加入社区之中，并参与公共文化体系建设，也将激发和保持公民的集体精神，最终有效提高国家公共文化管理成本和效能，同时减轻中央财政压力。中国传统的公共文化服务形式大多依靠政府大包大揽，社会力量参与公共文化服务体系建设乏力，如果雄安新区未来公共文化服务以每个居民所居住的社区为纬线，以政府公共文化服务为经线，并形成全覆盖范围的公共文化服务网

---

❶雄安新区该怎么建：生态优先·组团布局·城乡一体——专访京津冀协同发展专家咨询委员会委员、中国城市规划设计研究院原院长李晓江[EB/OL].（2017-04-07）[2017-04-15]. http://cpc.people.com.cn/n1/2017/0407/c64387-29195719.html.

络体系,那么将有可能彻底改变传统公共文化服务过度依赖政府的局面,也将破解公民以及社会力量参与公共服务体系建设的难题,使雄安新区成为社会力量参与公共文化服务的体制改革先行区,最终保障新区的每个公民都享受到优质的公共文化服务。

未来,雄安新区还应当在法人治理参与公共文化服务体系构建方面成为体制改革先行区。2008年2月,党的十七届二中全会通过《关于深化行政管理体制改革的意见》,明确要求主要从事公益服务的事业单位完善法人治理结构。党的十八届三中全会和《中华人民共和国公共文化服务保障法》都明确要求文化事业单位建立法人治理结构,推动公共图书馆、博物馆、文化馆、科技馆等组建理事会并采取法人治理管理模式。2007年以来,已经在深圳市公共图书馆等5家文化事业单位均实行了法人治理结构试点,但是我国法人治理仍有待深化,仍面临关联制度的配套衔接不够、理事会缺乏专业支撑、文化事业单位的独立法人地位难以落实到位等困难。如果雄安新区作为向世界展示成就的"千年大计"的标杆,则需深化开放民主的治理理念,逐步建立分权制衡的公共文化服务管理架构,形成多元规范的公共文化服务监管体系,最终成为公共文化服务体制改革的先行区。

### (三) 数字公共文化服务引领区

在互联网时代,数字技术有力地改变了传播生态,对公共文化服务的形式与渠道也产生了巨大的冲击。因此,紧抓数字传播的发展趋势,把握好传播规律,加快构建现代文化传播体系,提升公共文化服务现代传播能力,创建数字公共文化服务引领区将是雄安新区提升公共文化服务的重要举措。

互联网时代,一场公共文化服务的治理变革已经到来,雄安新区作为疏解北京非首都功能的集中承载地,将承载越来越多的人口,这将极大加大公共文化服务体系构建的难度,而数字化公共文化服务体系可以有效地缓解我国城乡和地域间公共文化建设的不均衡,是缩小地区间差距的有效途径,也有利于增强公共文化服务能力,拓展服务渠道,提高服务深度广度,同时有利于构建公共文化服务需求的反馈机制。因此,雄安新区应当站在国家战略的高度,站在时代的高起点,积极主动搭建数字化公共文化服务体系,以高新信息传播技术为载体,面向基层群众打造新型数字化公共文化设施和服务平台,提供文化服务、普及文化知识、传播先进文化,在科技与文化融合产生的新的空间里,实现文化的创作、传播与共享,满足人民群

众文化需求，实现人民群众文化权益，保证公共文化资源的公益性和共享性。❶

与互联网伴随而来的互联互通，雄安新区可以借鉴韩国世宗市的公共文化方式，创建数字公共文化服务引领区，共建共享塑造新的数字公共文化空间，实现公共文化资源的数字化、服务网络化、管理自动化以及公共文化服务体系运行的全面现代化，同时结合现实空间中的群众公共文化和文艺活动，实现群众文艺活动的线上线下一体化，最终实现雄安新区公共文化服务内容、过程和人的全面互联网化，为新区公共文化的发展创造无限的可能。

"万丈高楼平地起，千里之行始足下"，自2017年4月1日中共中央向世界发布雄安新区规划到未来的5年内，雄安新区的高楼和交通等硬件设施将会迅速发展完善，但是要在文化传承和区域文化的基础上打造城市的特色文化风貌，同时形成所有雄安人共同创造和认可的"雄安文化"却需精耕细作和耐心打磨，而在此过程中，由政府引导和社会力量参与的公共文化服务将在唤起雄安人对雄安新区的文化归属感方面发挥其至关重要的示范和作用，因此，构建公共文化服务体系、凝聚雄安文化核心价值、加强雄安人的文化认同并促进雄安新区成为国际化大都市应当在未来雄安新区建设中占据重要的战略地位。

## 第三节　雄安新区文化治理模式的创新逻辑和实践路向

2000年前，古希腊哲人亚理士多德曾说过：人们聚集到城市是为了生活，期望在城市中生活得更好。❷而今天，人类社会已经进入城市世纪，城市已经成为经济社会发展的主体。千万人聚居的大型城市在凝聚人类高度文明结晶的同时，城市超载、资源短缺、环境污染、交通堵塞、人际关系冷漠等"大城市病"也随之而来。从世界城市发展的历史实践来看，采用"跳出去"建设新城的方式来解决"大城市病"是较具成效的。日本东京、英国伦敦均通过新城建设打造城市群，在分担大城市的人口承载之外也带动了大城市周边地区的发展。

雄安新区的设立正是出于疏解北京非首都功能、推动京津冀协同发展作出的战略选择。长期以来，首都北京形成了不可逆的"虹吸黑洞"，将周边省市天津、河

---

❶高福安,刘亮.基于高新信息传播技术的数字化公共文化服务体系建设研究[J].管理世界,2012(8).
❷D ley. ASocial Geography of the city. Harper and Row,1983.

198

北的人才、资本等城市发展资源几乎吸纳一空，而北京也已膨胀到成为具有2300万人口的特大型城市。严重的"大城市病"和京津冀地区极度不均衡的发展使得北京非首都功能迫切需要疏解。雄安新区建设定位于千年大计、国家大事，将以前所未有的国家战略高度有力地承载北京非首都功能，推动京津冀地区协同发展，成为国家创新发展的新引擎、举世瞩目的国家科技新城。

而城市的魅力和竞争力并不在于可贸易品，而在于不可贸易品的数量、质量及其独特性，即地方品质❶。文化则是地方品质最为重要的组成部分。文化对于城市发展的重要意义已被无数案例证明。雅典、罗马、巴黎这些在历史长河中历久弥新的千年名城无一不是受其深厚文化底蕴的给养，在文化的传承发展中建树起独特的城市文化品质。而回顾我国深圳经济特区、浦东新区的发展历程，在政治、经济方面无疑取得了巨大的成功，但是文化都成为城市短板。深圳经济特区被世人笑谈为"文化的沙漠"，岭南文化在新城建设中断层，无奈求道于当代文明急速追赶；浦东也未能承袭上海的深厚文化底蕴，正在进行全方面的文化补课。雄安新区定位为千年之城，要存续千年的发展动力，必须深刻汲取深圳、浦东的经验教训，将文化建设作为雄安新区建设的重要内容，与城市规划同步，打造中华传统文化创新发展示范区，将中华传统文化融入雄安城市的肌理当中，从城市景观营造、文化遗存保护利用、居民素养提升等方方面面传承和发扬中华传统文化，将传统文化与当代文化、现代社会与居民日生活相结合，以雄安为源头激荡起中华传统文化的一次大复兴。

中华传统文化上下五千年海纳百川，以其巨大的开放性和包容性将世界各民族、各地区的文明兼容并蓄，同时也影响了世界文明的进程。进入现代社会，中华传统文化在全球化进程中更不是孤立纯洁的。雄安新区三古文化、三贤文化底蕴厚重，红色文化、白洋淀文化在近现代光彩夺目。作为未来的国家科技新城，雄安新区在深入发掘本地特色传统文化的同时也须与现代文化融汇贯通，坚持世界眼光和中国特色，实现雄安新区文化的可持续发展。

## 一、雄安新区文化治理模式的创新逻辑

从霍华德的田园城市构想到芒福德的人文主义城市哲学，关照人的文化心

---

❶Glaeserand Gottlieb，2006；Carlinoet. al，2008.

理、使人成为城市发展的起点和归宿已经成为现代城市规划建设的共识。现代城市的文化治理体系既包括国内文化的建设发展，也包括对外的国际文化传播和文化贸易。

目前，我国文化治理体系主要包括公共文化服务体系、文化产业体系、文化市场体系和传播体系。我国包括国家、省、地市、县、乡、村和城市社区在内的6级公共文化服务体系已经初步建立，全国和地区性的文化产业格局和文化市场逐渐形成，电视台、广播、报刊、网站等传播体系基本完善，对外传播则主要集中在中央层面。各大体系均由职能部门各自垂直管辖，但不同部门之间管辖业务又有所重合交叉。虽然各职能部门均在中宣部的指导下开展工作，但各大体系基本独立、闭环完成治理行为；各体系平行发展，体系之间未建立有效的互动协调通路。如2015年1月中办、国办2号文《关于加快构建现代公共文化服务体系的意见》当中明确要求"推动文化事业与文化产业协调发展"。但是在实践当中，由于现有公共文化服务体系建设与文化产业、文化市场体系的制度设计未安排体系之间协调发展的接入口，在实践当中往往没有切实有效的抓手，无法形成制度性的协调发展机制。

除了跨部门的文化资源整合之外，城市文化发展还面临着均衡发展的关键问题。目前我国城镇化率已达57.35%❶，但是城乡文化发展不均衡问题依然不容忽视。雄安新区的建设规划大约在200~250万人口。现有100万人口中有近60%需要在地城镇化，而新迁入雄安新区的150万居民与原有居民还存在文化融合问题。此外，定位于国家科技新城的雄安新区也需要挖掘和塑造自己的城市文化特质。树立自己的城市文化品牌。

国家对雄安新区的建设定位为创新驱动发展引领区、协调发展示范区、开放发展先行区，因此，贯彻落实雄安新区的发展理念需要创新文化治理模式。雄安新区的文化治理应以构建中华优秀传统文化传承发展体系为核，以现代公共文化服务体系、现代文化产业体系、现代文化市场体系、现代传播体系为支撑，四轮驱动、协调发展（如图6-1所示）。

---

❶国家统计局. 2016年中国城镇化率达到57. 35%[EB/OB]. (2017-01-20)[2017-04-15]. http://finance. sina. com. cn/roll/2017-01-20/doc-ifxzutkf2122186. shtml.

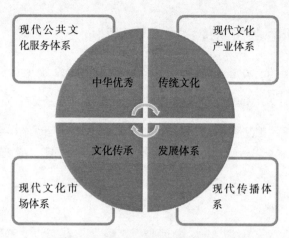

图6-1 雄安新区文化治理模式示意图

"一核"是雄安新区文化治理历史担当的生动体现。传承和发展中华优秀传统文化，增加国民的文化认同感和文化素养，提升我国的文化软实力是雄安新区文化治理的目标和方向。

现代公共文化服务体系是文化治理的基石，不仅是满足人民的群众文化需求，更需要引导人民群众的文化需求。在雄安新区的现代公共文化服务体系建设中，着重需要解决4个问题：一是高效能地供给公共文化服务；二是营造激发创新活力、充分满足国际化科技创新人群特色文化需求的公共文化空间；三是解决当地100多万居民在地城镇化进程中的文化融合；四是保护利用好现有的文化遗存。

现代文化产业体系和现代文化市场体系是文化治理的动力。雄安新区的文化产业发展趋向于两个方面：一是发展以数字文化创意产业为代表的高科技类文化产业，创新因子和单位产值高，通过技术、模式、内容、平台、渠道创新引领全国乃至全球文化产业的发展；二是发展以戏剧产业为代表的娱乐体验类文化产业，满足科技新城居民的文化消费需求。在文化市场体系构建当中将以国际市场为先导，通过数字文化创意产业的发展在世界文化市场中占有一席之地，成为我国文化走出去的标杆。

现代传播体系是文化治理的桥梁。雄安新区的传播体系宜以新兴媒体为主，通过规模化、专业化的对外传播成为发出中国声音、展现中国精神、提出中国主张的旗帜。

"一核四轮"的文化治理模式将围绕中华传统优秀文化的传承和发展将核心与4个文化内容体系融会贯通、通过制度安排推动4个体系协调发展，整合资源形成文化发展合力，实现文化的可持续发展。

## 二、雄安新区文化治理模式的实践路向

基于雄安新区的文化治理模式，其实践逻辑可概括为3个关键词：开放、协调、创新，而这3个关键词将从理念到行为深刻影响雄安新区文化治理的路向。

开放发展，既要充分吸纳各类社会主体参与雄安新区的文化建设，完善新区文化治理的自组织功能，又要在"一带一路"大的战略背景下推动中华文化走出去，提高文化传播能力，充分借鉴吸收全世界的文化成果为我所用，以开放的胸怀造就一个千年雄安。

协调发展，既要统筹雄安新区的城乡、区域文化发展，又要统筹文化发展、改革和治理。需要正确处理政府与市场的关系，体现文化例外的要求；正确处理文化遗存保护和经济建设的关系。以弘扬发展中华传统文化为目标推动文化事业和文化产业协调发展。

创新发展，要适应社会主义市场经济和时代发展要求，加大文化改革力度，全面推动文化内容形式、方法手段、载体渠道、体制机制、政策法规等创新，激发发展动力、增强发展活力、释放潜力。

### （一）塑造新的文化治理理念

近20年来，我国的文化治理取得了长足进步，在文化产业、公共文化服务体系建设、文化遗产保护、对外文化交流方面都结出了丰硕的成果。但是需要正视雄安新区的文化治理是一项漫长的事业，"功成不必在我"，做好雄安新区文化治理的顶层设计。

将雄安新区的文化治理理念植入城市规划建设当中，以梳理雄安新区的文化脉络为前提，围绕文化遗存进行新区建设，不能将历史文化作为城市建设的牺牲品。从人的文化心理出发，立足于人在城市空间和城市环境中的经历和意义，并以此作为城市规划的根本出发点，而不是人造的文明城市。在国际化过程中更要保持城市的本土特色，传承和弘扬中华传统文化，在全球化环境中建树地域性的文化品格，实现在全球化时代的"高技术"与"高情感"协调发展。

长期以来，我国文化领域的政治性过度而专业主义不足成为影响文化可持续发展的重要因素。在雄安新区的文化治理当中，要坚持政治性与专业性相结合，将政府决策与执行相分离，科学、规范、高效地进行文化建设。因此也需要选用一批具

有敢于创新、善于创新的专业化干部，以高度的历史责任感保护和传承雄安当地文脉，将传统文化融入当代文明、现代社会。

此外，还需要警惕"文化GDP"意识，避免将文化作为新的政绩工程。因此需要改变现有的文化政策话语体系，更强调与民众获得感关系更强的文化社会指标评价。

### （二）营造新的文化市场环境

城镇化、技术创新、建设消费型社会是当前我国经济的内生动力。无论以创新抑或消费驱动文化经济发展，都需要建立公开公平的文化市场环境，提升文化市场活力。雄安新区是文化领域改革绝佳的试验田。建立竞争性的政府购买公共文化服务市场、探索文化领域PPP模式、为中小企业减负、在体现文化例外要求的前提下建立负面清单制度等改革举措，都可以在雄安新区大胆尝试。

雄安新区现有的产业基础如服装加工产业、包装产业都面临着转型升级。文化创意和设计服务与制造业的融合可以显著提升其产品附加值，从制造型向"智造型"转型。

### （三）确立新的文化治理手段

基于雄安新区新的文化治理模式，需要确立新的文化治理手段，大部门、扁平化、参与式、法制化将是雄安文化治理体系的重要特征。

大部门：文化领域的大部门改革呼声已久，在雄安新区建设中更显急迫。要革除现有体制机制壁垒，统合文化领域资源，必须推动文化的大部门治理。雄安新区作为协调发展示范区、开放发展先行区，需率先打破体制束缚，实现文化大部门制，将文化、广电新闻出版、旅游等文化职能部门进行整合，提高文化治理效率，为"四轮"协调发展提供制度保障。

扁平化：目前我国多行政级别的城市体制直接造成了资源配置不均从而导致了发展不均衡的局面。雄安新区作为疏解非首都功能的集中承载地，不能走上大城市无限扩张的老路，成为另一个"大城市病"患者。因此，文化治理当中要弱化行政系统的资源配置，以社区为单位实现多中心文化治理。一方面可以节省资源层级分配的损耗，另一方将文化治理下沉到城市社区，深度介入居民的日常生活。

参与式：雄安新区的建设是一个庞大的人工系统，而文化治理的自组织功能不容忽视。过去我国文化领域的改革发展过于中央化，主要以政府意志为导向，因此社会动力不足。从我国过去30余年的改革开放经验可以看到，成功的改革不是政府的意志而是社会主体成为资深动力。因此雄安新区的文化治理必须重塑政社关系，政府分权给社会，政府权力进一步缩小并受到制约，充分吸纳、调动各个社会主体参与文化建设，使文化治理自身不断优化。

法制化：随着我国依法治国的不断深入，文化领域的立法工作不断深入，《公共文化服务保障法》已经出台，《文化产业促进法》正在制定当中。文化法制的不断健全将从制度层面有力保障文化的发展。但法律制度需要细节，只有细节完善的法律才能真正实现法律的规范功能，否则也将沦为水中明月可望而不可及。雄安新区的文化治理在制度建设中应当从细节入手，推动文化法制化建设。

## 三、结语

作为千年大计、国家大事的雄安新区，不论承载着多么重要的历史意义，终究还是人的城市。以人的诉求为出发点，通过高品质的城市建设使人生活得更加美好，是城市建设的本质回归。文化是人的必需品，也是城市的必需品。雄安新区的文化建设水平直接决定了城市的品质；雄安新区的文化治理模式决定了城市文化的发展水平。

雄安新区的最珍贵之处在于提供了文化改革创新实践的广阔空间，制度红利、政策红利为雄安新区的文化发展提供了无限的可能性，更为解决我国文化建设的瓶颈困难注入了一剂强心针。以中华传统文化的创造性转化和创新性发展为纽带，将文化建设的方方面面统合协调，通过目标统一、资源集聚、举措得当的文化路径在雄安新区建设中先行先试，探索出文化开放创新治理的新模式和新道路，是雄安新区实现"文化强国"战略的责任担当，也是新城建设"中国智慧"的体现。

## 第四节　对雄安新区文化人才队伍建设路径的思考

作为北京非首都功能疏解集中承载地，雄安新区将被建设成为一座以新发展理念引领的现代新型城区，将实现政治、经济、社会、文化、生态的"五位一体"的发展。从国际新城建设的历史经验来看，作为"五位"的重要一极，文化建设是新城规划与发展的重要指标，也是雄安新区承载"非首都功能疏解"、构建现代化新城的重要措施。在"文化建设"与"承载非首都功能"的双螺旋互动上升过程中，文化人才队伍发挥着重要的作用。

# 一、"非首都功能疏解下"雄安新区的文化人才建设机遇

## （一）文化资源的集聚度显著提高

作为疏解北京非首都功能的承载地，未来将有大批文化资源迁入雄安。从政府机构而言，新区建设有效调整京津冀的城市布局和空间结构，为国有文化资源的流动和入驻提供了物理空间和政策扶持；从市场资源流动而言，雄安新区的自然风光、历史传承、区位优势，尤其是广阔的市场前景将全面吸引京津地区乃至全国的文化资本、文化物流、文化生产等人文汇聚，天然的为文化人才的汇聚打下了坚实基础。因此，未来雄安在文化建设以及文化产业升级中将亟需大量的文化人才。

## （二）文化空间更具想象力

雄安新区是中国北方重要的茶马互市和边境贸易的节点，未来，雄安新区也将成为连接"21世纪海上丝绸之路"和"丝绸之路经济带"的新的支撑点。同时，还将强化京津冀协同发展与"一带一路"战略的对接，也有助于欧亚大陆桥与渤海海上丝绸之路的对接。如此重要的内联外转的枢纽地位将为雄安文化发展带来更加广阔的空间，也为各类文化人才实施创业抱负提供了前所未有的历史舞台。

## （三）文化产业更具前瞻性

当前，雄安新区文化产业基础薄弱，所属三县的主要产业主要集中在管道和塑胶制品、羽绒制品制造、有色金属回收、服装生产、物流产业以及以白洋淀旅游为主要承载的旅游业。未来，雄安新区将着力发展高端高新产业。基于城市发展的现实基础，雄安新区不需要再耗费更大的精力、物力对旧产业进行升级改造，并调整适应，而是直接引进高端产业形成新的产业结构，使得落后产能自然而然地被淘汰。在这一过程中，文化将发挥其"高附加性、高渗透性、绿色无污染"的特性与各类产业进行融合发展。文化科技、文化制造、数字传媒等新业态都需要懂科技会创意的现代化文化人才。这既是产业发展的需要，也是适应新时代特征文化人才升

级的题中之义。

## 二、雄安新区的文化人才命题

雄安新区建设犹如在一张几近空白的纸上描绘最美好的图画，探索性强。对于定位于"千年大计、国家大事"的雄安新区，人才是关键。对于文化领域的发展，既要鼓励文化创业者紧抓历史机遇实现个人价值，同时，更要从全局发展考虑，紧抓文化人才的核心命题：城市精神、文化发展新模式和创意阶层，做好新区文化人才队伍的建设。

### （一）新区的创业精神

城市精神对城市及其居民的生存与发展具有巨大的灵魂支柱作用、鲜明的旗帜导向作用与不竭的动力源泉作用。作为京津冀腹地，雄安新区由3县及周边地域组建而成。作为一个新区，如何有效地发挥人文底气，塑造起"雄安精神"对寻找城市发展新动能尤为重要。

深圳与浦东的发展经验值得借鉴，1990年，深圳精神定义为"开拓、创新、团结、奉献"8个字，到2002年修改为"开拓创新、诚信守法、务实高效、团结奉献"。浦东则一直坚持"开发浦东、振兴上海、服务全国、面向世界"的战略方针。这两股开放而又进取的精神构建了这两个新区的城市灵魂，植根于城市建设人群的血肉当中，对城市的生存与发展产生了巨大的灵魂支柱作用。

新时期，雄安新区建设需要立足于新的时代特征，探索属于自身独特发展历程和符合自身历史定位的"雄安精神"，对内集聚人心，鼓舞士气，对外塑造城市形象，展现新区风采，从而为全面开展"千年大计"的建设工程提供持续的精神动力驱动。

### （二）文化发展的范式

雄安新区是一片现在开发程度较低但有着巨大想象空间的土地。在疏解北京非首都功能的过程中，文化资源的高度汇集为文化人才"在地创业"提供了无限可能性。第一，大量高新技术和文教资源的涌入，将为雄安探索"文化+金融""文化+旅游""文化+科技"等新兴文化业态提供广阔的发展空间。第二，新区城市规划即将起步，文化创意从规划创意阶段就直接参与进去有利于将"保护弘扬中华优秀传统文化、延续历史文脉"的创新发展理念融入到新城建设的肌理与血脉当中。第三，雄安地处河北腹地，城镇化水平低。新城建设势必带动区域城镇化。雄安的城镇化不同于以往，它将发挥后发优势，突破传统限制，尽情发挥文化想象，以"智慧城市+特色小镇+美丽乡村"的展现形式来实现自身的文化崛起。这种新的发展范式将对传统的人才队伍建设提出更高更有针对性地要求。

### （三）创意阶层

随着非首都核心功能的迁入，尤其是新产业的落地与发展，需要大量的高端创意人群的迁入并形成较为稳定的创意阶层。理查德·佛罗里达认为创意阶层由两种类型的成员组成：一种是"超级创意核心"群体，包括科学家与工程师、大学教授、诗人与小说家、艺术家、演员、设计师与建筑师；另一种群体是现代社会的思想先锋，比如非小说作家、编辑、文化人士、智囊机构成员以及其他"舆论制造者"。除了这类核心群体，创意阶层还包括"创意专家"，他们广泛分布在知识密集型行业，如高科技行业、金融服务业、法律与卫生保健业以及工商管理领域。这些创意人群将是未来雄安新区发展的重要有生力量。如何在新区建设过程中做好文化人才队伍的规划与管理，充分地发挥其他的文化主动性服务新区建设将是新区未来治理中需要高度关注的问题之一。

## 三、文化人才队伍建设的几点建议

文化的竞争其实主要是文化人才的竞争。推动社会主义文化大发展大繁荣，队伍是基础，人才是关键。要牢固树立人才资源是第一资源的理念，只有在文化人才队伍上形成优势，才能在文化生产、经营、管理和发展上具有竞争力。

### （一）弘扬文化创新精神

雄安新区建设，需要从"一穷二白"的基础上进行创业。因此，要充分把握创新驱动发展战略的时代内涵，积极弘扬敢于进取的文化精神，构建鼓励创新的社会文化氛围，服务新区建设。一是新区上下需要加强文化培训，树立"文化兴业"的理念，积极凝练新区的文化核心。二是要充分发挥新闻媒体的宣传放大效应，重点打造《创新雄安》等品牌栏目，宣传新区创新服务能力和环境，鼓励创新创业精神，营造创新创意创业氛围，激发创业热情，增强新区创新影响力。三是注重发挥文化创业的导向作用，促进创业资源和要素的合理配置。

### （二）做好创意阶层的发展规划

无论是现代智慧城市，还是高端产业和优质的公共服务，都需要具有精神文化内涵高、具有创意和创新能力的高端人才。雄安要着力打造产业布局科学、产业发展集聚、产业竞争力强的"高端高新产业"，就需要创造性解决产业与相关人才的匹配度问题，需要多层次、多样化的人才匹配。因此，雄安新区创意阶层的打造将是新区文化人才队伍建设的重中之重，需要在规划阶段就综合考虑创意阶层的建设和高端人才的布局。在这一过程中，需要突破传统理念，创新体制机制，紧紧围绕产业发展要求，通过"人才×"模式实现高端人才的几何式增长与集聚。因此，科学合理的创意人群的规划显得尤为必要，只有创意人才源源不断，才能出现产业发展的蓬勃向上。

### （三）着力引进高端文教资源

非首都职能疏解意味着首都部分教育资源将转移到雄安来，这既是首都"功能瘦身"的历史要求，也是雄安新区创新发展的现实需要。因此，人才队伍建设需要重点思考未来新区内高校布局以及外地高校与雄安的联动发展。第一，引进高端教育资源、文化资源、研究资源等，对于改善一个区域的营商环境、增加对投资和人才的吸引力等都十分重要。第二，北京高端文创资源的融入，将有效地推进雄安新区产学研的一体化，为当地产业的发展提供直接有效的科研成果和理论指导。第三，雄安新区建设开放发展先行区。对外开放，不仅仅是经济上的对外招商引资、招才引智，而且还包括了教育领域的对外吸引办学：通过引进一大批国际学校或中外合作办学机构落地雄安，在提升本地文化教育水平的同时，也更好地促进了当地产业的国际化合作和人才的国际化培养。

### （四）打造融合性强的文化产业新体系

雄安新区的文化建设，将跳出传统的"公共文化+文化产业"的二元模式，而是通过创新融合，实现文化旅游、文化科技、文化教育、创意设计、文化金融、文化地产、文化体育等多重融合，构建高端文化产业体系，真正地实现文化融入城市血脉，展示其"非首都功能疏解集中承载地"的新区特色，为区域文化人才的创新创业提供更加开放的平台。

### （五）积极发展外向型文化企业

抓住国家"一带一路"战略机遇，着力培育外向型文化企业，打造文化出口门户，创新文化贸易模式，领航中华文化集群走向海外。一是鼓励文化企业实施海外兼并，投资境外合作园区建设，以生产基地、区域运营中心等形式，搭建多元化"走出去平台"，开展国际运营。二是要全面对接国家对外文化发展部门，探索文化大企业与政府合作开发海外文化中心的新路径，通过各类文化产品展示、文化会展活动、文化技术培训班等手段，加强与当地企业和百姓的互动，推动雄安新区的国际文化贸易。三是鼓励入驻文化企业商业模式创新，扩大跨境电子商务试点，推动文化商贸业与互联网的融合发展。

### （六）做好城市的文化配套

雄安新区"筑巢引凤"，"巢"的质量高低直接影响"凤"能否被引来。国际新城建设的历史经验证明，城市文脉的挖掘与提升是新城建设的重要指标，也是吸引文化人群乃至普通居民的关键。因此，雄安新区需要在传承文脉的基础上，结合未来文化发展的趋势，做好城市的文化配套。一是在新城建设上充分体现中华文化元素，精雕细琢以工匠精神打造百年建筑，留下千年传承。二是着力建设集科技、文化、娱乐、演出、展览、健身、休闲等功能于一体的现代化文化综合体，推动文化功能在空间上集聚，形成新区的文化地标。三是建设一批文化科技体验项目。支持与鼓励社会机构规划建设虚拟科技体验馆、4D体验、智能机器人游艺馆等一批文化科技特色鲜明的特色项目，彰显区域文化科技魅力。四是围绕新区新居民的文化需求，大力引进特色文化休闲品牌，加快建设博物馆、音乐厅、群艺馆等文化设施，做好街头文艺小商品的设计与摆放，全面提升新区的文化设施水平。

## 四、需要注意的问题

雄安新区的文化人才队伍建设，既要立足于整个城市系统发展的基础上突出文化特色，也要关注可持续发展做好文化民生保障。因此，需要注意以下几个问题。

### （一）要协调推进产城一体化

统筹新区与周边地区协调发展，有序承接疏解北京的非首都功能，实现与北京中心城区、北京城市副中心错位发展。以"区域温度"传导"发展速度"，全面提升文化生活服务对高端人才聚集、社会经济发展的先导作用。一是集中建设综合性文化产业设施、举办品牌型文化活动项目，通过高品质的文化载体建设与运营，进一步补充和丰富区域文化生活，提升区域温度。二是优化文化生活服务能力，推动文化产业与城市建设的融合发展，探索产城融合发展的文化路径，建设高品质、高水平的产城融合先行区。三是坚持共享理念互动发展文化产业与城市建设，运用网络技术改善城市生活服务，增厚城市文化艺术氛围，打造智慧服务、智慧生活、智慧新城，提升人文素质和文化品质。

### （二）注重文化消费环境

文化消费是城市文化繁荣与否的重要指标。雄安新区的建设，文化生产固然重要，文化消费也需要加强。一是要围绕文化供给，大力繁荣区域文化活动，激发区域文化活力。利用现代信息技术，大力发展电子竞技、智能体验等科技型休闲旅游项目，构建区域文化消费热点。二是要举办系列文化节庆活动。深入挖掘文化内涵，增强文化体验，强化形象塑造与市场推广，引导开展品牌化营销，策划举办一批文旅结合的节庆系列活动，丰富节庆内容，打造旅游文化系列活动品牌。三是要大力繁荣文化演出市场。与北京文艺演出单位建立战略合作关系，引入经典演出剧目，丰富新城文化演艺生活。

### （三）做好文化舆论引导

雄安新区的建设在国内外引发了高度关注。"雄安新区怎么建""非首都功能疏解中哪些功能要进驻新区"等问题成为大众舆论讨论的热点。在这一过程中，雄安新区需要做好文化舆论的引导。一方面，要充分研究大家对雄安新区有了初步认知后产生的心理反应或情感反应，做好情绪性舆论的引导，要求以客观理性的专业化报道和及时全面的信息服务疏导公众情绪，稳定社会心理。另一方面，要通过参与性舆论，促进政府与公众的良性互动，并推动雄安政治文化的健康发展，吸引更多的投资者、文化从业者关注雄安新区建设乃至积极投入到雄安建设中来。

## 第五节　建设中的雄安新区居民态度调查研究

设立雄安新区是一项重大的历史性战略选择，当地居民对新区建设的态度会极大地影响新区建设工作的开展和推进。了解新区建设对当地居民生活状态的影响、随之产生的情绪意见，是制定有效的安置安抚政策的关键信息。本节选择了经济发展水平最高的雄县开展了当地居民态度的问卷调查和访谈，研究结论来源于调查结果。由于其中一位作者来自于雄县，对当地的风土人情经济状态非常熟悉，具有丰富的雄县人脉资源，访谈资料真实可靠。问卷调查获得341份有效样本数据，调查问卷亦是通过系统后台IP地址筛选保证数据的真实性。

## 一、雄县地理区位特点

### （一）区位优势

建设雄安新区是"千年大计、国家大事"。雄县非常幸运地成为新区的一部分，源于其得天独厚的地理区位优势。

雄县是雄安新区3县中经济总量最高的地区，全境东西长26千米，南北阔25.5千米，县域面积524平方千米。地势呈西南东北走向，东北高，西南低，以丘陵、山地为主。属温带大陆性气候，四季分明，年平均气温2.5摄氏度，有效积温2500多摄氏度，降水量600毫米左右，无霜期132天。耕地面积134.3万亩，水田42万亩，旱田92.3万亩。

雄安新区最大的区位优势在于与北京和天津的地理关系。雄县隶属于河北省保定市，地处冀中平原，京津保腹地，北距北京108公里，东距天津100公里，西距保定70公里。东依霸州市，南部、东南部隔大清河与任丘市、文安县相望，西南隔白洋淀与安新县相连，西部与容城县相接，西北与高碑店市毗邻，东北与固安县接壤。雄县古称雄州，始于后周世宗柴荣抗辽时将瓦桥关改名"雄州"，以其"东襟渤海、西领太行、燕南赵北、咫尺京阙"的特殊地理位置，始终为历代兵家必争之地和军政要地。

### （二）丰富的自然资源禀赋

雄县天然气储量10亿立方米以上，境内有油井1200余眼，年产原油70万吨、天然气1800万立方米。地热田面积达到320平方公里，占县域总面积的61%。地热水源凭借面积广、储量大、埋藏浅、水温高、水质优5大特点，被广泛用于雄县建设的众多领域。1989年雄县被国家确定为全国中低温地热资源综合开发利用示范。2010年被国土资源部命名为"中国温泉之乡"。

雄县拥有白洋淀水域面积18.3平方公里，建有中国北方最大的内陆码头。白洋淀以它浩瀚的芦苇荡和荷花带闻名于世，自然风光秀丽。

### （三）深厚的人文资源

历史文化悠久，有长达65公里的宋辽古战道，被誉为"地下长城"，有著名的杨六郎镇守的瓦桥关遗址。据考，雄州瓦桥关至霸州益津关一线是宋辽对峙的边关要塞，杨延昭把守边关16年，在与辽军周旋之中，修筑了一条地下战道，即为著名的宋辽古战道。绵延数十公里的地下古地道，被历史和军事学家们称为"沉睡千年的地下军事奇观"。2007年被命名为"中国古地道文化之乡""中国古地道文化研究核心"。

### （四）现代化的立体交通资源

雄县建有现代化的立体交通体系。大广高速、保津高速纵贯县境，白洋淀支线横穿县城南部，以高速公路为骨干，以县城为中心，四纵（高速东、西连接线、立新路、固雄线）、五横（保津高速、112线、津保北线、保静路、昝白路）沟通城乡的公路交通网。依托两条主干线，雄县已融入了京津城市大交通框架，到北京只需45分钟行程，特别是津保铁路通车后，雄县到天津红桥区只需15分钟行程。距离雄县仅60公里的北京新机场将于2019年竣工，以及规划建设中的河北通用机场群的建立，能在极大促进雄安新区的建设的同时满足京津冀地区的短途运输、应急救援、公务航空、旅游观光等多领域的市场需求。

## 二、经济发展状况

### （一）经济总量

雄县在雄安新区3县中经济处于领先地位（见表6-1）。

表6-1　雄安三县经济发展水平状况❶

|  | GDP（亿元） | 工业增加值（亿元） | 社会消费品零售总额（亿元） | 公共预算收入（亿元） | 城镇居民人均可支配收入（万元） |
|---|---|---|---|---|---|
| 雄县 | 101.14 | 72.74 | 53.5 | 3.49 | 2.8 |
| 容城 | 59.4 | 16.8 | 44.9 | 2.55 | 2.3 |
| 安新 | 40.01 | 9.98 | 33 | 3.28 | 1.8 |

注：GDP为2016年前三季度数据，工业增加值、社会消费品零售总额为2016年1~11月份数据。

---

❶数据来源：地方政府网站、新华社报道。

2016年，雄县全县生产总值完成101.14亿元，固定资产投资完成69.86亿元，规模以上工业增加值完成72.74亿元，社会消费品零售总额完成53.5亿元，全部财政收入完成6.56亿元，公共预算收入完成3.49亿元，金融机构存款、贷款余额分别完成146.9亿元和56.2亿元，社会用电量达18.57亿千瓦时。

雄县官方最新数据显示，2016年，雄县民营经济组织达到15523个，民营经济实现营收432.5亿元，增加值81.9亿元；塑料包装、压延制革、乳胶制品以及电线电缆四大支柱产业实现产值分别为148.5亿元、60.4亿元、46.1亿元和24.6亿元。全县高新技术企业6家，科技型中小企业410家。

雄县的农业园区建设和新型经营主体培育方面，县以上重点园区5个、4.45万亩；省市级产业化龙头企业16个，农民合作示范社、示范性家庭农场15家，农业产业化率达67.8%。

2016年雄县旅游业接待游客超过100万人次，综合效益突破3亿元。

## （二）支柱产业

### 1.塑料产业

雄县现有塑料企业20000余家，其中，造粒企业3200家、吹膜企业2500家、彩印企业1000余家、制袋企业4000余家、吹膜制袋企业1000余家、拔管企业5300余家。从业人员200000余人。塑料行业资产总额110亿元，固定资产55亿元、产值367亿元、利税38亿元。

雄县塑料包装产业兴起于20世纪60年代丝网印刷，70年代中期出现吹膜企业，80年代初，凹印设备的发展提高了塑料包装行业的整体水平，进入90年代后，形成了集吹塑、注塑、流延、制版、印刷、复合、制袋于一体的系列生产流程。

塑料管材业兴起于20世纪70年代中期，80年代中期进入了全面发展阶段，逐步形成了以昝岗镇为中心的拔管专业村。塑料包装企业主要分布于雄州镇三街、县城周边专业村以及龙湾乡。塑料管材企业主要集中在昝岗镇、米北乡、张岗乡等内的专业村。

### 2.压延制革

雄县现有压延制革企业140家，从业人员30000余人，拥有生产线590条。压延行业产值1105亿元，利税60亿元。

压延制革产业兴起于20世纪80年代中期，生产设备由六七十年代国有企业淘汰的设备发展到具有世界领先水平的进口设备，发展出东兴人造革、强大塑胶、镇源塑业、恒祥革业、玉鑫塑胶、瑞达塑胶等一批企业。企业主要集中于雄县县城至白沟镇路两边的革塑工业园区，产品有汽车地胶、门垫、运动地板、台布、灯箱布、高级透明膜、电工胶带，广泛应用于飞机以及汽车内部装饰、广告装潢、箱包、服装文具、雨具等领域，畅销国内外。该行业的发展一直处于快速上升趋势，发展势头良好。

### 3.乳胶产业

雄县乳胶行业资产总额35亿元，固定资产25亿元。年产值56亿元，利税6亿元。乳胶产业80年代兴起于龙湾大步村，最初家庭作坊式手工生产气球，后来出现气球生产线、家用乳胶手套生产线、安全套生产线。雄县现有乳胶企业75家，集中分布于龙湾乡大步村、昝岗镇。其中气球生产企业70家，安全套生产企业3家，乳胶手套生产企业4家，从业人员30000余人，拥有乳胶手套生产线590条，气球660条，手指套生产线80条，医用手套生产线10条。

### 4.电器电缆产业

雄县电器电缆产业资产规模40亿元，固定资产21亿元，电气电缆行业产值169亿元，利税7亿元。电器电缆产业兴起于70年代中期北沙乡，90年代后，市场竞争加剧，原有落后的生产设备和家庭式作坊生产不能适应市场需求，雄县电缆一度成为劣质电缆的代名词，电线电缆行业出现滑坡。后来，部分企业开始更新设备，引进人才技术，加强企业管理。一部分企业通过产品质量和管理体系认证，成为电线电缆龙头企业。目前雄县拥有电器电缆企业200余家，从业人员4000余人，主要设备有成缆机、压胶机、连流护套生产线等。

## （三）人口就业结构

雄县辖雄州镇、昝岗镇、大营镇、龙湾镇、朱各庄乡镇、米家务镇、双堂乡、张岗乡、北沙口乡共6镇3乡，223个建制村，2015年末全县户籍总人口392260人，全县常住人口370972人。雄县以汉族为主，少数民族有满、回、蒙古、壮、朝鲜等16个民族。

在雄安3县中，尽管雄县是经济上的翘楚，但在全国范围内依旧属于不发达地区。2016年，雄县户籍总人口39.4万人，其中农业人口27.93万人，户籍人口城镇化率仅为29.1%，与我国2016年户籍人口城镇化率的平均水平41.2%存在较大差距。产业结构低端，是农业大县。

第一产业人口占比超过50%，但专职农业的人口比重很低，大部分村镇农民在进行农业生产之外，还在当地从事第二、三产业。雄县农业产业化率高达67%，土地流转承包模式成熟，许多农业园区、蔬菜大棚创造了当地大量就业机会。

从事第二产业人口比重约为30%，主要以从事塑料包装、压延制革、乳胶制品以及电线电缆四大支柱产业为主。还有大量工人从事建筑制造、机械加工、纸花制作、座椅加工、石雕古玩、箱包服装、货运仓储等行业。雄县塑料包装产业占整个县域经济比重达51.65%，从业人员约占本地总人口的1/8。

第三产业人口就业集中分布于县城区域，超市零售、餐饮酒店、文化旅游、温泉观光是当地较为发达的服务行业，吸收了大量就业人口。

## 三、当前的产业困境

### （一）劳动密集型企业，规模小，产品附加值低

雄县官方数据显示，2016年，雄县民营经济组织达到15523个，民营经济实现营收432.5亿元，增加值81.9亿元；雄县的四大支柱产业分别是塑料包装、压延制革、乳胶制品以及电线电缆。

雄县的四大支柱产业都属于劳动密集型产业，起步于家庭作坊，并随着市场开拓的需要逐步升级到生产线，技术含量也从低到高。镇域内形成主导产业后，又有专业村，最终形成规模优势。尽管在技术和装备上四大支柱产业在国内处在领先地位，从业人员众多，但是普遍存在科技含量低、产品附加值低，以及大群体、小规模等不利条件。

### （二）支柱产业多为污染型企业

塑料行业带来的污染问题一直困扰着雄县的塑料生产企业，环境监管部门也屡次将其列为重点监察对象。雄县现有塑料企业的污染问题很难短时间内解决。塑料企业生产中会排放挥发性有机化合物（VOCs），这种物质会与空气中的二氧化硫、氮氧化物发生化学反应，将PM2.5吸附在周围。2015年以来，华北平原每逢重污染预警，雄县的塑料企业便要停工。塑料包装生产企业如果购买一套治理挥发性有机化合物的设备，至少要投入100万元，对于雄县绝大多数的塑料企业来说没有这个能力。乳胶、压延制革行业中也存在环境污染的问题，大量废水的排放严重污染地下水质。

雄县传统的四大支柱行业对周边环境都存在一定伤害。

### （三）大量低层次的家庭作坊式企业面临被取缔

雄安新区发展定位为国际一流、绿色、现代、智慧城市；蓝绿交织、清新明亮、水城共融的生态城市；高端高新产业的城市。雄县必将要脱胎换骨，淘汰落后产能、污染产能，发展高端产业、绿色产业。大量低层次的家庭作坊式的企业正在或者即将被关闭淘汰。

4月28日，距离建立雄安新区消息公布将近一个月之后，雄县各乡镇已经进入准备和迎接状态。各个村口设立检查站，查处装载塑料的货车，同时，各个工厂的工业用电也即将被停断。龙湾乡大步村的气球厂大都处于停工状态。

### （四）失业率或将大幅度上升

"雄安新区"的建设要"坚持生态优先、绿色发展""建设绿色生态宜居新城区"。关于旧产业如何处理、新旧动能如何转换，这不仅仅是政府层面需要谨慎考量推进的课题，更是当地居民最为关心在乎的生存问题。

雄县当地部分居民正在经受转型过程中的阵痛，带动大量就业机会的传统产业即将遭遇取缔停产困境，新区的新兴产业尚处在图纸谋划阶段，淘汰落后产能使大量在家庭作坊式企业中赖以为生的劳动力失去工作岗位，实际失业率在建设初期陡然上升，雄县居民正在面临新区建设中颇为艰难的境遇。

## 四、当地居民对新区建设的态度调查

### （一）问卷调研实施

问卷调查的时间距离新区设立消息公布已有一个月，雄安新区进入统筹规划、初期建设阶段。研究雄安新区的建立对于当地居民生活状态的影响、随之产生的情绪意见等课题，对于推进雄安新区的建设具有较大意义。

本研究通过随机抽样调查的方式，对全雄县境内的雄州镇、昝岗镇、大营镇、龙湾镇、朱各庄乡、米家务镇、双堂乡、张岗乡、北沙口乡的大约100个村以及全县城范围内的居民进行线上手机电子问卷和线下统计采访的形式进行数据收集。手机电子问卷通过系统后台IP地址筛选保证数据真实性，最终获取到341份有效样本数据。

### （二）调查问卷结果分析

#### 1.文化水平

雄县有普通中学34所，在校生27682人，初中升高中入学率达到67%；小学136所，在校生27346人；成人中等专业学校3所，在校生845人；职业高中在校生1483人。

根据抽样调查数据显示，雄县当地居民的文化学历水平不高，小学初中学历人数占七成（见图6-2）。雄安新区未来规划为高端创新产业城，当地居民文化水平程度不高、劳动技能单一的现实会影响当地的企业升级、产业调整，预计会有部分当地居民难以融入新兴产业城市生活，给拆迁安置、居民再就业的进行带来困难。

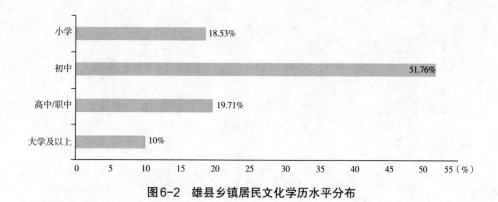

**图6-2　雄县乡镇居民文化学历水平分布**

#### 2.居民收入水平

官方数据显示，雄县2016年城乡居民人均收入分别为28057元和14517元（见图6-3）；北京市2016年城镇居民人均可支配收入57275元，农村居民人均可支配收入22310元。长期来看，雄安新区作为北京的非首都功能转移集中承载地，未来当地居民收入会逐渐向北京水平靠齐。整体预期收入水平的提升，是当地原住居民支持新区建设的主要动力。

根据抽样调查数据得出的统计结果显示，被调查对象中从事当地四大主导产业的居民收入水平在36000元的占到八成以上，远超过当地平均收入水平，因此，新区建设初期，新旧产业的更替时间差带来的失业问题、收入下降问题，会很大程度影响当地居民的情绪。

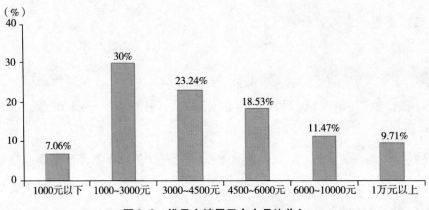

图6-3 雄县乡镇居民个人月均收入

### 3.居民拥有不动产情况

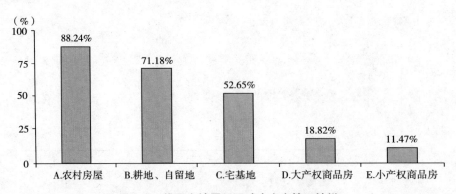

图6-4 雄县乡镇居民不动产占有情况抽样

调研数据显示，超过八成的居民关心拆迁补偿问题（见图6-4）。农村自建房是当地居民主要的住房形式，部分居民长期生活在村庄院落中，难以改变生活方式、居住习惯。耕地、自留地是农民赖以生存的收入来源，如果采取一次性补偿征用的方式，需要妥善考虑补偿方案，同时安排好失去土地的农民再就业问题。

调查问卷中的大产权商品房特指县城或乡镇范围内在经过审批的建设用地上的商品房；小产权商品房则指未经过审批，开发商在租用土地上建设的一般以30年为使用期限的房屋。被调查对象中有20%的当地居民表示担忧小产权商品房的赔偿得不到官方承认。

### 4.居民对新区建设的态度

调研结果显示，大部分雄县居民对于新区建设持有积极态度；但有超过35%的居民认为现阶段雄安新区的建设规划中，政府对于原有产业的政策已经影响了自己正常的生活（见图6-5）。对于部分传统四大产业的从业者来说，原来的工作生活很满意，从个人短期状态的角度上，产生了对于新区的建设的负面情绪。新区建设工作的推进，需要解决好当地原住居民的态度情绪问题。需要认真听取居民意见，并从根本上解决大家的后顾之忧。

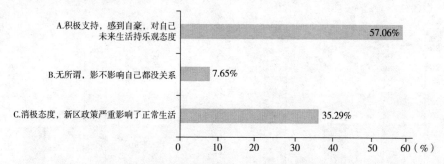

**图6-5　对新区的建设以及家乡即将从农村/小镇变成大城市的态度**

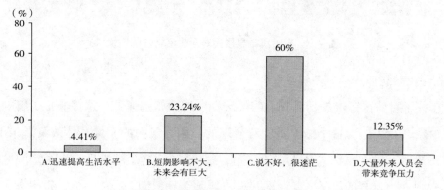

**图6-6　新区建设对自己家庭的影响**

调查结果显示，六成的人对自己的未来感到迷茫（见图6-6）。

雄安新区的建立定位于"千年大计、国家大事"，给全国人民都带来了巨大的震动，以艳羡的目光看着馅饼砸在雄安人民的头上。然而，被人羡慕的雄县人超过半数的人却表示迷茫，有12.35%的人担心外来人员会带来竞争压力。对规划的不理解，具体政策缺失，信息传递的扭曲，目前转型经历的痛苦等，都让人感到迷茫。

5.居民产生焦虑的原因

在收集的雄县居民对于现阶段生活状态的担忧中，失业与拆迁补偿是两个关键词。政府对于原有的产业进行调整取缔的政策，影响一部分人的就业问题；相关部门调控房地产市场的措施，冻结交易房地产、停止办理商品房的过户手续、禁止农村新建房屋等影响居民对于房屋的需求；新区建立政策的公布，市场投机和心理预期等因素导致物价上涨，当地居民生活压力增大；尚未公布的补偿方案给人们带来焦虑，担心房屋土地被统一征用后无法维持原有生活水平；现阶段，雄县部分路段因为周边居民涌入造成的交通拥挤，也给当地居民带来竞争压力增大的恐慌（见图6-7）。

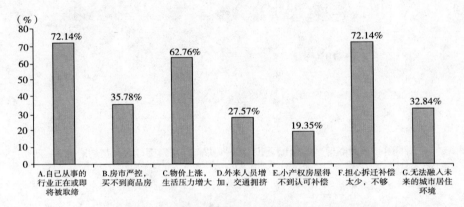

图6-7　现阶段雄县居民对于生活状态的担忧

6.居民对新区政策的了解程度

在关于对新区定位规划等政策的了解程度的问题选择上，选择非常了解的人只有极少数（3.63%），这个结果是相对合理的，因为新区的大量具体政策尚未出台。然而，竟然有38.82%的人感觉"不清楚，很模糊"，这个结果反映出一定问题（见图6-8）。作为雄县的居民，新区的建设直接关系到他们未来的生活，很少有人能不去关心。"不清楚，很模糊"，在一定程度上表明了他们的一种情绪以及对具体政策的渴望。

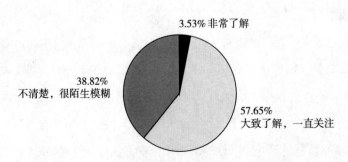

图6-8　雄县居民对新区的定位规划等政策的了解程度

### 7.居民获得信息的渠道

雄安新区的设立是影响雄县发展的大事，与当地每个居民的生活都息息相关，但是当地乡镇居民对新区的规划定位、规划建设进展等情况的熟悉程度却不高。在调研结果中，不少居民表达出迷茫的情绪，不知道自己的家乡以及邻居朋友们的未来如何发展；一部分人对于新区的定位存在误解，盲目自信，存在被不法投机机构蒙骗的现象；超过50%的被抽样的居民表示希望尽快发布关于新区的各种政策，比如补偿方案、安置就业方案等，处于焦急的等待状态。究其原因，一方面新区尚处于规划、初期建设阶段，政府官方发布的关于雄安新区的消息不多，宣传形式有限；另一方面当地居民限于自身文化水平，对于虚假消息判断力不足，也影响对于新区的了解。

雄安新区的建设在媒体传播方面的工作应该对当地居民有所侧重，让当地居民熟悉了解权威的规划定位、建设进展等情况。同时，还应该注重传播渠道的多样化。在获取雄安新区信息的渠道的调研结果中，只有不及40%的居民通过电视、报纸和广播此类相对权威的媒介，而大部分的消息源则是手机新闻、微信朋友圈公众号的形式。移动互联网的发展，使得新媒体在消息传播上展现出巨大的影响力，当地居民表示在手机端上获取雄安新区的新闻资讯更加方便快捷；但是手机新闻软件、社交平台上的消息的真实性和权威性要远远低于传统的电视、广播、报纸等媒体。只有不到20%的信息传播是通过最为权威的政府公告、居委会和村委会的通知完成的。因此，在加强官方权威的渠道宣传之外，还应注重手机新媒体上对于新闻消息真实性的把控管理，这样才能做好雄安新区建设的宣传工作（见图6-9）。

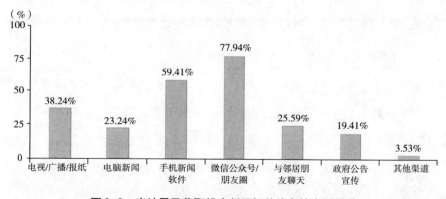

**图6-9 当地居民获取雄安新区相关信息的主要渠道**

## 五、对策

调查结果并不乐观，当地居民没有表现出外界想象的那种兴奋感，反而在一部分人中有一种担忧的，甚至是消极的负面情绪存在。负面情绪是能够相互感染的，一旦在新区建设推进的过程中，当地居民暂时的利益受损，就有可能引起更大的抵触情绪，造成新区发展的障碍。重视居民情绪，及时了解居民态度，获得居民的支持和积极配合参与，是新区建设顺利开展的基本条件。设立雄安新区过程中，应避免使用行政命令强制企业、学校搬迁，而应该通过市场化的手段，调动市场资源，营造一个良好的投资环境、融资环境、政府治理环境，充分发挥市场的作用，吸引企业主动搬迁，让雄安成为供给侧结构性改革的试验区。

### （一）引导传统产业升级，保障当地居民的基本利益

新区的建设要坚持"世界眼光、国际标准、中国特色、高点定位"理念，努力打造贯彻新发展理念的创新发展示范区。在吸引创新高端产业进入的同时，也应该积极引导关乎当地居民就业生存问题的传统产业的调整升级。具有优势的高端塑胶、电缆企业未来可以选择将研发部门留在新区，生产加工部门可以选择搬迁；高污染高耗能高排放的落后产能，坚决依法取缔关停。总体来说，应该减少行政手段，合理通过经济市场调节的功能，引导整个地区的前进发展。

在涉及对污染落后企业查处、规划区拆迁转移的工作中，依法办事，合理赔偿；提升对当地居民的搬迁安置和新区建设的工作效率，当地原有产业停工导致大量居民失业，北京转移迁入企业以及新兴产业尚未落地，许多居民无法忍受新旧更迭时间差中的失业问题。多听取居民意见，考虑当地居民的切身利益，这样才有助于居民与政府，当地劳动力与新兴产业之间的和谐相处。

### （二）加强职业技能培训，降低结构性失业

雄县当地居民职业技能单一，文化水平程度不高，在引导当地传统产业升级过程中，必然会出现大量的结构性失业。一方面新区建设需要大量人才，另一方面当地人力资本水平低下，劳动力满足不了高端产业的需求而造成失业。针对结构性失业，当地政府新区相关部门需要组织职业技能培训，新搬入新区的产业也能为当地居民的安置就业采取措施，充分吸收当地居民就业，承担企业的社会责任。

### （三）加强舆论宣传，引导居民正确认识新区建设的意义

政府与民众之间的信息不对称，容易导致谣言泛滥，各种关于新区建设的规划进展、企业搬迁名单、拆迁补偿等非官方传闻给当地居民的生活造成很大问题，也严重损害了政府的权威和公信力。政府相关部门应及时向广大民众发布新区建设的最近进展情况，多渠道地宣传新区建设，引导居民正确认识雄安新区建设的意义。有很多不良网络媒体追求点击量发布虚假信息，应坚决查处。

### （四）充分利用多媒体，保证信息的有效到达

移动互联网时代，微信、微博等社交平台极大丰富了人们对于信息的接收方式。雄县居民中在手机端获取新闻消息的比重超过七成。相关部门在进行雄安新区的规划建设、产业落地、拆迁安置工作进行中，应合理利用好这一网络渠道。

## 附录：雄县居民对于雄安新区建设的态度意见征集

千年大计、国家大事，如今，全世界都在瞩目着雄安新区的建设。作为非首都职能集中承载地，高端产业创新城，雄安新区在吸引高端创新创业人才的同时，也会妥善安置好原有当地居民。为了支持与服务新区的规划发展，现在进行对雄县本地居民的态度情绪征集。本次问卷不记名，望积极如实填写。

1. 您的户口所在乡镇 [填空题] [必答题]

_____

2. 性别 [单选题] [必答题]

○ 男

○ 女

3. 常年居住地 [单选题] [必答题]

○ 县城/乡镇小区

○ 农村自建房屋

4. 家庭人数 [单选题] [必答题]

○ 2

○ 3

○ 4

○ 5

○ 其他 _____

5. 您的学历 [单选题] [必答题]

○ 小学

○ 初中

○ 高中/职中

○ 大学

○ 其他 _____

6. 从事行业领域 [单选题] [必答题]

○ 塑料管道

○ 乳胶

○ 纸塑包装

○ 纺织/座椅

○ 电缆

○ 石雕古玩

○ 纸花

○ 箱包/服装

○ 农业

○ 餐饮/旅游

○ 货运/快递

○ 机械

○ 其他 _____

7. 月均收入 [单选题] [必答题]

○ 1000元以下

○ 1000-3000元

○ 3000-4500元

○ 4500-6000元

○ 6000-10000元

○ 1万元以上

8. 不动产拥有情况 [多选题] [必答题]

□ A.农村房屋

□ B.耕地、自留地

□ C.宅基地

□ D.大产权商品房

□ E.小产权商品房

9. 对新区的定位规划等政策了解程度？ [单选题] [必答题]

○ A.非常了解，很清楚具体情况

○ B.大致了解，一直关注

○ C.不清楚，很陌生模糊

10. 4月1号政策公布之前，你对自己生活的衣食住行满意程度？ [单选题] [必答题]

○ A.很满意，很享受原先的生活

○ B.一般，希望条件能够得到改善

○ C.不满意，迫切需要提升生活水平

11. 你认为新区建设会对自己家庭造成什么影响？ [单选题] [必答题]

  ○ A.迅速提高生活水平

  ○ B.短期影响不大，未来会有巨大改善

  ○ C.说不好，很迷茫

  ○ D.大量外来人员会带来竞争压力

12. 对新区的建设以及家乡即将从农村/小镇变成大城市，你持什么态度？ [单选题] [必答题]

  ○ A.积极支持，感到自豪，对自己未来生活持乐观态度

  ○ B.无所谓，影不影响自己都没关系

  ○ C.消极态度，新区政策严重影响了正常生活

13. 目前，你对自己的生活情况存在哪些担忧？ [多选题] [必答题]

  □ A.自己从事的行业正在或即将被取缔，面临失业

  □ B.房市严控，买不到商品房；房价上涨，买不起婚房

  □ C.物价上涨，生活压力增大

  □ D.外来人员增加，交通拥挤

  □ E.小产权房屋得不到认可补偿

  □ F.担心拆迁补偿太少，不够弥补自己

  □ G.无法融入未来的城市居住生活

14. 主要从哪些渠道获取雄安新区建设的消息？ [多选题] [必答题]

  □ 电视/广播/报纸

  □ 电脑新闻

  □ 手机新闻软件

  □ 微信公众号/朋友圈

  □ 与邻居朋友聊天

  □ 政府公告宣传

  □ 其他渠道 _____

15. 对雄安新区建设有哪些意见？ [填空题]

  _____

# 第七章 京津冀协同发展与雄安作为

推动京津冀协同发展，是根植于时代要求、着眼于宏伟目标、来源于实践探索的重大国家战略。设立雄安新区，是以习近平同志为核心的党中央深入推进京津冀协同发展、有序疏解北京非首都功能作出的一项重大决策部署。站在新的历史起点上，雄安应有怎样的作为，成为京津冀协同发展中的中心和枢纽，带动区域乃至全国联动发展，具有重大现实意义和深远历史意义。京津冀协同背景下的雄安新区的建设，既要治理污染、解决"大城市病"问题，又要探索人口与经济密集地区的优化开发模式，既要探所空间新支点、经济新引擎，又要着力构建生态新支撑、文化新高地，探索把新发展理念贯穿于协同发展各领域、全过程，推动发展格局优化、发展动力转换、发展空间拓展、发展环境改善的城市新模式，奋力开拓京津冀协同发展新境界。

## 第一节 京津冀协同发展：历史必然与国家战略

推动京津冀协同发展，是党中央、国务院在新的历史条件下作出的重大决策部署。为了协调推进"四个全面"战略布局、实现"两个一百年"奋斗目标和中华民族伟大复兴的中国梦，京津冀协同发展，是历史的必然选择，也是国家在新时期的重大发展战略。

### 一、京津冀协同发展的提出背景

京津冀地区同属京畿重地，濒临渤海，背靠太岳，携揽"三北"，战略地位十分重要，是我国经济最具活力、开放程度最高、创新能力最强、吸纳人口最多的地区之一，也是拉动我国经济发展的重要引擎。目前，京津冀地区发展面临诸多困难和问题，特别是北京集聚了过多的非首都功能，"大城市病"问题突出，人口过度膨胀，交通日益拥堵，大气污染严重，房价持续高涨，社会管理难度大，引发一系列经济社会问题，引起全社会的广泛关注。同时，京津冀地区水资源严重短缺，地下水严重超采，环境污染问题突出，已成为我国东部地区人与自然关系最为紧张、资源环境超载矛盾最为严重、生态联防联治要求最为迫切的区域，加之区域功能布局不够合理，城镇体系结构失衡，京津两极过于"肥胖"，周边中小城市过于"瘦弱"，区域发展差距悬殊，特别是河北与京津两市发展水平差距较大，公共服务水平落差明显。上述问题，迫切需要国家层面加强统筹，有序疏解北京非首都功能，推动京津冀三省市整体协同发展。

2013年，习近平总书记先后到天津、河北调研，强调要推动京津冀协同发展。2014年2月26日，习近平总书记在北京考察工作时发表重要讲话，全面、深刻地阐述了京津冀协同发展战略的重大意义、推进思路和重点任务。此后，习近平总书记又多次发表重要讲话、作出重要指示，强调京津冀协同发展是个大思路、大战略，要通过疏解北京非首都功能调整经济结构和空间结构，走出一条内涵集约发展的新路径，探索出一种人口经济密集地区优化开发的模式，促进区域协调发展，形成新增长极。李克强总理多次作出重要指示批示，明确提出实现京津冀协同发展是区域发展总体战略的重要一环，对于优化生产力布局、提升发展质量效益意义重大，要牢固树立大局意识，围绕科学定位抓紧规划编制，统筹推进基础设施建设、产业转移接续、区域环境治理和民生改善等重点任务，把这项战略工程抓实抓好。

推动京津冀协同发展，是适应我国经济发展进入新常态，应对资源环境压力加大、区域发展不平衡矛盾日益突出等挑战，加快转变经济发展方式、培育增长新动力和新的增长极、优化区域发展格局的现实需要，意义十分重大。有利于破解首都发展长期积累的深层次矛盾和问题，优化提升首都核心功能，走出一条中国特色解决"大城市病"的路径；有利于完善城市群形态，优化生产力布局和空间结构，打造具有较强竞争力的世界级城市群；有利于引领经济发展新常态，全面对接"一带一路"等重大国家战略，增强对环渤海地区和北方腹地的辐射带动能力，为全国转型发展和全方位对外开放作出更大贡献。

## 二、京津冀协同发展的重大意义

京津冀协同发展是解决首都"大城市病"、破解京津冀深层次问题的重要手段。

"大城市病"指的是在大城市里出现的人口膨胀、交通拥挤、住房困难、环境恶化、资源紧张等"症状"。"大城市病"表现出来的是与城市发展不协调的失衡和无序现象，它造成了资源的巨大浪费、居民生活质量下降和经济发展成本上升，进而导致整个城市竞争力下降或丧失，阻碍了城市的可持续发展。作为我国政治中心、文化中心、国际交往中心的北京，应在全世界面前树立国家首都良好的对外形象，应该拥有完善的首都功能，推进世界城市建设。但是目前北京正面临"大城市病"的困扰，交通拥堵、环境污染、人口膨胀、房价高涨等已经成为困扰北京居民正常生产、生活的主要问题。目前，北京亟需解决的问题就是疏解人口、交通和环境压力。解决北京"大城市病"问题，不仅需要从北京自身入手，疏解非首都功能以及加快一般制造业产业转移，还应通过京津冀之间建立有效的合作机制和路径，为治理北京"城市病"提供有效手段。同时，通过北京产业、企业、机构的向外转移，也为天津、河北产业转型升级、提升经济发展质量提供重要机会。京津冀协同发展，特别是疏解北京非首都功能，为解决北京"大城市病"、破解京津冀深层次问题，提供了一个系统性的解决方案。

京津冀协同发展是协调推进"四个全面"战略布局的重要环节。在"四个全面"战略布局中，全面建成小康社会是战略目标，是实现"两个一百年"奋斗目标的重要组成部分，也是实现中华民族伟大复兴的中国梦的重要基础。面临2020年全面建成小康社会的紧迫要求，我们必须在有限的时间里，在全面推进经济发展中寻求新的突破口和增长极，以期辐射和带动其他区域的发展。京津冀是我国东部地区拉动区域经济发展的"三驾马车"之一，在全面建成小康社会进程中，完全应当而且也有条件积极发挥增长极的作用。因此，京津冀协同发展是全面建成小康社会的重大战略举措之一，是调整和优化经济结构、促进内涵式和集约型发展、推动整个京津冀均衡发展、协调发展和加快发展的重要思路和战略重点，是协调推进"四个全面"战略布局的重要环节。

京津冀协同发展是经济新常态下拉动中国区域经济发展的重要举措。2014年12月，中央经济工作会议对我国经济的发展作了全面深入的分析之后，提出我国国内经济形势进入了发展的新常态。经济新常态与旧常态主要表现在4个变化：一是速度从高速增长转为中高速增长，二是经济结构不断优化升级，三是发展动力从要素驱动、投资驱动转向创新驱动，四是发展模式由主要追求规模型、速度型、粗放型、增长型经济发展模式向质量型、效率型、集约型、发展型模式转变。同时还将显现消费需求、投资需求、出口和国际收支、生产能力和产业组织方式、生产要素相对优势、市场竞争特点、资源环境约束、经济风险积累和化解、资源配置模式和宏观调控方式9个趋势性变化。经济新常态下，我国处在经济增长速度换挡期、经济结构调整阵痛期、前期刺激政策消化期的"三期叠加"状态下，面临多重机遇的同时也必定会遇到许多挑战。在经济新常态下，中国未来经济发展必须通过优化经济发展空间格局，积极发现和培育新的增长极，以带动全国加快发展。因此，京津冀协同发展与"一带一路""长江经济带"以及"中西部重点开发区"一同成为我国未来经济发展的四大战略重点。它在应对资源环境压力加大、加快转变经济发展方式、增强对环渤海地区和北方腹地的辐射带动能力，为全国转型发展和全方位对外开放作出贡献等方面，发挥了重要的作用。

京津冀协同发展是提升我国城市群国际竞争力的重要战略选择。未来国际竞争有一个趋势性变化，即由城市与城市之间的竞争，逐步转化为城市群与城市群之间的竞争。目前，国际上具有较强竞争力和影响力的城市群或都市圈主要包括大纽约都市圈、巴黎都市圈、伦敦都市圈、东京都市圈等。京津冀城市群是继长三角、珠三角之后，我国东部沿海地区一个重要的城市群，2013、2014年地区生产总值分别占全国的11%和10.44%，但从目前的经济总量和经济实力看，不仅与国外大的都市圈存在很大差距，即使与国内的长三角和珠三角比，也处在落后位次。例如，2014年，长三角地区生产总值12.88万亿元，约占全国的20.24%；珠三角地区生产总值6.78万亿元，约占全国的10.65%。因此，未来京津冀的发展，不能仅站在北京、天津、河北各自的位置，而应该站在京津冀城市群整体的高度，甚至站在国家的高度，从参与国际竞争的角度出发，密切三地之间的经济联系和优化整体竞争力格局，积极打造中国具有实力和竞争力的首都经济圈，实现"规划纲要"提出的"成为国际上具有较强竞争力和影响力的城市群"的目标。

## 三、京津冀协同发展的战略落点

习近平总书记在2014年2月26日举行的京津冀协同发展座谈会上强调，京津冀协同发展意义重大，对这个问题的认识要上升到国家战略层面。2015年4月30日，中央政治局会议审议通过的《京津冀协同发展规划纲要》指出，推动京津冀协同发展是一个重大国家战略。所以，京津冀协同发展是国家的最高顶层规划，关系到整个国家的整体发展与未来命运，也是新时期中国发展的新增长极。

## （一）战略目标

《京津冀协同发展规划纲要》强调，战略的核心目标是有序疏解北京非首都功能。京津冀协同发展战略将会调整经济结构和空间结构，走出一条内涵集约发展的新路径，探索出一种人口经济密集地区优化开发的模式，促进区域协调发展，形成新增长极。

习近平总书记强调："实现京津冀协同发展，是面向未来打造新的首都经济圈、推进区域发展体制机制创新的需要，是探索完善城市群布局和形态、为优化开发区域发展提供示范和样板的需要，是探索生态文明建设的有效路径、促进人口经济资源环境相协调的需要，是实现京津冀优势互补、促进环渤海经济区发展、带动北方腹地发展的需要，是一个重大国家战略，要坚持优势互补、互利共赢、扎实推进，加快走出一条科学持续的协同发展路子来。"●

## （二）发展路径

习近平在京津冀协同发展座谈会上提出了应在7个方面着力推动京津冀协同发展。"着力加强顶层设计，抓紧编制首都经济圈一体化发展的相关规划，明确三地功能定位、产业分工、城市布局、设施配套、综合交通体系等重大问题，并从财政政策、投资政策、项目安排等方面形成具体措施；着力加大对协同发展的推动，自觉打破自家'一亩三分地'的思维定式，抱成团朝着顶层设计的目标一起走，充分发挥环渤海地区经济合作发展协调机制的作用；着力加快推进产业对接协作，理顺三地产业发展链条，形成区域间产业合理分布和上下游联动机制，对接产业规划，不搞同构性、同质化发展；着力调整优化城市布局和空间结构，促进城市分工协作，提高城市群一体化水平，提高其综合承载能力和内涵发展水平；着力扩大环境容量生态空间，加强生态环境保护合作，在已经启动大气污染防治协作机制的基础上，完善防护林建设、水资源保护、水环境治理、清洁能源使用等领域合作机制；着力构建现代化交通网络系统，把交通一体化作为先行领域，加快构建快速、便捷、高效、安全、大容量、低成本的互联互通综合交通网络；着力加快推进市场一体化进程，下决心破除限制资本、技术、产权、人才、劳动力等生产要素自由流动

---

和优化配置的各种体制机制障碍，推动各种要素按照市场规律在区域内自由流动和优化配置。"[1]

### （三）推进抓手

#### 1.体制协调机制

建立高效、协调的京津冀体制协调机制。京津冀地区需要协调中央与地方，地方内部省、市、县不同层级以及相同层级之间的复杂关系。以往实施的双方甚至多方合作、协调、会谈机制往往范围受局限，且缺乏可持续性。必须建立一个超越三方行政权力的高层次协调机构，统筹推进京津冀的协同发展。在"京津冀协同发展领导小组"基础上，必须强化领导，推动京津冀长远发展的战略性规划、协调发展中遇到的重大问题、监督和评价协同发展的工作进展情况，推进京津冀协同发展顺利实施。另外，在该小组的统一领导下，京津冀三方政府及对口单位应尽快建立和完善协调机制和对话体系，强化京津冀内部的沟通合作。实施好京津冀"十三五"规划，通过科学合理总体布局，努力推动三地"一张图"规划、"一盘棋"建设和"一体化"发展。

#### 2.顶层设计落地

一要强化规划引导，紧密围绕京津冀协同发展的客观需要，抓好顶层设计。二要完善最高决策机制。继续完善京津冀领导小组的作用，朝设立常设机构方向努力。三要加强平台建设——多方协调会议，在现有"京津冀协同发展领导小组"或者新设立类似机构的统一领导下，京津冀三方政府及对口单位应尽快建立协调机制和对话体系，强化京津冀内部的沟通合作。四要加强执行机构——载体建设，充分利用区域内智力资源密集的优势，以京津冀的协同发展为目标，抓好京津冀发展大载体建设。除此之外，还应搭建"政府+企业+社会"的合作平台。

#### 3.责任主体和监督主体

抓好责任主体和监督主体建设，确保战略全面落地。明确责任主体——政府和企业。政府作为公共利益的代表，是区域治理的主导者和最重要的参与者。在京津冀协同发展战略中，中央政府是区域治理的决策者。中央政府制定协同发展规划，运用行政手段，通过行政系统自上而下地调节三地关系。京津冀地方政府是京津冀协同发展的重要力量。地方政府代表地区利益，行政辖区的利益是地方政府最为关

---

[1] 2014年2月26日习近平在京津冀协同发展座谈会上的讲话。

注的问题：一是本地区在经济发展方面的需要和满足；二是地方政府官员追求政绩的需要和满足。企业作为独立经济主体在京津冀协同发展中发挥着重要作用是协同发展不可或缺的力量。经济发展需要以企业为代表的产业发展。企业跨区发展是市场经济条件下协调区域经济发展的一种有效方式。

监督主体则包括政府、企业和非政府组织。政府方面的监督主体应包括上级对下级的监督——中央政府、"京津冀协同发展领导小组"对京津冀及其下属单位的监督，也应包括党和政府的专门监督机构的监督——各级纪委、监察局和检察院。企业作为市场主体，广泛参与经济活动，能够对相关政府部门进行有效监督。而非政府组织在促进区域产业协调发展、生态环境保护、教育卫生发展等方面都发挥着重要作用。它们代表各种利益群体对政府和企业进行沟通和监督。公民个人也能通过参与经济活动和公益活动等方式发挥监督作用。

4. 清单建设

一是权力清单，包括京津冀协同发展领导小组和京津冀三省市、地级市、区县及各个层级发改委等有关机构在促进京津冀协同发展方面拥有的权力权限，以及执行的程序流程。二是责任清单，包括京津冀协同发展领导小组和京津冀三省市、地级市、区县及各个层级发改委等有关机构在促进京津冀协同发展方面拥有的具体责任，以及问责机制。三是负面清单，破除阻碍区域人口和要素自由流动的体制壁垒和制度障碍，促进多种形式的跨地区合作。

## 四、京津冀协同发展的顶层智慧

### （一）《京津冀协同发展规划纲要》

2015年3月23日，中央财经领导小组第九次会议审议研究了《京津冀协同发展规划纲要》（以下简称《纲要》）。中共中央政治局2015年4月30日召开会议，审议通过《纲要》。

从2014年2月习近平总书记听取专题汇报到中央政治局会议审议规划纲要，经过一年多时间，京津冀协同发展即将完成顶层设计，实施这一重大国家战略的主要着力点也已清晰明确。《纲要》指出，推动京津冀协同发展是一个重大国家战略。战略的核心是有序疏解北京非首都功能，调整经济结构和空间结构，走出一条内涵集约发展的新路子，探索出一种人口经济密集地区优化开发的模式，促进区域协调发展，形成新增长极。

《纲要》强调，要坚持协同发展、重点突破、深化改革、有序推进。要严控增量、疏解存量、疏堵结合调控北京市人口规模。要在京津冀交通一体化、生态环境保护、产业升级转移等重点领域率先取得突破。要大力促进创新驱动发展，增强资源能源保障能力，统筹社会事业发展，扩大对内对外开放。要加快破除体制机制障碍，推动要素市场一体化，构建京津冀协同发展的体制机制，加快公共服务一体化改革。要抓紧开展试点示范，打造若干先行先试平台。

### （二）《"十三五"时期京津冀国民经济与社会发展规划》

2016年2月，《"十三五"时期京津冀国民经济和社会发展规划》印发实施，是全国第一个跨省市的区域"十三五"规划，明确了京津冀地区未来5年的发展目标，以《京津冀协同发展规划纲要》为基本遵循，把京津冀作为一个区域整体统筹规划，在城市群发展、产业转型升级、交通设施建设、社会民生改善等方面一体化布局，努力形成京津冀目标同向、措施一体、优势互补、互利共赢的发展新格局。

规划提出，到2020年，京津冀地区的整体实力将进一步提升，经济保持中高速增长，结构调整取得重要进展；协同发展取得阶段性成效，首都"大城市病"问题得到缓解，区域一体化交通网络基本形成；生态环境质量明显改善，生产方式和生活方式绿色、低碳水平上升；人民生活水平和质量普遍提高，城乡居民收入较快增长，基本公共服务均等化水平稳步提高。

### （三）《京津冀协同发展交通一体化规划》

2015年12月8日，国家发展改革委和交通运输部联合召开媒体通气会，发布《京津冀协同发展交通一体化规划》（以下简称《规划》）。《规划》提出，扎实推进京津冀地区交通的网络化布局、智能化管理和一体化服务，到2020年基本形成多节点、网格状的区域交通网络。

规划指出，要实现区域一体化运输服务，推动综合客运枢纽、货运枢纽（物流园区）等运输节点设施建设，加强干线铁路、城际铁路、干线公路、机场与城市轨道、地面公交、市郊铁路等设施的有机衔接，鼓励"内陆无水港""公路港"和"飞地港"建设。构建"四纵四横一环"骨架。根据《规划》，京津冀地区将以现有通道格局为基础，着眼于打造区域城镇发展主轴，促进城市间互联互通，推进"单中心放射状"通道格局向"四纵四横一环"网格化格局转变。

### （四）《京津冀协同发展生态环境保护规划》

《京津冀协同发展生态环境保护规划》于2015年12月底由国家发改委发布。《规划》要求，在空气质量方面，到2017年，京津冀地区PM2.5年均浓度应控制在73微克／立方米左右。到2020年，京津冀地区PM2.5年均浓度控制在64微克／立方米左右；在水环境质量方面，到2020年，京津冀地区地级及以上城市集中式饮用水水源水质全部达到或优于Ⅲ类，重要江河湖泊水功能区达标率达到73%；在资源消耗上限方面，2015—2020年，京津冀地区能源消费总量增长速度显著低于全国平均增速，其中煤炭消费总量继续实现负增长。到2020年，京津冀地区用水总量控制在296亿立方米，地下水超采退减率达到75%以上。

### （五）《京津冀产业转移指南》

2016年6月13日，《京津冀产业转移指南》由工业和信息化部会同北京市、天津市、河北省人民政府共同制定，自2016年6月13日起实施。《京津冀产业转移指南》是为了全面推进京津冀产业协同发展，充分发挥三地比较优势，引导产业有序转移和承接，形成空间布局合理、产业链有机衔接、各类生产要素优化配置的发展格局。《指南》坚持创新、协调、绿色、开放、共享发展理念，有序疏解北京非首都功能，推进京津冀产业一体化发展。坚持市场在资源配置中的决定性作用，发挥政府在产业发展中的引导作用。坚持产业转移与产业转型升级、创新能力提升相结合，与培育产业集群竞争力、适应资源环境承载力相结合，不断调整优化区域产业布局，构建"一个中心、五区五带五链、若干特色基地"（简称"1555N"）的产业发展格局。

## 第二节  京津冀协同背景下的雄安作为

### 一、构筑空间新支点

从空间上来看，雄安新区的设立是对京津冀"最弱一侧"河北省的全面加强，通过基础建设的不断完善，它必然会带动各类型的大量资源注入新区，使其能够真正的成为河北省经济发展的第一增长极，成为"京三角"发展的一个稳定的支撑点。

### （一）地理优势鲜明

在地理位置上，雄安新区与北京、天津构成一个等边三角形，距离北京、天津、石家庄和保定市分别约105公里、105公里、155公里、30公里，将成为京津冀世界级城市群中的新一极。除了位于京津保腹地，各方优势明显之外，当地的土地水利环境地质支撑条件优良，资源环境承载能力较强，发展空间充裕。

之所以选择雄安作为集中承载北京非首都功能的新区，是因为雄安离北京既不太近，也不太远。如果新区选址过近，必然会延续以近域蔓延和圈层式扩展为主的单极发展模式，使得新区难以独立，也无法使非首都功能得到充分疏解。如果新区选址过远，各种资源转移成本过高，使新区难以接受北京地区的辐射和带动，也无法有效承接和转移非首都功能。雄安新区的设立充分地借鉴了国际上大都市圈发展的经验，比如东京、巴黎、首尔3个首都圈都采取了分散首都职能、降低中心城密度的措施，改一极集中的结构为多极、多圈层的城市结构，十分有效的疏解了非首都功能。因此，雄安新的设立，在某种程度上也是改变京津冀区域资源配置的重要举措，对于京津冀都市群的建设有重要意义。

### （二）交通便捷高效

交通是城市发展的经济命脉，也是为城市发展输送人流、物流的重要通道，综合交通带动城市群的发展，由此可见，雄安地区的交通基础建设对于自身发展以及京津冀协同联动举足轻重。目前，雄安新区的公路交通夹在G4京港澳高速和G45大广高速之间，铁路交通也正是夹在京广和京九两条南北主动脉之间，无法为雄安新区的建设以及京津冀的共同发展提供可靠的交通基础设施保障，虽然随着保津城际铁路的开通，打通了雄安与天津之间的联系，但是总体来看，雄安的交通网络还不十分完善，必须以城际铁路网以及高速公路网等多种交通网络建设来打破京津冀之间的交往壁垒。

未来拟经过雄安的铁路主要有5条：第一，将新建一条津雄铁路，铁路起点是雄安站，终点是于家堡，途径雄安东区和新客站等；第二，在原津保铁路上新增支线到雄安站；第三，原固保城际铁路线将经过雄安到固安，与廊涿城际联络线交叉；第四，京石城际线将经过雄安，与京广铁路部分重合，双双奔向北京西站；第五，北京与雄安新区直接也将会有一条京雄铁路，链接雄安东站和北京的新机场。[1]雄安骨干交通网络的完善使其可直达北京，进一步缩短了新区与首都的通行时间。扩大北京新机场的辐射范围，为沿线地区承接非首都功能及产业、人口转移提供有力条件，同时也推动了雄安新区规划河北省域内轨道交通网络、京津冀协同发展铁路网、全国高速铁路网的紧密衔接，进而带动京津冀城市群更好的发展。

京津冀交通的一体化，须构建以轨道交通为骨干的多节点、网格状、全覆盖的交通网络[2]。重点建设高效密集的轨道交通网以及便捷通畅的公路交通网，加快构建现代化的津冀港口群，打造国际一流的航空枢纽，以交通设施的完善更好的实现自身的定位和功能，带动北京及天津城市质量的提升和河北经济跨越式发展，补强"京三角"战略构想中最为薄弱的一环，促进"京三角"实现结构上的平衡，极大地打开津冀协同发展的新空间，也为中国经济发展培育出下一个健康、快速增长的核心区域。

## 二、打造经济新引擎

### （一）引领产业转移与产业结构优化

疏解非首都功能是雄安地区建设的首要任务，也是京津冀协同发展战略的核心，对于推动京津冀协同发展具有重要的先导作用。雄安新区制造业基础雄厚，具备承接京津产业的外溢空间，产业转型升级较为迫切。产业转移与优化包括两个方面，一方面，雄安要有序承接京津地区的高端高新产业，发挥其疏解非首都功能的作用，加强三省市产业发展规划衔接，制定京津冀产业指导目录，加快津冀承接平台建设，加强京津冀产业协作等。另一方面，雄安当地以制造业为主，产业基础较为落后，也应有序的将其原有产业主动转移或升级，以适合雄安的产业发展定位打造立足区域、服务全国、辐射全球的优势产业集聚区。

因此，雄安地区产业的发展一方面必须坚持"发展高端高新产业，积极吸纳和集聚创新要素资源，培育新动能"的理念，坚持政府引导和市场主导，充分发挥雄安与北京、天津等地延伸和交汇的地理空间优势以及白洋淀为核心的自然文化资源和历史文化资源优势，有序承接首都科技成果转化、生产制造的高端环节，通过高

---

[1] 参见《关于推进天津铁路建设发展的会谈纪要》。
[2] 参见《北京市"十三五"时期交通发展建设规划》。

标准的城市建设和大力度的政策支持发展符合新区发展要求、发展定位的产业，进一步加强与京津产业发展的协调联动，实现优势互补，错位发展。按照京津冀协同发展规划纲要，今后北京的高端产业、新兴产业、创新型要素成果都要转移到周边地区，而雄安正好为其提供了科技成果的转移空间，新一代信息技术，包括大数据、物联网、云计算、无人技术等，以及航空航天、机器人等现代走在国际前沿的新产业，都有可能会在新区落地。

另一方面，结合新区功能，按照分类施策、区别对待的原则，做好现有产业的转型和升级。有序的优化传统产业在新区的产业结构和产业布局，建议坚决将高耗能、高污染的企业予以调整退出。作为雄县产业支柱之一的塑料企业生产中排放的挥发性有机化合物与空气中的氮氧化物以及二氧化硫发生反应，并通过吸附PM2.5形成雾霾，因此，对于此类企业必须要改造升级，并坚决清除一些严重污染的相关企业。同时，积极引导塑料、服装等传统产业中产品有竞争力、市场潜力大的企业，充分利用新区承接和集聚的优质创新资源，以技术改造、生产方式创新、改造商业模式等手段，不断提升传统产业的竞争力和附加值。

雄安新区产业转移与升级的思路，不仅能够支持北京非首都功能的疏解，也能够大大改善河北的投资环境。雄安新区具有优越的地理位置和环境条件，具有广阔的发展空间，必将在非首都功能疏解中发挥更大作用。

### （二）引爆创新创意与高新科技驱动

"发展高端高新产业，积极吸纳和集聚创新要素资源，培育新动能"❶是规划和建设雄安新区重点任务之一。因此，雄安地区作为首都的"两翼"之一，建设发展必须坚持以创新创意为核心，以高科技的注入为动力，吸引创新要素与科技要素的集聚，激活当地各种资源的活力，使其成为京津冀协同发展中的又一创新高地。

雄安新区规划建设为贯彻落实新发展理念的创新发展示范区，需要增强以创新驱动为核心的内涵式发展能力，形成高水平的产业创新能力。首先，加快创新体制机制建设，营造有利于创新的良好环境，大力鼓励和支持科研院所、企业研发中心、高校人才资源等高端创新要素向新区集聚，为新区的创新发展带来智力支持。其次，围绕产业链部署创新链，根据雄安当地的区位优势和资源优势有针对性的培育和发展创新性企业，搭建产业创新平台，建设多样化的创新载体。

---

❶习近平在河北雄安新区规划建设工作座谈会上的讲话。

打造科技高地和创新新城，生成高水平的技术研发能力、创新设计能力和成果转化能力，建立起完整的产业创新体系。国家发改委学术委员会研究员、中国国际经济交流中心首席研究员张燕生认为，雄安新区起步的100平方公里可以把北京科技、文化、人才和国际化的优势聚集起来，在京津冀区域内形成创新中心、高端制造中心、现代服务中心。

从产业定位来看，必须顺应新一轮科技革命和产业变革的趋势，围绕"高新、高端"方向，重点发展资本、技术、信息密集型产业，以资源节约型、环境友好型为导向，构建绿色制造发展体系。重点鼓励新一代信息、生物医药、新材料等战略性新兴产业以及先进的制造业向新区集聚，广泛吸纳创新资源。加快生产性服务业功能区建设，重点发展研发设计、信息、物流、商务、金融等现代服务业。鼓励商业模式创新以及业态创新，推动新区制造业与服务业的协同发展。

### （三）构筑特色产业新型增长极

地方特色优势产业是带动区域经济发展的引擎。在开放经济发展的环境下，地方特色产业成为了资金、技术和人力资本转移的载体，同时，地方特色产业的发展也有利于促进资源优势向产业优势和经济优势转化[1]。因此，雄安新区也要抓住雄安新区规划建设和京津冀协同发展的战略机遇，根据市场的变化，从当地资源特点和自身优势出发，依靠科技进步和政府政策保障，调整和优化产业结构，大力发展特色经济和优势产业，培育和形成新的经济增长点，成为京津冀协同发展中的新的经济支撑点。

雄安新区地域广阔，自然文化资源丰富，如雄县的水域、温泉资源，容城县丰富的地热资源，安新县大面积的水域资源。与此同时，雄安三县建城或置县历史悠久，都有着千年古城之说，因此当地的历史文化资源也十分繁多，如以雄县古地道、瓦桥关遗址为代表的历史文化资源以及以板家窝战斗、抗日根据地为核心的红色旅游资源，容城以晾马台遗址、磁山文化遗址为代表的历史文化资源等。

雄安新区的发展，一方面，要不断提取地方特色文化的基本要素，将其运用到现代文化产品和服务的开发之中，使地方特色文化产业化。例如，可充分挖掘孙犁所创作的《白洋淀纪事》《白洋淀之曲》《荷花淀》等一系列取材于白洋淀的作品中

---

❶毛新雅，章志刚，崔玉宝.地方特色优势产业的培育与发展——云南普洱市普洱茶产业发展的探索与实践［J］.中国浦东干部学院学报，2008(6).

的故事元素，结合文化场景理论打造以"荷花淀"为主题的休闲体验型文化主题公园。另一方面，要充分利用地方文化元素促进地方传统产业转型升级，将传统产业文化在传统产业的产品属性中增加文化属性来满足当代人不同层次的精神文化需要。例如，安新县农业的发展可充分利用白洋淀地区的文化元素，将文化资源与农业资源充分结合，发展以养鸭业、水产养殖业、芦苇加工业为主的特色农业，使每一个农产品都带有白洋淀独特的文化印记。

雄安地区的特色产业发展不仅有利于带动区域经济的发展，也有利于带动创意区域的开发，将极大丰富雄安的文化内涵，提升其品牌形象，推进雄安的精神文明建设。除此之外，雄安的特色产业的发展必将为京津冀乃至全国地区特色产业的发展作出示范，为我国特色产业的深度开发提供有益借鉴。

## 三、建立生态新支撑

### （一）环境助手：白洋淀的生态涵养

在规划建设雄安新区的过程中，习近平同志提出了"四个坚持"，其中就有坚持生态优化，绿色发展。可见，雄安新区的生态环境建设也是规划发展的重点。那雄安新区有没有发展生态环境的优势，答案毋庸置疑。水域面积辽阔的白洋淀就位于雄安新区，是改善京津冀地区大气与地下水的得力助手。白洋淀，古称掘鲤淀。总面积为366平方公里，是华北平原最大的淡水湖泊，对于保护华北地区生态环境有着非常重要的意义。白洋淀分属保定市的安新、雄县、容城、高阳以及沧州市的任丘5个县管辖，其中85%的水域在保定市安新县境内，在众多的淀泊中，白洋淀最大，因此称为"白洋淀"。

白洋淀的重要作用主要有3点：一是缓洪滞沥、涵养水源，白洋淀处于九河下梢，遇洪而蓄、遇旱而出，使雨洪资源得到有效利用。二是调节气候环境，稳定温度、湿度，白洋淀水面辽阔，每年蒸发和下渗约2亿立方米，对于保持空气湿度、调节区域气温、减轻北京地区的春季风沙意义重大。三是保护区域物种资源，淀内野生鱼类54种、鸟类193种、浮游植物406种，有"物种基因库"的美誉，在维持生态平衡方面发挥着极其重要的作用❶。雄安新区的成立更需要发挥白洋淀的这3大作用，以此来净化空气、涵养水源、改善环境。

---

❶雷汉发,范宁.白洋淀环境有明显改观,"华北明珠"重放光芒[N].经济日报,2015-12-08.

20世纪70年代，湖淀受污水之害，当时白洋淀水环境之差，引起了中央政府的关注。1974年10月，时任国务院副总理的李先念对白洋淀污染问题作出批示：这个问题必须解决，否则工厂应停。由此，拉开了白洋淀40余年治理史的序幕。而如今走过40余年治理路的白洋淀，今年迎来了雄安新区的机遇。

### （二）山青水明：京津冀的绿洲工程

对于白洋淀的治理受益的不仅仅是雄安新区，而是整个京津冀区域。面积辽阔的白洋淀春季可以有力缓解京津地区的沙尘暴，夏季可以为京津地区输送水汽，缓解干旱。同时还可以改良大气质量，调节湿度、温度，是整个华北地区生态环境的晴雨表。

新区开发建设要以保护和修复白洋淀生态功能为前提，白洋淀生态修复也离不开整个流域的生态环境改善。要从改善华北平原生态环境全局着眼，将白洋淀流域生态修复作为一项重大工程同步开展工作。[1]这意味着，白洋淀生态系统将实行更加严厉的生态修复和保护措施。首先，政府出面制定严格的生态保护法律文件。在对待白洋淀的污染治理方面一视同仁，善者奖励，恶者惩罚。其次，完善各种污水治理的基础设施，保证设备到位，严格按照标准执行。再次，明确水源、大气等环境因素的排放达标标准，做到达标排放，不达标坚决不排放。

白洋淀这个华北地区最大的淡水湖泊，随着雄安新区的成立也迎来了自己的发展机遇。正如国家主席习近平在考察中所强调的，建设雄安新区，一定要把白洋淀修复好、保护好。将来城市距离白洋淀这么近，应该留有保护地带。要有严格的管理办法，绝对不允许往里面排污水，绝对不允许人为破坏。

"打造优美生态环境，构建蓝绿交织、清新明亮、水城共融的生态城市"[2]是习近平同志在规划建设雄安新区中提出的重点任务之一。因此，雄安新区的生态环境建设不仅是京津冀生态圈建立的重要部分，也是雄安新区的责任和使命所在。

## 四、创造文化新高地

文化，既是一座城市独一无二的印记，更是一座城市的精髓和灵魂。因此，雄安新区的建设不仅要承载历史文化，反映新区的历史发展过程及其特有的文化积

---

[1]张旭东，李亚红，王敏，曹国广．三问雄安新区：专访京津冀协调发展专家咨询委员会组长徐匡迪[EB/OL]．(2017-04-04)[2017-04-15]．http://www.thepaper.cn/newsDetail_forward_1654351.

[2]习近平在河北雄安新区规划建设工作座谈会上的讲话。

淀；还要昭示未来，顺应新区的文脉，发展创造属于城市自身的独特的新文化。在雄安新区这张"白纸"上，如何实现不同文化间的多元共生，对雄安的文化建设者来讲，挑战与机遇共存。

### （一）文化规划：全球视野、高点定位

随着国家"五位一体"战略的推进，关于雄安新区的文化定位，应该先按照"五位一体"的方法做一个全新的布局。"首先，它不是继深圳、上海浦东之后的一个一般意义上的经济社会新区，它既不能克隆、也不能复制深圳、浦东模式，在某种意义上讲也不能沿续。其次，雄安的文化建设，不仅仅是对雄县、安新、容城三县的传统文化内涵用现代手段加以提升，这样的定位层次太低、范畴太小、内涵太少，没有从国家层面考虑。雄安新区应作为国家的副都来思考，按照科技、生态、宜居等要求来建设文化。文化无处不在，雄安新区首先要做到文化先行，这个文化既不是雄安区域的文化，也不是河北的文化，也不应该是北京、天津甚至京津冀的文化。应该是把京津冀作为基点，站在国家层面上来归纳总结和规划设计雄安的文化。雄安新区的文化，应立足京津冀、面向全中国、呈现给全世界。"❶

雄安新区的文化建设，"一方面要将文化作为整体策划的创新点，另一方面要将文化作为战略设计的触媒点。"❷体制机制建设是雄安新区新模式发展的生命基因和灵魂，直接决定着雄安新区文化建设的总体布局和层次高度。雄安新区在文化建设上不仅要坚持"世界眼光、国际标准、中国特色、高点定位"，还要有"大历史观"。因此，雄安新区的文化建设必须坚持顶层设计，不仅要将多元创新文化融入到新区建设中，还要树立打造和提升新区文化品质的思想，不能盲目追求"大干快上"，在规划上要达到国际一流城市水准，尤其是顶层设计应该做到与文化的高度融合。

### （二）文化传承：延续文脉、融合创新

文化发展要传承传统文化，重点是处理好继承和创新的关系。创新性发展的结果，一定是有新文化产生。这种新文化，不仅仅是有中国的传统，有与众不同、不一样的东西，更是要吸引、吸收国际上先进文化的精华。从这个意义上讲，雄安新

---

❶河北省文化厅副厅长李建华在中国传媒大学雄安新区发展研究院揭牌仪式暨首届雄安新区发展研讨会上的讲话。

❷雄安新区发展研究院院长范周在中国传媒大学雄安新区发展研究院揭牌仪式暨首届雄安新区发展研讨会上的讲话。

区的文化使命应该是成为中华民族新文化的创新实验区和发展的引领区。为完成这一目标，"首先要有一个城市文化战略设计，明确发展方向，在新区的顶层设计之初，就应该有明确的文化战略，才有可能承担起新文化创新的使命。同时，新区在文化政策的设计上，应该在沿袭现在的文化管理体制的基础上，进行创新。"❶

同时，必须关注到，当下处于信息、技术快速更新迭代的时期，文化产业亦是如此，几乎每隔一到两年就会有新型的文化业态出现、新型的文化元素诞生。"雄安新区文化产业的发展规划要在全新的观念、全新的思路、全新的手段、全新的目标下，站在未来的视角去展开。"❷而助力新区文化建设在全新环境下进行的重要驱动力，则是科技。科技和文化双轮驱动，这是雄安新区文化产业发展的关键。

在对雄安新区的建设目标中，"智慧城市"也在其列，智慧城市自然需要以科技为驱动。"智慧城市的建设包括硬件和软件、设施和内容，在国家的大力支持下，雄安新区将建设成全国最一流的智慧城市，在云计算、物联网等方面得到大力发展。未来，雄安新区将在全国智慧城市的建设中发挥重要的示范作用。"❸文化与科技融合是未来雄安文化建设的关键着力点。一方面，文化是雄安所有建设当中的链接点和纽带，没有文化作为核心资源和创意阶层，雄安一定是没有文化的雄安。另一方面，科技是雄安新区全球发展战略中的重要推动力。而只有两者融合，才能更好地发挥出雄安新区的辐射、带动作用和疏解北京非首都功能的作用。

## 五、树立城市新模式

### （一）非首都功能集中承载地

毋庸置疑，雄安新区的成立其首要定位就是疏解北京非首都功能的集中承载地。如今的北京人口已经达到了2100多万，接近2020年2300万的人口调控目标，由此带来的交通堵塞、房价高涨、资源超负荷等"大城市病"，其深层次原因就是承载了过多的非首都功能。这是雄安新区横空出世的重要原因。

---

❶中国社科院哲学所文化研究中心副主任贾旭东在中国传媒大学雄安新区发展研究院揭牌仪式暨首届雄安新区发展研讨会上的讲话。

❷河北省文化厅副厅长李建华在中国传媒大学雄安新区发展研究院揭牌仪式暨首届雄安新区发展研讨会上的讲话。

❸北京市文化创意产业促进中心主任梅松在中国传媒大学雄安新区发展研究院揭牌仪式暨首届雄安新区发展研讨会上的讲话。

既然雄安新区已经诞生，那么其建设问题就成为了人们普遍关注的焦点。习近平总书记提出了"四个坚持"——坚持世界眼光、国际标准、中国特色、高点定位，坚持生态优先、绿色发展，坚持以人民为中心、注重保障和改善民生，坚持保护弘扬中华优秀传统文化、延续历史文脉。尽管雄安新区承接的是北京疏解出的与全国政治中心、文化中心、国际交往中心、科技创新中心无关的城市功能，包括行政事业单位、总部企业、金融机构、高等院校、科研院所等，但习近平总书记的这四个坚持明确了雄安新区的发展方向，同时也肯定了雄安新区的重大作用。[1]

雄安新区与北京中心城区、北京城市副中心各有职能分工，与天津、石家庄、保定等城市紧密关联。加强对新区与周边区域的统一规划管控，发挥各自比较优势，才能避免同质化竞争、"千城一面"，形成优势互补、互利共赢的协同发展新格局。

### （二）城市新经济实验室

雄安新区的成立本就是"千年大计、国家大事"，是以习近平同志为核心的党中央领导人经过深思熟虑之后作出的决定，所以雄安新区必定区别于一般的新区建设，正如国家发改委学术委员会研究员、中国国家经济交流中心首席研究员张燕生所说：雄安新区应该是中国的"硅谷"[2]。

这片刚刚成立的新区，本身就没有太多的规划，开发程度也不高，人口密度稀疏，就像一张白纸等待着主人的笔墨纸砚。

如上文所说，雄安新区的一个重要功能就是承载北京疏解的非首都功能。那么有哪些产业、功能会被配置到雄安新区呢？"北京是高科技产业、新型产业、信息产业、创新创意产业聚集最多的地方，在全国的数据统计中都是名列前茅。但也正因此，北京的这些产业转化空间有限，发展受阻。按照京津冀协调发展规划纲要，今后这些产业的成果转化都要疏解到周边地区，所以这些新一代的信息技术，包括大数据、物联网、云计算、无人技术等都有可能会在新区落地，而与此相关的配套设施如高校、医院、科研机构等也会相继进入新区。因此，作为城市经济实验室的雄安必定大放异彩，引领风骚。"[3]

除此之外，在这些被疏解的高科技、大数据产业的基础之上，雄安也会催生出自

---

[1] 雄安新区将是北京非首都功能集中承载地[N]. 人民日报,2017-04-04.

[2] 徐豪. 雄安新区：建设中国"硅谷",雄安新区成为全球创新中心[N]. 中国经济周刊,2017-04-11.

[3] 徐豪. 雄安新区：建设中国"硅谷",雄安新区成为全球创新中心[N]. 中国经济周刊,2017-04-11.

已的新经济业态，比如人工智能、数字科技等。其实这些新经济业态并不是新出现的，它们已经存在。但是现在我们还没有一个城市可以去大胆、超前的发展这些新经济业态，雄安的出现给了我们这样的机会，在雄安这片新生的土地上，我们或许可以放手一搏，失败或成功是次要，关键是在这个过程中我们学到了什么，汲取了什么教训，又总结了哪些经验，由小而大，将这些经验和教训应用到其他地方，让中国的经济发展少走弯路，这或许才是雄安新区作为城市经济实验室的意义所在。

### (三) 新城发展模式开拓地

雄安新区除了肩负北京非首都功能承载地、城市新经济的实验室的任务之外，实际上体现出一个关于城市和区域发展的新战略构想。过去30多年，中国的城市发展走向以大城市为中心的道路，同时，等级化的城市体制通过行政手段促进高等级城市盲目扩张。各级城市基本都是上行下效，地方看省会，全国看北京，大多是通过行政力量促进中心城市的发展。由于省会等一、二线城市集中了过多的优质资源，使其他的中小城市受到了严重制约。

随之而来的是大城市过度发展，进而产生了一系列的"城市病"，北京就是一个典型的例子。"在大城市，人们一方面享受着优越的公共服务带来的好处，另一方面也在排斥着外来人口。上千万的外来人口在北京工作，却没有享受到户籍居民同等的公共服务。而且城市公共设施的供给已经难以满足日益增长人口的需求。结果是不得不招商引资，吸引更多的企业进入来获取财政收入，出让更高价的土地来维持基础设施投入，但是交通拥堵等"城市病"根本没有得到好转。过去人们在谈论城市治理的时候，大都局限于在城市内部做文章，包括怎么控制人口，进而解决交通拥堵问题、房价上涨问题等，一般都采取"堵"的措施。再有就是，过去城市解决发展空间不足的一个惯常做法，是在城市周边建设新区，这意味着城市规模的进一步扩大，并使得更多的人想挤入这些城市。"❶

这样一来就会出现这样一个死循环——想在城市内部解决"城市病"几乎无路可走，而且越解决问题可能越严重。而雄安新区则是反其道而行之，通过优质资源的外迁从根本上遏制人口继续向北京聚集。

从这个意义上说，雄安新区的设立为中国的城市发展和区域发展开辟出一条新路，并将起到示范作用。

---

❶李铁详解雄安新区的"雄心"：颠覆传统城市发展模式[J].财经,2017(4).

# 第八章　他山之石与雄安突破

## 第一节　国际首都圈建设类型

### 一、政府主导型——东京

首先，从国家层面编制东京首都圈规划，引导区域发展。东京都市圈注重从国家层面加强规划引导，是政府主导推动区域规划建设并取得成功的典范。为推进东京都市圈建设和发展，日本大约每10年修订一次"首都圈规划"，每次根据国际背景变化、国内战略要求和东京承载的历史使命，作出适应性调整和完善。截至目前，日本已制定（包括修订）和实施了5次综合开发规划，形成了包括区域规划与城市规划在内的较为完善的规划体系，对首都圈经济发展和空间布局起到了重要的指导作用。

其次，建设各具特色的副都心，促进都心功能疏解。东京被认为是"纽约+华盛顿+硅谷+底特律"型的多功能国际大都市，在城市空间结构上呈现出突出的多点支撑的特点。为了缓解中心城区过度拥挤引发的地价、交通、环境等问题，东京分阶段、有步骤地实施副中心战略，1958年启动建设新宿、池袋、涩谷3个副中心；24年之后的1982年，规划建设了大崎、上野—浅草、锦丝町—龟户3个新的副中心；1978年又规划建设了临海副中心，从而形成了多中心格局，大大提升了城市的综合承载能力。在"都心功能分散"思想的指导下，东京都心专门发展了作为世界大城市必须具备的国际金融功能和国内政治中心功能，并向各个副都心疏散城市功能。7大副都心主要发展以商务办公、商业、娱乐、信息业等为主要内容的综合服务功能，每个副中心都成为所在地区的公共活动中心。

## 二、功能外溢型——首尔

首尔都市圈规划的重点是将首都圈内的城市功能进行分流，并制定了《首都圈整备计划》《工业分散法》等规划，引导部分首尔城市职能外移。在这个过程中，政府对从首都迁移出去的企业实行一定的税收减免政策，用税收杠杆刺激工业布局的调整。工业外迁以后，首尔的城市定位于集中发展更为专业化、创新性的金融、艺术、文化、科研等高端服务业。

20世纪八九十年代，韩国政府有意发展首尔周边的卫星城。以首尔和仁川为例，二者的合作多于竞争，颇为典型的是2001年启用的仁川国际机场，取代首尔的金浦机场成为韩国第一大机场，堪称韩国的航空交通枢纽。而首尔曾经最大的金浦机场则转为国内航班机场使用。鉴于机场建设耗费的土地太多，放在首尔并不划算，韩国政府灵活调配各方资源，发挥紧邻首尔的仁川的土地优势。"首尔是韩国政治、商贸中心，而仁川则如同负责后勤服务的卫星城，总部在首尔的大型公司通常视首都为指挥中心，但把物流、仓储、研发等中心均放在仁川，以保证首尔的日常供应而又不耗费太多成本。"林江分析道。

## 三、市场带动型——纽约

与伦敦、巴黎不同，包括纽约在内的美国新城建设更具有市场自发特点，政府主要通过补贴、规划等发挥辅助作用，在市场自发演进中，美国郊区新城形成了明显的阶层分化、种族分化，而且土地使用也比较浪费。

纽约都会区规划是由非盈利组织——纽约区域规划协会制定，纽约市政府只发布针对本行政区域的规划。纽约区域规划协会制定的规划不具备法律效力，更多通过影响政府官员和选民发生作用。1921—1929年，纽约都会区规划提出促进工业布局调整、建设新城。1968年，纽约都会区规划针对郊区低密度蔓延，提出打造多中心城市及纽约中心再积聚。1996年，纽约都会区规划指出纽约市及都会区影响力下降，提出致力于区域中现有的市中心就业及居住的增长，并构建全新交通网络连接。

## 四、老城复兴型——巴黎

巴黎城市建设细致地维护了发展成为创意城市所需要的文化魅力。巴黎作为国际历史名城，在城市嬗变壮大的同时保持了巴黎的文化魅力与优雅神韵，完美演绎变即不变的辩证命题。巴黎城市建设始终渗透的浓浓的文化情结，严格的法律保障，民主的城市规划决策方式，外向发展的建筑设计理念带来的其他文化元素的不吝输入，巴黎城市建设游刃有余、从容自信地游走于物质外观与文化表现之间，娴熟地选择着两者融合的方式，以最物质化的形式去挖掘文化、品味文化、整合文化、繁荣文化。

法律保护是巴黎都市圈旧城保护和改造的必要保障。首先，巴黎成功保护开发了老城区，依据《历史建筑法》《马尔罗法》等16项有关城市发展和保护方面的法律，巴黎对老城区进行了严格缜密的保护和全面动态的开发，从单纯的文物建筑局部保护上升到整体老城区的保护，从强调物质形态到转而在经济、社会、环境、生态等诸多领域的完善与协调中强调传统空间形式和历史氛围，从单纯的"不变"要求到保护、改造、利用并举的辩证处理，老城区随着城市建设节奏获得了新生，巴黎的历史文化根脉得到了紧跟时代的科学梳理与整合。其次，巴黎因地制宜地进行了新城区建设，分担老城区的人口和产业压力，延续老城区秉具的文化氛围和文化风格，形成相互协调又相对独立的特点，使巴黎壮大嬗变的节奏没有偏离人文主义追求的主基调。最后，巴黎城市建设注重融汇多元文化背景的设计建造理念，既强调大手笔纳入世界级大师的优秀作品，又通过《百分之一条款》这样的法令从细节上关注公共建筑工程的艺术化处理，文化元素渗透，让建筑作品各具风采，又与原有的环境和历史氛围相融，多元文化以物质手段介入，并在此碰撞、激荡、融合，成就了巴黎世界文化中心的魅力。

# 第二节 国际首都圈演化过程

## 一、由单核心带动到多核心协调发展

从世界范围看，许多国家以综合性首都为龙头，通过跨行政区域资源整合和功能协作形成"首都经济圈"，不仅有效地缓解了首都由于功能过度集聚而带来的城市问题和社会问题，实现了首都城市综合服务功能提升和区域可持续发展，而且充分发挥了首都资源的效能，辐射并带动了周边区域共同发展，形成了巨大的协同效应和经济势能，成为带动国家经济发展的重要增长极和参与国际竞争的战略区域。

各大国际首都经济圈都经历了这样几个发展阶段：核心城市的建立（强核）—单核心都市圈的形成（渗透）—多核心首都圈的整合（布网、连接）—大都市圈的协调发展（融合），逐渐形成了多核心的空间结构，呈现出从中心到外围的一致性。大多数首都经济圈均从单一的首都城市逐渐发展成以首都城市为核心的城市群，城市群拓展多为层级式圈层结构，每个圈层均有明确的功能定位。英国伦敦由伦敦城发展至大伦敦，包含伦敦城及周边的32个行政区，具体分为内伦敦与外伦敦两个圈层；法国巴黎发展而成的巴黎首都经济圈由巴黎市与其他7个省组成，具体分为巴黎市区、内环和外环3个圈层；日本东京最终发展成以东京为中心，半径100公里范围内的一都七县城市群，具体分为内层、中间层和外层3个圈层；韩国首尔首都圈则包括中心城市首尔特别市、仁川直辖市、京畿道行政区及其下属的64个次级地方行政区等3个圈层。上述以首都为核心形成的城市群，通常被称为"首都圈"或"首都经济圈"。

## 二、由多产业带动向第三产业主导转变

纵观各大国际新城建设均早已形成"三二一"的产业结构，且第三产业占据绝对主导地位。据统计，伦敦、巴黎、首尔和东京首都圈的第三产业占比均超过了70%。首都经济圈的形成伴随着产业结构调整与升级，产业的空间分布随首都经济的发展由扩散到集中，再由集中向周边地区转移升级。主导产业经历了农业、制造业、传统服务业到现代服务业的转变；要素驱动经历了劳动密集型、资本密集型、技术密集型、创新驱动型转变。

各大国际性首都圈均表现出高度发达的服务经济形态，但服务经济内部结构仍各具特色。伦敦作为英国工业中心，借助大规模工业生产机会聚集资本、信息、专门知识及金融保险服务，其服务业内部结构中以金融保险服务业、专门服务、商务服务、科学技术服务为主。巴黎首都圈则以公共服务、金融服务、房地产及商务服务为主。东京首都圈以金融保险业、批发零售业、信息与通信业和不动产业为主。首尔首都圈则以金融保险业、批发零售业、商业服务和房地产及租赁业为主。对比发现，伦敦与巴黎首都经济圈的服务结构已经趋于高端化，东京和首尔首都经济圈服务经济结构层次次之，还包含批发零售业和房地产租赁业，主要集中在贸易与国际交往领域。

各大国际首都圈第三产业发展比较

| 首都圈 | 第三产业占比（%） | | 年均增长率（%） |
|---|---|---|---|
| 伦敦首都圈（1990—2010年） | 79.60 | 90.64 | 0.55 |
| 巴黎首都圈（1990—2010年） | 54.40 | 87.40 | 1.65 |
| 首尔首都圈（1990—2010年） | 61.60 | 71.90 | 0.52 |

## 三、由交通运输带动相关产业集聚发展

首都城市交通点线成网形成综合交通，带动首都经济圈内的人流、物流、商流和资金流，带动商业、地产、广告、文化、娱乐、办公、商务、住宅等市场及其相关设施的发展。大部分发展不错的都市圈都有一条"交通轨道先行"的法则，使都市圈内的城市与城市之间能够第一时间互通互联，加速人才、资源的快速流动。

不过"交通轨道先行"的基础是都市圈内各行政组织达成共识，形成合理分工的整体区域规划。任何一个都市圈的发展都离不开国家、地区、城市等各层面的共识与相互之间的积极配合，以确保总体目标及各方细则的紧密衔接与落实。当首都功能趋于"包罗万象"时，城市负担偏重，国际上通行的办法是产业外迁和功能转移，同时建设副中心或新城，完善区域分工体系。由此，首都经济圈逐渐从单向聚集发展到多中心都市圈的合力发展。

国际首都经济圈的轨道交通均非常发达，以地铁为主，辅以轻轨。东京首都圈的地铁被称为"世界上最繁忙的地铁"，首都圈发展沿着轨道向外扩散，通过交通布局引导城市发展形成中心等级体系，东京首都圈内依托城际轨道交通倡导远距离通勤方式，疏解中心城市人口压力。东京都市圈在发展过程中十分重视综合交通体系的建设，在历次综合规划中均制定了相应的区域交通规划。日本的交通规划一直强调 "公共交通"优先，着力推进轨道交通的规划建设。巴黎首都圈的临轨经济十分繁荣，形成巨大的"地下超市"，2012年地铁附近设置的销售点和自动售卖机等商业净利润达2300万欧元，形成新的经济增长点。首尔首都圈临轨经济起步较晚，但发展迅速，除地铁之外，城际铁路及高速铁路覆盖国土一半的人口，缓解了首尔中心区的人口高密度压力。伦敦首都圈内地铁运营历史最为悠久，具有12条地铁线路总长度达402公里，同时拥有2条轻轨线路，地铁轨道总长度远远超过其他3个。

## 第三节　国内新区的建设类型

### 一、城市复兴型：上海浦东新区

80年代看深圳，90年代看浦东。19世纪80年代，由于产业结构不合理、老城区过于拥挤及体制机制问题等，上海相对衰落，经济增速低于全国平均，上海市政府开始研究并着手浦东开发。1990年4月，中共中央、国务院宣布浦东开发，浦东建设上升为国家战略。1992年10月中共十四大报告指出："以上海浦东开发开放为龙头，进一步开放长江沿岸城市，尽快把上海建成国际经济、金融、贸易中心之一，带动长江三角洲和整个长江流域地区经济的新飞跃。"当月，国务院批复设立上海市浦东新区，浦东新区政府于1993年1月正式成立。2009年，原南汇区撤销划入浦东新区，土地面积从约533平方公里增至1210平方公里。

1992年《浦东新区总体规划》提出，通过新区开发，带动浦西的改造和发展，恢复和再造上海作为全国经济中心城市的功能，为把上海建设成为远东地区经济、金融、贸易中心之一奠定基础。因中央政府赋予一系列特殊政策，浦东新区创下多个"第一"，包括第一个证券交易所、第一个外资银行、第一个外资金融机构经营人民币业务试点、第一个国家综合配套改革试验区等。1990—2016年，浦东新区GDP从60亿元快速增至8782亿元，常住人口从不到140万（含并入的南汇区人口210万）增至550万。建设浦东新区使上海从相对单一的工业生产基地转变成一个国际性的多功能中心，大幅优化了上海城市空间布局，并有力带动了长三角地区经济发展。当前，浦东以上海市1/5的土地、近1/4的人口，创造1/3的GDP、1/2的金融和外贸进出口、近100%的远洋航运。此外，与深圳类似，浦东也存在规划不够超前的问题，比如1992年规划2000年人口180万，实际2000年达240万。

### 二、产业集聚型：大连金普新区、四川天府新区、南京江北新区

#### （一）大连金普新区

金普新区是大连市新兴产业核心集聚区，集群化发展态势明显，初步形成了高端装备制造业集群、整车及核心零部件产业集群、电子信息产业集群和港航物流产业集

群，具备了在相关领域参与国际竞争的能力。新区科教技术人才优势明显，是东北地区重要的技术创新中心和科研成果转化基地。金普新区战略地位突出，经济基础雄厚，具备带动东北地区等老工业基地全面振兴、深化东北亚区域合作的基础和条件。

### （二）四川天府新区

天府新区的建设目标是成为以现代制造业为主的国际化现代新区，将其打造成为内陆开放经济高地、宜业宜商宜居城市、现代高端产业集聚区、统筹城乡一体化发展示范区。四川天府新区创新体制机制建设，着力促进了要素有序自由流动、资源高效配置、市场深度融合，提升了国际综合竞争能力，与此同时，着力发展高端产业，建立完善现代产业体系；推进生态文明建设，保护和传承历史文化，促进人与自然的和谐发展。

### （三）南京江北新区

江北新区承接"一带一路"、长江经济带两大国家战略的重要平台，是中国重要的科技创新基地和先进产业基地，南京都市圈的北部服务中心和综合交通枢纽，南京市生态宜居、相对独立的城市副中心。

江北新区初步形成了以新材料、生物医药、软件和信息服务、轨道交通、汽车及零部件等为主导的产业体系，其中轨道交通占全市43.3%，新材料产业占42.3%，生物医药占40.7%，智能制造装备占29.7%，在全市具有明显产业优势。卫星应用、轨道交通等高端装备制造业以及航运物流、研发设计、文化创意等现代服务业近3年产值年均增幅超过20%。培育形成了上汽、扬子、扬巴、南钢等百亿级企业，以及南车、南瑞、先声、焦点等国内外知名的行业龙头企业，是长三角地区重要的制造业基地。江北新区拥有高新区、化工园、海峡两岸科工园3个国家级园区，浦口经济开发区、六合经济开发区2个省级经济开发区，有各类科技创新平台、大学科技园和工程中心50多个，强力聚集国内外知名的高科技企业及研发机构数百家，不断提高创业创新能力和科技人才吸引力。

## 三、区位带动型：天津滨海新区、青岛西海岸新区

### （一）天津滨海新区

滨海新区区位优势比较明显，海、陆、空立体交通网络发达。通过京沈、京

沪、京九、大秦等国家主干铁路与全国铁路网相连，通过京津塘、津晋、唐津等高速公路与国家干线公路网沟通。特别是天津港，是亚欧大陆桥最近的东部起点，有3个通道通到欧洲大陆，一个是满洲里，一个是从新疆，一个是从内蒙古，然后到一些中亚国家。腹地比较辽阔，辐射西北、华北、东北12个省、市、自治区。除此之外，滨海新区对外开放的比较高，聚集了国家级的开发区、保税区、出口加工区、保税物流源区，东疆保税港区将建设成为我国的自由贸易区。滨海新区的功能定位为京津冀协同发展示范区、先进制造和研发创新基地、国际自由贸易示范区、国际航运核心区、金融创新运营先行区，逐步成为国际化、创新型的生态宜居海滨城市；提出新区构建"一主三副"的城市空间格局；规划2020年人口400万、2030年600万。

### （二）青岛西海岸新区

青岛西海岸新区位于山东省青岛市西岸，包括黄岛区全部行政区域，即青岛市原黄岛区和原胶南市全部行政区域，其中陆域面积约2096平方公里、海域面积约5000平方公里。西海岸新区战略定位为海洋科技自主创新领航区、深远海开发战略保障基地、军民融合创新示范区、海洋经济国际合作先导区、陆海统筹发展试验区。西海岸新区是国务院批准的第9个国家级新区，处于山东半岛蓝色经济区和环渤海经济圈内，处于京津冀和长三角两大都市圈之间核心地带，与日本、韩国隔海相望，具有贯通东西、连接南北的战略优势，是黄河流域主要出海通道和欧亚大陆桥东部重要端点。青岛西海岸新区设立满两年来，积极实施海洋战略、率先蓝色跨越、建设美丽新区。

### （三）重庆两江新区

重庆地处我国长江上游地区，国家"一带一路"愿景与行动文件定位重庆为"西部开发开放的重要支撑"，要发挥重庆作为长江经济带西部中心枢纽作用，也要更好地发挥支撑引领作用，辐射、带动周边地区协同发展。正是依托处在"一带一路"和长江经济带"Y"字形大通道的联接点这一黄金区位上，重庆两江新区当前迎来了开发开放的黄金时期，无论是重庆及周边省市企业积极"走出去"，还是海外产品大规模"引进来"，重庆两江新区都在其中发挥着关键的枢纽作用，在积极建设国家内陆开放高地的道路上稳步前行。

### （四）浙江舟山群岛新区

舟山群岛新区，是中国首个国家级群岛新区、长三角城市群组成部分，地处我国东南沿海，长江口南侧、杭州湾外缘的东海洋面上，背靠上海、杭州、宁波等大中城市和长江三角洲等辽阔腹地，面向太平洋，踞我国南北沿海航线与长江水道交汇枢纽，是长江流域和长江三角洲对外开放的海上门户和通道，与亚太新兴港口城市呈扇形辐射之势。舟山一直围绕"海"字做文章，不断调整和优化产业结构，全市初步形成了以临港工业、港口物流、海洋旅游、海洋医药、海洋渔业等为支柱的开放型经济体系。2008年全市海洋经济总产出1048亿元，海洋经济增加值占GDP比重达66.4%，是全国海洋经济比重最高的城市，三次产业比例为10.0：46.2：43.8，经济结构实现了由单一的传统渔业经济向综合的现代海洋经济转变。

## 四、资源密集型：兰州新区、深圳经济特区、江西赣江新区

### （一）兰州新区

兰州新区自开发建设以来，按照"产业先导以产促城、产城融合"的发展思路，坚持高标准建设、新模式开发、大项目支撑，各项工作取得了新进展、新突破。作为"丝绸之路经济带"上的重要节点，兰州新区在政策、区位、交通、资源等方面具有独特的比较优势，发展潜力巨大，发展前景广阔。新区道路建设总里程450公里，通车总里程260公里，水、电、气、热等基础配套设施不断完善，为企业入驻和产业发展提供了基础保障。此外，政策叠加优势比较突出，即享受西部大开发、国家级循环经济示范区、国家支持甘肃经济社会发展国家级高新技术开发区和经济开发区等政策。兰州新区将建设成为国家重要的产业基地、西北地区重要的经济增长极、向西开放的重要战略平台、承接产业转移示范区。

### （二）深圳经济特区

深圳经济特区有着丰富的资源，首先，深圳经济特区发挥信息产业优势，服务信息互联。深圳及其所在的珠三角是全球重要的电子信息产业集聚基地，将助力"一带一路"沿线国家通信现代化建设，提升互联互通水平。二是发挥经济金融优势，助力资金融通。深圳是中国的经济中心和金融中心，愿意为"一带一路"沿线国家的经济发展提供资金融通。三是发挥对外开放优势，推动贸易畅通。深圳是全国第

一贸易大市、主要对外投资城市，将进一步加强与沿线国家经贸往来。四是发挥中高端消费品优势，推进市场互通。深圳是中国乃至全球重要的智能手机、眼镜、钟表、服装、黄金珠宝等消费品生产中心，也愿意成为各国产品进入中国市场的桥头堡。五是发挥城市功能优势，加强基础设施连通。深圳是亚太重要的航运枢纽，中国重要的航空枢纽，将着力强化海港、空港、信息港"三港联动"，积极参与"一带一路"基础设施建设和合作。六是发挥人文交流优势，促进民心相通。深圳是中西方文化交汇地，将广泛开展城际交流和民间交往，在智库合作方面探索建立常态化交流合作机制。

### （三）江西赣江新区

江西赣江新区及周边集聚了江西 3/5 的科研机构、2/3 的大中专院校和 70% 以上的科研工作人员，拥有 18 个国家级和 220 个省级重点实验室、工程（技术）研究中心、企业技术中心，2015 年高新技术产业增加值占工业增加值的比重约 28%，是中部地区科技、人才和教育资源的密集区。产业特色鲜明。形成了高端装备制造、汽车及零部件、电子信息、生物医药、新材料和现代物流等在国内外具有较强竞争力的优势产业集群，是中部 70 地区重要的先进制造业和战略性新兴产业集聚区。新区创新能力较强，拥有 18 个国家级和 220 个省级重点实验室、工程（技术）研究中心、企业技术中心。

## 五、城市创新型：陕西西咸新区

陕西西咸新区是经国务院批准设立的首个以创新城市发展方式为主题的国家级新区。西咸新区是关中—天水经济区的核心区域，区位优势明显、经济基础良好、教育科技人才汇集、历史文化底蕴深厚、自然生态环境较好，具备加快发展的条件和实力。2016 年 5 月，陕西西咸新区成为国务院首批双创"区域示范基地"。2016年 5 月 16 日，西咸新区被列为开展构建开放型经济新体制综合试点试验地区之一。

# 第四节 对于雄安新区的启示

## 一、全球站位，高点规划，明晰战略任务

雄安新区的设立，在某种程度上也是完善金经济区域资源配置的重要举措，对

比全球各大都市圈（首都圈），雄安新区的设立对于津京冀都市群的建设有重要意义。从首都圈的角度来看，与一般的都市圈相比，首都圈的特殊性在于其中心城市是首都而非一般意义的大都市。首都具有一般大都市所不具备的特殊的城市职能，比如政治、科技、文化、国际交往等职能。因此，与一般都市相比，首都圈内具有更加复杂的职能联系与分工。而且，由于其特殊的政治形象和地位，其构建和发展的意义也更加重大。

### （一）构建城市网络是分散城市功能的必要举措

首尔也经历了从单一极核向多中心网络化城市网络发展的过程，且东京、巴黎、首尔3个首都圈都采取了分散首都职能、降低中心城密度的措施，提升要建设首都圈城市网络，网络化城市具有高度流动性，更利于区域城市间的交流合作，且避免了核心——边缘城市体系的高集聚与不均衡弊端，中国的首都圈建设也应采取城市网络的理念，提升首都圈整体竞争水平，解决城市发展高度不均衡、北京过度集聚、区域合作滞后等问题。

纵观全球经济的发展态势，以世界城市为核心的大都市圈已成为世界经济最为活跃的区域，并作为全球经济、金融、商贸中心和跨国公司的控制中心，主导者全球经济发展。世界主要的大都市圈以都市城市为中心，如东京大都市圈、伦敦大都市圈、巴黎大都市圈等。它们不仅是各自国家的政治和经济中心，也是国际经济、金融、商务、文化及信息交流的中心，在国家和世界经济发展中具有枢纽作用，是连接国内和国际的中心节点。因此，依托首都圈建设促进首都城市国家化进程，并使之成为首都迈向世界城市的重要空间基础，已成为提升首都国际影响力和增强国家竞争力的重要战略途径。

### （二）区域交通体系是首都都市圈运行的重要支撑

区域协同发展一是在分工协作上要打破行政壁垒，二是在基础设施建设上要打破行政壁垒。从东京首都圈的发展可以看到，高速、快捷、方便的新干线是推动东京向外辐射与发展的重要动力；大伦敦的发展也离不开轨道交通的推进。更重要的是，这些轨道交通与城市原有通勤交通线路接驳方便，居住地、工作地与轨道交通之间"最后一公里"出行便捷，从而有效带动人口向外围城镇迁移。如果以疏解巨大综合性首都城市的人口、环境压力为目标的区域协同发展，核心是产业发展和提供就业岗位，那么城市内部和城际之间方便快捷的轨道交通网络就是前提保障和支撑。

方便、快捷的交通网络体系不仅是推动都市圈经济联动与一体化发展的硬件支撑，而且它还决定着都市圈发展的规模和速度，对提高区域经济效率和生活质量起着重要的推动作用。目前，我国"首都经济圈"的交通网络布局，在一定程度上不利于发挥中心城市的辐射带动作用。未来，以雄安新区为核心的"首都经济圈"应加强区域综合交通体系建设，打造以北京为中心，以唐山、秦皇岛、保定等城市为次中心的交通运输网络，构建由机场、海港、公路、铁路等共同组成的综合交通体系。以增强首都的国际交通枢纽功能和环首都各城市的互联互通能力，提升"首都经济圈"的国际化程度和影响能力。

**（三）明确非首都功能疏解承载地职能是雄安新区发展的重要基础**

从伦敦、巴黎和东京这3个首都城市的区域发展来看，都具有城市规模大、首位度大的特点，3个城市既是首都，又是世界城市，高端产业要素和城市活动在城市中心区高度汇集，对区域形成强大的辐射力。从城市职能来看，这3个城市均不是单一职能的首都城市，而是所在国家政治、经济、文化、对外交往、教育等功能融合交叉的综合性城市，首都的政治职能只是其诸多城市职能中的一个。可以说，这3个城市在区域发展战略中更强调的是其作为世界城市和区域综合性中心城市在经济、文化、科技创新中的带动力与影响力。因此，对于这样的首都城市，产业结构高端化是必然选择，人口与产业在区域内分工协作、优势互补也是必然选择。

对于作为非首都功能疏解承载地雄安新区未来建设而言，首先要立足于城区自身发展的条件、规律与定位，然后在此基础上，进一步明确首都职能的着力点和落脚点。即从职能上，强化行政决策职能和首都独特的文化、教育与科技创新职能，将服务和生产管理职能从行政决策职能中分离出来，成为首都区域发展的新的生长点。因此，在区域发展战略中，雄安新区要想发挥带动作用，主要不是依靠其非首都功能疏解承载地功能，而更应该强化的是其作为区域中心城市的城市综合职能，就像伦敦、巴黎和东京一样，首先是城市自身综合实力和全球经济影响力的增强，进而推动城市扩展带动区域整体发展。

**（四）有法律性质的区域规划是雄安新区发展的重要保障**

国外成功都市圈的发展，均以法律形式颁布了诸多法令、法案，并成为指导都市圈各个时期建设发展的行动纲领。例如，日本东京都市圈规划是在《国土综合开发法》和《首都圈整备法》的基础上制定的；韩国首尔都市圈规划是在《首都圈管理法》的基础上制定的；巴黎都市圈的区域规划是通过议会以立法形式颁布的。在法律基础上制定和实施都市圈规划，不仅确保了其权威性和严肃性，而且增强了其规划实施过程中的强制性。对于未来雄安新区的发展，针对性的法律条文规范必不可少，目前我国开展的都市圈战略规划均为政府积极运作的结果，尚缺乏法律的支撑，未来可探索从国家层面制定"首都经济圈"规划，并将规划提升为具有法律约束力的行动纲领，以更有效地指导和引领"首都经济圈"的健康发展。

### （五）高端产业引领是提升雄安新区实力的动力保障

国外知名都市圈在工业扩散的同时，都非常注重特色产业培育和产业结构调整，以便形成优势大、竞争力强的主导产业部门。例如，巴黎都市圈的高级成衣、家具设计、香水、化妆品等都市工业均具有全球竞争优势；东京都市圈的金融业和现代制造业竞争力强劲，其中东京作为世界三大金融中心之一，对全球经济具有重要影响力和控制力。对雄安新区而言，仍缺乏在全球具有较强竞争力的产业，未来应结合产业基础和科技优势、文化优势等，重点发展战略性新兴产业、生产性服务业和文化创意产业，培育一大批具有强劲国际竞争力的企业，形成我国参与国际竞争的重要战略区域。

## 二、突出特色，凸显风貌，探索新区新路

### （一）主动超前规划，统筹城乡协调发展

新区的建设应科学研判未来经济和人口增长等，同时应保持历史耐心、分阶段展开，切忌冒进。深圳建设处于我国经济发展的黄金时期，由于早期低估了经济和人口增长速度，导致规划不断被迫调整，并因规划调整的滞后性付出一定代价。浦东的情况也是如此，2000年实际常住人口超过1992年《浦东新区总体规划》规划目标的1/3。并且，从深圳经济特区到深圳全境，从早期的浦东到划入南汇区的浦东，从天津经开区、天津港保税区等到滨海新区，新城建设的分阶段开发明显，要及时更上时代背景的变化。

新城建设还应妥善解决城市开发建设的资金来源及土地问题，以促进城乡统筹

发展。从深圳开始，特别是1994年分税制改革后，我国逐渐形成了当前的土地财政模式。客观地讲，土地财政模式为城市建设提供资金、积累原始资本，促进高增长；但与此同时，推高房价、土地征收引发社会矛盾、积聚财政金融风险等，这使得该模式难以持续。而且，由于无法就征收补偿达成一致，当前深圳面临大量城中村，城市更新任务艰巨。所以，要超前进行新区规划，并对城区中较为落后的地区统筹协调发展，避免对新区整体建设造成阻碍。

### （二）明确战略目标，推动体制机制创新

在新区的规划中，明确精准的战略目标是开发建设的前提和关键，西方每座新城的规划建设，政府都有其明确的功能定位；我国成功的城市新区也都以建设区域经济增长极为目标，功能定位也十分明确。统筹全盘规划、分步组织实施是国内外新城建设的共同前提，新城产业定位应在科学研判国内外宏观经济形势的基础上，结合当地特点，合理选择主导产业，前瞻布局，并可通过多元化产业结构增强风险防御能力。

创新体制机制是进行工作的保证。其中，管理体制的改革方向是精简管理机构，缩短办事流程，提高办事效率。同时创新规划建设、招商引资等各环节运行机制，致力形成既分线作战又互动协作、既高效顺畅又规范和谐的良好格局。此外，还应积极探索创新多元投融资机制和利益共享机制，充分发挥市场在资源配置中的基础性作用，以推动新区的经济发展，加快建设步伐。

### （三）利用区位优势，整合周边优质资源

大多新城区的开发都有明显的区位优势，要善于借助这种地理优势，合理且有效地进行资源的开发与整合，以探索新型开发模式。整合当地特色资源，在此基础上，吸收周边优质资源，吸引各大财团投入各类优质资本，凝聚各方力量，进行深度开发。除此之外，还应集聚高端产业人才。出台强有力的政策体系，大力营造鼓励科技创新和人才成长的良好环境，尽快集聚集成更多的优良资本、优质项目、优势技术和优秀人才，促进高端人才与高新技术、高端产业的有机聚合，提升新区的人气、商气和财气，促进跨越式发展。

### （四）注重规划引领，建设新城核心区域

在新城建设中，要注重规划引领，打造精品核心区域。以宽阔的视野和宏大的气魄，充分利用当地优势资源，通过科技智慧与地区发展的紧密融合，构建宜居宜游的

生态城市。一个区域的发展，必定有核心区作为龙头，起到牵引、示范、带动、辐射作用。梳理天津滨海新区、青岛西海岸新区和四川天府新区的发展轨迹、产业布局和总体规划，都坚持了经济功能区在对外开放、招商引资等经济活动中的优势、地位不变，而且一以贯之。大连金普新区的开发建设同样需要核心区。天津滨海新区、青岛西海岸新区和四川天府新区的做法是，保持经济区和行政区各自功能的相对独立，以经济区为中心打造核心区，这对新城区的发展形成了强有力的支撑。

## （五）顺应发展趋势，探索新型开发模式

深圳从早期引进低端加工制造业，到中期打造以电子信息产业为龙头的高新技术产业，到当前以高新技术产业、金融业、物流业和文化创意产业为支柱，产业不断转型升级，主动顺应经济社会发展规律，主动融入全球产业分工体系。浦东倚靠上海及长三角，定位经济、金融、贸易职能，恢复和再造上海，并有力带动长三角发展。

未来城市的标杆即绿色生态、传统与现代融合、宜居，新区的建设要顺应时代发展的需要，这就要求雄安新区的建设要结合实际的发展状况，在此基础上探索适合的发开模式，使其成为新常态新发展模式的改革创新试验田，或包括探索农村集体建设用地直接入市。如果雄安新区以创新中心和金融城定位，有望发挥带动京津冀发展的作用。但是，这与北京的"科技创新中心"定位以及金融机构聚集地存在一定冲突，而且北京正在建设"国际一流的和谐宜居之都"。在此情况下，雄安必须实现与北京在功能上的错位发展、协作发展。比如，在创新中心方面，北京聚焦于研发，雄安侧重于成果转化；在金融方面，北京可保留金融机构总部，雄安侧重引进为京津冀服务的金融机构及区域金融总部。

## （六）争取特优政策，发挥市场配置功能

对于新区的建设，争取特优政策是基础。西方各国既出台特优政策加以重点扶持，又制定法律条文确保政策连贯性。国内各都市新区也无不通过向上争取财政、税收、用地、人才等特优政策，从而在短期内取得跨越式发展，这也是新区建设的有力保障。与此同时，还应该发挥市场在资源配置中的决定性作用。从计划到市场、发挥市场在资源配置中的决定性作用，是我国改革开发取得举世瞩目成就的一个关键原因。在深圳、浦东建设中，体制机制改革功不可没，这是二者成功的重要制度保障。在天津滨海建设中，体制机制改革也有较大进展。

# 后　记

　　雄安新区是我国第19个国家级新区，这座被定位为"千年大计、国家大事"的"具有全国意义"的新区，从成立之初就肩负着集中疏解北京非首都功能、探索人口经济密集地区优化开发新模式、调整优化京津冀城市布局和空间结构、培育创新驱动发展新引擎的重要使命，具有重大现实意义和深远历史意义，也因此而获得了广泛的瞩目，并被寄予了极高的期待。

　　为响应国家战略，深化校地合作，深度服务京津冀，中国传媒大学依托区域地缘优势和高校资源优势，发挥过去十余年来与河北省大部分市县所缔结的紧密关系，在雄安新区宣布设立后的第22天就迅速成立"中国传媒大学雄安新区发展研究院"，旨在打造以服务国家战略为导向、以推动雄安新区建设为中心、以研究未来城市发展为目标的新型智库机构。研究院将通过构建和完善"政产学研融媒"等多方共同创造和分享价值的智慧生态协同平台，充分整合国内外相关领域的顶尖专家资源以及广泛的社会智慧，持续提升政策和决策的服务能力，致力于建设具有全球影响力与中国特色的新型资政智库。

　　《新理念·新模式·新使命：雄安新区发展研究报告（第一卷）》正是中国传媒大学雄安新区发展研究院成立以后编写的第一本关于雄安新区的研究报告，同时也是国内第一本以雄安新区建设和发展为主题的学术性研究文集。由于时间仓促，本书的写作框架还不算十分系统完善，但研究院科研团队较强的敏锐性和前瞻性已初现端倪。本书收录的论文主要围绕雄安新区的战略构想、城市规划、产业布局、政策创新、新城治理、文化发展、区域协同等问题进行思考和探讨，同时对标深圳经济特区、上海浦东新区及国际标杆城市群的建设经验，就雄安新区的未来发展提出一些富有见地的研判和展望。在某种程度上，这也反映了雄安新区发展研究院未来的研究方向，即立足城市发展整体战略研究，关注城市发展主体力量，系统考察城市治理、经济、文化、社会、生态等城市发展五大内容，为未来新城新区的建设提供智力支持。

《新理念·新模式·新使命：雄安新区发展研究报告（第一卷）》的组稿工作得到雄安新区发展研究院学术委员会及中国传媒大学经管学部青年学者和部分博士、硕士研究生的大力支持，中国传媒大学经管学部副教授齐骥、博士后周洁负责全书统稿工作。本书收录的文章均为作者个人观点体现，不代表雄安新区发展研究院立场。现按本书目录顺序，对文章作者及简介介绍如下。在此一并感谢知识产权出版社李石华编辑为本次研究报告付梓出版所做出的卓越贡献。

## 第二章　雄安新区的战略构想

### 第一节　雄安新区的城市使命与文化尺度　范周

范周，中国传媒大学经管学部学部长兼文化发展研究院院长、雄安新区发展研究院院长，教授，博士生导师。文化部文化产业专家委员会主任，国家发改委"十三五"规划专家委员会委员，文化部国家文化改革发展研究基地主任，国家艺术基金规划专家委员会专家，兼任《中国文化产业年鉴》（中英文版）主编。《文化部"一带一路"文化发展规划（2016—2020）》编制课题组组长，全国人大《公共文化服务保障法》起草专家组成员，京津冀文化产业协同发展规划起草组组长。专注于文化政策、区域文化经济和公共文化服务研究。

### 第二节　雄安新区战略解读与主题规划　刘士林

刘士林，上海交通大学城市科学研究院院长、首席专家，教授，博士生导师，光明日报城乡调查研究中心副主任，国家"十三五"发展规划专家委员会委员，文化部文化产业专家委员会委员，教育部《中国都市化进程年度报告》负责人，北京交通大学中国城市研究中心学术委员会主任，中国资本市场研究院联席执行院长，上海数字化城市与交通研究所所长，主要从事城市科学、文化战略、智慧城市、城市文化研究。

### 第三节　雄安新区建设是一项系统工程　昝廷全

昝廷全，中国传媒大学经管学部学术委员会主任，经济与管理学院教授，博士生导师，全国社会经济系统工程委员会副理事长，中国系统工程学会理事，长期从事系统经济学的筹创工作，得到上百个具有数学形式的新结论，开创7个与国际上已有定评的工作具有可比性的研究专题，在国内外著名学术期刊发表论文100多篇。入选 2006 年教育部 "新世纪优秀人才支持计划"。

**第四节　雄安新区建设的内在逻辑与创新突破　熊海峰**

熊海峰，中国传媒大学经管学部文化产业方向博士。先后担任过大学讲师、咨询机构策划总监等职，拥有近十年文化集聚区与新城区的咨询与策划经验，先后参与和主持课题近 50 个，发表相关论文十余篇。

**第五节　未来世界城市的想象空间与创意营造　卜希霆、郑卫前**

卜希霆，中国传媒大学经管学部党委副书记兼纪委书记，文化发展研究院副院长，文化部公共文化研究基地主任。主持多个国家及省部委课题，出版学术著作 2 部。目前研究方向为文化创意产业、创意营造学、品牌农业、新型城镇化、公共文化。

郑卫前，中国传媒大学文化产业专业 2016 级硕士研究生。

**第三章　雄安新区的系统构建**

**第一节　雄安跨区域要素流动与运行机制　谢伦灿**

谢伦灿，中国传媒大学经济与管理学院副院长、区域经济研究院常务副院长、教授、博士生导师。曾获霍英东基金国家优秀高校青年教师奖和教育部新世纪优秀人才支持工程奖，是中国传媒大学首批中青年优秀人才第一层次获得者。

**第二节　基于智慧城市的雄安新区发展构想　宋培义、常胜、李晓红、魏明恺**

宋培义，教授，博士生导师，中国传媒大学经管学部教授委员会主任；出版著作和教材 20 多部，发表学术论文 60 多篇；承担完成了国家社科基金、教育部社科基金、国家新闻出版广电总局社科基金及横向课题等十多项研究项目。

常　胜，中国传媒大学管理科学与工程专业 2015 级硕士研究生。

李晓红，中国传媒大学管理科学与工程专业 2016 级硕士研究生。

魏明恺，中国传媒大学管理科学与工程专业 2016 级硕士研究生。

**第三节　雄安新区产业再布局与集群式创新　王栋晗**

王栋晗，管理科学与工程博士、工商管理博士后，中国传媒大学经管学部副学部长，教授、博士研究生导师，主要从事成长型企业创新管理、商业模式运筹优化、区域经济规划、战略管理、文化产业规划管理等方面的研究与教学工作。

**第四节　雄安新区产城融合的发展设计　宋朝丽**

宋朝丽，中国传媒大学文化发展研究院博士，副教授，主要研究方向为区域文化产业、文化经济学。近年来主持参与完成省部级课题 10 余项，在核心期刊发表论文二十余篇，主编教材1部，参与写作著作3部。

### 第五节　雄安新区文化规划行动指南　齐骥

齐骥，中国传媒大学经管学部副教授、硕士生导师。文化部文化产业专家委员会委员，中国社会学会城市社会学专业委员会委员，北京市高等学校"青年英才计划"入选者，中国传媒大学"优秀中青年教师培养工程"入选者。

### 第四章　雄安新区的动力塑造

### 第一节　创新驱动雄安发展要素及对策　任锦鸾等

任锦鸾，中国传媒大学经济与管理学院教授，博士生导师。中国软科学协会理事，北京市高等学校管理科学与工程类专业群教学协作委员会委员，北京市运筹学会理事。长期致力于创新管理、创新设计、媒体管理和商务决策模拟研究。

曹文，中国传媒大学管理科学与工程专业2016级硕士研究生。

何梦滕，中国传媒大学管理科学与工程专业2016级硕士研究生。

李欣灵，中国传媒大学管理科学与工程专业2016级硕士研究生。

### 第二节　增长极理论视域下雄安新区创新驱动路径　方英

方英，管理学博士，教授，经济系副主任，硕士生导师。担任国家文化贸易学术研究平台专家、文化部对外文化联络局的专家委员会委员、北京国际经济贸易学会理事。主要从事国际文化贸易、文化企业国际化经营研究。

### 第三节　场景理论视域下的雄安新区内生发展动力　崔艳天

崔艳天，中国传媒大学文化产业博士研究生，研究方向为城市文化经济、区域文化产业。先后参与多个省部委和地市级研究课题，曾获中国自然科学博物馆协会颁发的优秀论文奖。

### 第四节　特色小镇培育思路下雄安新区动力创新　言唱

言唱，中国传媒大学文化发展研究院博士研究生，主要从事区域文化产业研究。

### 第五节　世界级城市背景下的雄安新区发展路径研究　田卉

田卉，中国传媒大学经管学部教师，博士，硕士生导师。主要研究方向为文化消费研究、文化市场调查、新媒体理论与实践等。

### 第五章　雄安新区的文化绘标

### 第一节　雄安新区的新文化使命　贾旭东

贾旭东，中国社会科学院文化研究中心副主任、研究员，博士生导师，文化部文化产业专家委员会副主任，主要研究方向为文化发展理论、文化政策与文化立法。近年来主要从事《文化产业促进法》《公共文化服务保障法》等法律起草、文化消费试点政策设计等工作。

**第二节　基于传统文化当代延续的雄安新区文化构想　蔡晓璐**

蔡晓璐，中国传媒大学经管学部科研办公室副主任，北京大学博士，中国传媒大学博士后。主要从事文化产业、产融结合、艺术学、音乐美学等相关领域研究。

**第三节　雄安新区文化发展的战略取向　刘江红**

刘江红，博士、副教授、硕士研究生导师。中国传媒大学国家文化创新研究中心（与文化部共建）副主任。主要研究领域为文化政策研究、文化科技融合。

**第四节　雄安新区建设与城市文化遗产发展　周洁**

周洁，北京师范大学与美国圣路易斯华盛顿大学联合培养文学博士，中国传媒大学经管学部博士后。主要从事文化产业政策、区域文化产业规划研究。

**第五节　雄安新区文化创意空间的多维驱动　高飞**

高飞，中国传媒大学经管学部文化产业项目策划专业2016级硕士研究生，"言之有范"微信公众号编辑部成员。

**第六章　雄安新区的治理创新**

**第一节　雄安新区服务型政府建设与现代治理体系构建　王琳琳、高慧军**

王琳琳，管理学博士，中国传媒大学公共管理系讲师、研究领域为法律与行政、公共政策。

高慧军，管理学博士，中国传媒大学公共管理系教授、研究领域为公共管理理论、文化传媒政策。

**第二节　雄安新区未来公共文化服务体系构建　魏晓阳**

魏晓阳，中国传媒大学文化发展研究院教授、博士生导师，文化部公共文化研究基地副主任，中国传媒大学经管学部学术委员会委员，《公共文化服务保障法》立法研究及草案起草专家组成员，文化部"繁荣群众文艺规划"专家组成员。

**第三节　雄安新区文化治理模式的创新逻辑和实践路向　刘京晶**

刘京晶，讲师，中国传媒大学经管学部综合行政办公室主任，文化部公共文化研究基地副主任。

**第四节　对雄安新区文化人才队伍建设路径的思考　杨剑飞**

杨剑飞,中国传媒大学文化发展研究院传媒经济学博士、助理研究员、硕士生导师、海峡两岸文化创意产业高校研究联盟副秘书长。长期从事国际文化政策对比、文化产业园区建设、文化产业教育等方向的研究,出版文化产业著作两部,发表中英文学术论文数十篇。

**第五节　建设中的雄安新区居民态度调查研究　姚林青、赵建通**

姚林青,博士,教授,经济系主任。博士生导师、产业经济学学科负责人,工信部工业品牌培育专家组办公室技术专家。澳大利亚国立大学访问学者,并曾在美国马里兰大学接受培训。

赵建通,中国传媒大学经济学专业(传媒经济方向)2015级本科生。

本书第一章、第七章、第八章内容由中国传媒大学经管学部硕士研究生高飞、高国丽、宋鹏、李锦、孙巍、徐亚玲、冯明园参与编写,对他们的认真付出同样致以谢意。

值得一提的是,就在本书截稿之日,正逢雄安新区发展研究院开展"雄安新区百人百村田野大调研"之时,研究院组织行业专家、学术骨干、优秀学生、媒体代表等一百余人的调研团队,实地走访雄安新区及周边各县乡村,深度了解新区建设的历史、现状与未来,届时必将带来更多更加珍贵、更接地气、更有创见的研究成果。从某种意义上说,《新理念·新模式·新使命:雄安新区发展研究报告(第一卷)》的出版也带有抛砖引玉的作用,未来雄安新区发展研究院将在理论分析与实践探索的基础上积极谋求更富成效的发展和突破。

中国传媒大学雄安新区发展研究院

2017年5月